存在不是别的，

只是纯然的关联

形而上学之思

The Thoughts of Metaphysics

王 维 著

三联书店

图书在版编目（CIP）数据

形而上学之思／王维著. —北京：生活 · 读书 · 新知三联书店，2020.11
ISBN 978－7－108－06855－2

Ⅰ. ①形…　Ⅱ. ①王…　Ⅲ. ①形而上学－研究　Ⅳ. ① B081.1

中国版本图书馆 CIP 数据核字（2020）第 075570 号

责任编辑　张　璞
特邀编辑　宋　罡
装帧设计　刘　洋
责任校对　张　睿
责任印制　宋　家
出版发行　生活 · 讀書 · 新知 三联书店
　　　　　（北京市东城区美术馆东街 22 号 100010）
网　　址　www.sdxjpc.com
经　　销　新华书店
印　　刷　三河市天润建兴印务有限公司
版　　次　2020 年 11 月北京第 1 版
　　　　　2020 年 11 月北京第 1 次印刷
开　　本　635 毫米 × 965 毫米　1/16　印张 24.75
字　　数　320 千字
印　　数　0,001－3,000 册
定　　价　59.00 元
（印装查询：01064002715；邮购查询：01084010542）

这本书献给

赐予我生命的母亲和赋予我灵魂的父亲

目　录

序　一　思者无疆

王维是我的朋友，我们虽见面不多，但是却可以心灵相通，算是“君子之交”吧。他虽不是科班出身，但读过很多书，有着扎实的理论功底，在这方面不输于任何一个经过哲学专业训练的人。我们把一位真正的歌手称作“歌者”，把一位真正的舞蹈家称作“舞者”，我愿意把王维称为“思者”——一个思想荒芜时代的思者。因为他愿意面对哲学问题。

在哲学中有专业问题，也有哲学问题。当我们把哲学当作一个学科的时候，在哲学家那里的哲学问题往往被当作专业问题来研究，于是哲学研究就变成了某种技术活儿。例如我们的专家学者研究柏拉图某篇对话中的学说，他们会潜心研究这一学说的内容以及与其他对话中的学说有什么关联或差异，在语词概念遣词造句上进行深入的分析，以确定这篇对话应该是柏拉图思想的哪一个时期的作品，如此等等。解决这样的问题，我称之为“专业问题”，它基本上属于“文献学”的研究范畴，这类问题往往只对专家学者的学术圈子有意义，实际上也只有他们才能读懂并了解其中的奥妙。哲学问题则与此不同，我们会关心柏拉图为什么提出这样的学说，要解决什么问题，解决了哪些问题却又引发了哪些新的问题，这些问题时至今日是不是仍然有意义而且意义何在。简言之，专业问题仅仅和专家学者有关，而哲学问题却是与我们所有人有关，是我们每一个人终究要面对的难题。我把王维称作“思者”，是说他所思所想的是哲学问题。在一个科学技术统治的时代，在一个大众文化亦即商业文化横扫一切的时代，在一个时间以分秒计算，生活节奏快到不走脑子的时代，在一个人们只关心活着而且要活得更好而来不及关心为什么活着的时代，居然还有这样纯粹热爱哲学的人，实在难能可贵。

我很高兴接受王维的邀请，给他的著作写一篇序。这部著作原来的名字是“当代形而上学”，我给他提了一些意见，主要是自19世纪黑格尔哲学之后，古典形而上学终结了，而在20世纪乃至21世纪，形而上学已经失去了在传统哲学中的核心地位，在这个时代形而上学难有立足之地。但是，这并不意味着我们不应该有“形而上学情怀”。近年来我在考虑的问题是，有没有可能在这个时代重建一种形而上学的替代物？就此而论，我以为“形而上学之思”这个书名更好。

形而上学已经终结，寻求它的替代物有什么意义？自有哲学以来直到19世纪黑格尔哲学为止，2500年来哲学的中心任务就是为纷繁杂乱变动不居的世界提供无限永恒的基础和根据。通常我们很难给“什么是哲学”这个问题找到一个恰当的答案，不过却可以从“哲学家们究竟想要干什么”这个问题一窥堂奥：哲学家的工作就是精心构造一个完美的本质世界，为我们面前的现象界奠定基础。所以，本质与现象的关系问题乃是自巴门尼德，尤其是苏格拉底—柏拉图以来，哲学家们关心的核心问题。然而，这种情况在19世纪以后发生了变化，近代哲学自笛卡尔以来的主体性立场和自然科学之实证主义的发展，两者殊途同归，得出了一个相似的结果，导致了古典形而上学的终结：无论是从可知的角度还是从可经验的角度来看，我们面前的世界是唯一的世界，那个作为超感性世界的本质世界是不存在的。通常我们把形而上学称作“柏拉图主义”或“理性主义”，实际上也可以称作“本质主义”，而现当代西方哲学中虽然也还有本质主义，但是反本质主义影响似乎更为广泛，像维特根斯坦和海德格尔就从不同的角度得出了反本质主义的结论。毫无疑问，如果我们否定了本质主义，那就等于否定了2500年西方哲学的基础和核心，也就是说，宣告了哲学家们工作的失败。但是，问题并不如此简单。对于传统哲学来说，本质主义是基础，而对于现代哲学来说，本质主义所源出的问题是不能回避的，你可以换个方式回答，但却不能不了了之，因为这个问题与终极关怀的问题密切相关。

按照雅斯贝尔斯的轴心时代理论，在公元前800年到公元前200年这个时期是各大主要文明相继构建起影响人类文明的核心价值理念的时期，包括希腊的哲学、中国的先秦诸子、印度的奥义书和佛陀、伊朗的索罗亚斯德和巴勒斯坦的犹太先知，其中哲学是希腊人的创造。这个时期的出现源于终极关怀的问题，源于虚无主义的威胁，用雅斯贝尔斯的话说就是：人类开始意识到整体的存在、自身和自身的限度，“人类体验到世界的恐怖和自身的软弱。他探寻根本性的问题。面对空无，他力求解放和拯救。通过在意识上认识自己的限度，他为自己树立了更高的目标。他在自我的深奥和超然存在的光辉中感受绝对”[1]。在某种意义上说，轴心时代的文明理念都可以看作是不同文明抵御虚无主义的“盾牌”，哲学乃至形而上学即是如此。我们生活在一个纷繁杂乱变动不居的世界，所有的东西生灭变化，转瞬即逝。倘若世界就是如此，那么人生的意义何在？我们的所作所为有什么意义？所以哲学家们在寻求无限永恒的东西为相对有限的东西提供基础和根据，亦即以一个超感

---

〔1〕 雅斯贝尔斯：《历史的起源与目标》，华夏出版社，1989年，第8—9页。

性的完美的本质世界来解释和说明这个纷繁杂乱变动不居的不完美的现象界。就此而论，形而上学的本质主义归根结底是为了回应虚无主义的挑战。现在，形而上学终结了，本质主义受到了质疑，这些如果是合理的，我们当然可以接受，但是形而上学所面对的问题却不能因此而弃之不顾，否则我们将重新面临虚无主义的威胁。你可以不要形而上学，你也可以不接受本质主义，然而你不能只破而不立，我们必须另寻出路。

这就是我所理解的王维这本书的意义。他试图在我们这个形而上学终结、本质主义受到质疑的时代重新思考本质主义的问题，并且以自己多年的思考给出了他的答案。当然，我并不完全赞同他的所有观点。关于哲学我有一个基本立场：哲学问题是一些虽然永恒无解，但却是人类精神不得不追问的难题。我喜欢的一句格言是“人在迷途”。人生有限，人类亦有限，我们怎么可能知道什么是“正道”？恰恰因为人在迷途，所以人在问，在思，所以哲学永远“在途中”。既然人在迷途，他就不得不寻路，每一位哲学家的理论学说都是一条路，站在他们的肩膀上，我们或者选择其中的一条路，或者去开辟一条自己的路，现在摆在读者面前的这本书就是王维的探索之路。

人们说“行者无疆”，我要说——“思者无疆”。一位思者是艰辛的，他或者在无数条道路中抉择，或者在无路可走时探索。不过思者也是幸运的，他意识到人在迷途，思无疆界，却以大无畏的精神，勇敢地投身于思想的事业，由此而体现出人生在世的意义和价值。

话已至此，那就让我们上路吧！

中国人民大学哲学院　张志伟

2020年7月8日

序　二　哲学需要真诚，思想需要体系

前段时间，我收到了《形而上学之思》这本书出版前的文稿，作者王维希望我能为此书写个序。其实，我与作者原本在工作上并无交集，最初我们是通过一个微信群认识的。那是大概在四年前我发起组建的一个群，入群者除学界相关学者外，还有来自各行各业喜欢思考的人。大部分群友相互都不熟悉，基本上是一个陌生人的世界。大家在这里交流思想，畅谈学术。

在这个过程中，王维令我印象深刻。在群里的各种讨论中，他不仅常常显示出有深度的见识，而且始终能保持理性的态度。所以后来我们把他邀请进了群管理团队，作为一名志愿者，他在其中一直发挥着作用。这些印象让我一直以为他也是一位高校的学者，后来偶然知道他不是。让我惊讶的是，他写了一本哲学专著；而尤其让我惊讶的是，这是一部远比很多大学哲学系的学者写得都更有思想、更哲学、更为纯粹的专著。

这部专著试图对形而上学的最基本问题提出自己的理解与回答，这就是“存在”问题。“和合”这个来自佛教的概念是全书的一个支点，作者借此表达这样一种存在论观点：一切真实存在的事物都是“关联”中的事物，也就是说都是条件聚合而成的事物。所以，既不存在古希腊人以为的那种作为个体存在的实体，也不存在作为普遍的种类物存在的实体。经过分析，甚至时间与空间既非实体，也不实在。一切都只是关联中的存在，万物都只是条件的聚合。

这是一种彻底的关系存在论，我权且把它称为“和合存在论”或“和合实在论”。它让我想起了20世纪90年代罗嘉昌教授提出的“关系实在论”。罗嘉昌是中国社会科学院哲学研究所一位非常有原创性思想的学者，他的关系实在论可以用一个多元函数式来表示：R=f（x，r）。其核心内容可以被表达为三个相关命题：1. 关系先于关系项。2. 因此，当且仅当有关系，才有关系项。3. 存在物就是由多元变量确定下的数值物。

这一关系实在论解构了独立的物质，也解构了独立的实体，但它仍然保留了时间与空间的实在性，虽然只是关系中的实在。无疑，这一思想对传统实在论构成了重大挑战。不过，我一直对此存有疑问[1]：关系总是关系项的关系，固然没有关系之外的关系项，但也一样没有能离开关系项的关系。那么问题在于：不仅不同关系项会产生不同关系，而且新的关系项的加入也会改变关系，那么关系项的区分是如何可能的？既然有关系项的区分，也就预设了每个关系项有其自我同一性，否则就无法区分关系项，而无法区分关系项，也就无所谓不同关系。既然关系项有自我同一性，那么这种同一性又是如何可能的？或者问：是如何呈现给我们的？哪怕这种同一性包含着关系于自身之中，但是它作为它自己显然是具有自身连续性或自身持续性的。简单说，关系项有自身性。这意味着，关系实在论在理论上隐藏着自相矛盾。那么，和合实在论是否存在这样的矛

[1] 罗嘉昌教授在研究关系实在论期间，我正好在他所在的研究室学习、工作，经常参与讨论。在北大《哲学门》（时由吴国盛教授主持）就他的关系实在论举办的一次研讨会上，他邀请我对他的思考进行评论。我的评论主要表达了质疑，详见《一种飘浮的存在论——关系实在论的困境》（收入我的短文集《站在未来的立场上》，生活·读书·新知三联书店，2014年）。

盾呢？

当我追问罗嘉昌教授“关系是如何可能的”这个问题时，我言下之意是他需要有一个意识论来解决内在矛盾，但是，他一直没有给出来。王维似乎意识到这个问题，所以他有自己的意识论。王维给出了一种很新奇的意识理论。他把意识分为四个层次，最低层次的意识是无机物的“主动反馈性”，或者说能够主动产生某种相互作用的倾向性，而处于最高层次的自然是人类才有的认知活动。也就是说，万物皆有意识，皆以不同形式体现这种意识冲动。这种泛意识论就像泛神论一样，为说明万物能够相互作用、进行各种组合与分解提供了方便，特别是为说明万物如何能够组合成一个关联的整体提供了支点。但是，当把意识划分成四个等级，从而将世界泛意识化之后，也马上面临这样的问题：既然意识分为四个等级，那么从最低等级如何向上一个等级过渡？特别是最高层次的意识如何从动物层面的意识突破出来？当然，王维所谓的（广义）意识强调的是一种主动反馈性，它的目的是为后面引出物质性与意识性相辩证的动力机制而服务的。但不回答这些问题，四个等级的划分就只是一种偶然的、机械的划分，由此确立的关系只是一种外在关系，因而无法通过泛意识化来把万物统一为一个关联的整体。而没有一个统一的关联整体，也就意味着各种关系实际上都没有关系。这对和合实在论意味着什么呢？

毫无疑问，我概括罗嘉昌关系实在论的三个命题也适用于和合实在论。这意味着，在这里关系项本身也是关系的。于是，问题又回来了：既然一切关系之间是没有关系的，那么作为关系中的关系项之间如何形成一种关系呢？是否存在一种原初的关系呢？如果是，那么这些原初关系之别就在于它们各自的关系项不一样。但这又要面对同样的问题：关系项之间的区分意味着关系项有自身性。这与和合实在论也是相矛盾的。

无论是罗嘉昌的关系实在论，还是王维在这本书里提出的和合实在论，都试图解构传统的实体学说，同时解构一切主体、一切中心，渗透着很浓的“后现代味”。有趣的是，他们的“后现代味”除了来自对现代物理理论的融会外，与西方后现代思潮却关系不大，倒是与东方的传统思想关系更大些。不过，这里我要继续讨论的是，传统的实体学说与主体观的确需要反思，也能够重构。但是如果否定一切主体，消解一切中心，将不可避免地陷入困境。当和合实在论把自我或主体视为一种关系连续体时，看似把传统哲学所理解的那种实体性主体解构了，却陷入了另一个难题：在这个关系连续体中，究竟是什么在连续？既然有连续性，自然也有保持为自身的同一性，那如何理解这个有自身同一性的东西？如果这个有同一性的存在者也是由关系项构成的关系存在者，那么构成其关系的那些关系项必定就是使其保持其自身同一性的事物。而这也就意味着，自我或主体是由具有自身同一性的关系项来保障其为主体的。因为如果其关系项没有同一性，它们就不可能构成具有同一性的主体这一关系存在者。而同一性事物在根本上意味着它不可再还原为其他事物——它就是它自己。

因此，只要承认主体是一种持续的存在，那么在根本上就不得不承认它不可能消解为其他关系，因而是不可解构的。主体是关系性的存在者，并不等于主体可以被消解为相对性关系，它依然是一个不可替代的关系点，一个中心——一个使一切关系能够成为关系的中心。简单说，离开主体，一切关系都将瓦解而无所谓关系。一个没有主体的世界就是一个没有关系的世界。所以，如果说世界是和合出来的，那么它也一定是通过一个主体和合出来的。而主体既在和合中，却又是超越和合的。

当然，这部专著的可贵之处不在于它是否解决了这一问题，而在于它试图通过这样一个基点展开对形而上学层面的一系列相关问题的追问，使对这些问题的讨论展现为一个体系性的思想。什么是思想？思想不是零星的感想，不是个人一时一地的处境性的感悟，而是经过系统性思考、分析与论证而亲证出来的概念体系。这样的概念体系绝非人们通常以为的那样，是一种抽象的、封闭的、空洞的逻辑系统，而是包含着对源头的追问、怀念与敬畏，包含着对整体与秘密的虔诚、感恩，还包含着对绝对域的期待与希望。真正的思想总是追求概念体系的系统性，这也是哲学真正的标志。而《形而上学之思》正是这样一部作品。

然而，当今哲学界对系统性的追求已经越来越稀少。这首先与哲学越来越专业化、技术化有关。由于专业化与技术化，哲学研究逐渐被分解为各种哲学史、哲学流派的研究，或者被专门化为诸如心灵哲学、生态哲学、技术哲学、语言哲学等。哲学问题随之或者消失或者窄化为关于有限物与部分物的问题，而使哲学之为哲学的那些问题——诸如本原（源头）、整体、绝对、自身等，则被当作哲学的累赘物排除在哲学之外了。哲学走上了一条碎片化、片面化的自我消解之路，而中国哲学界盛行的课题化—项目化则在哲学这种自我消解的道路上增添了加速器。所以，今天，在汉语世界的哲学思考里，每个对思想的系统性的自觉追求都是弥足珍贵的，因为这是使哲学保持为哲学，使思想成为思想的希望。

真正的思想是需要真诚的，需要客观化精神。没有真诚，一切问题的提出与回答都只是技术性的需要，比如出于获得课题或资源的需要，而与生命的打开、提升无关，与生命的安顿、解脱无关。没有客观化精神在根本上意味着在自己的精神世界里只看到自己的私善与私利，或者把自己以及小集团的利益摆在第一位，而没有自觉到普遍性的原则，或者虽然认识了却未能以之为理解、衡量、对待自己与他人的第一尺度。一个未能在自己的精神世界确立起普遍性原则，并以之作为理解、衡量一切利害的客观尺度，就是一个没有客观化精神的人。没有这种客观化精神的人不可能有能力去打开那些超越性的问题，理解他人那些超越性的思想。因此，他永远在哲学之外。在这个意义上，哲学需要真诚，需要客观化精神。

但是，在今天的中国哲学界，真诚与客观化精神日渐寥寥。在学界上空飘荡着的不少学术头衔、学术奖项在促进学术事业上的作用令人生疑，对哲学所需要的这种真诚与客观化精神也助益无多。头衔、奖项的设立本是为了通过承认学者的成就来促进学术事业，但是当它们与各种资源、评估联系在一起时，就变得与学术本身无关了。本书作者王维的优势在于他不是体制中的学者，而是一个自由的学者，其思想水平也远在很多体制内的哲学工作者之上。所以，他这本专著的另一个可贵之处就是透露着思想所需要的真诚。

哲学需要真诚，思想需要体系。

清华大学人文学院　黄裕生

2020年7月11日

序　言　为什么是哲学

如果你——作为这本书的可能读者之一——对哲学的了解少之又少，那么你多半会提出这样的疑问：为什么是哲学？为什么在这个时代我们还要学习哲学，要以哲学的方式来思考？

要回答这些问题，首先需要澄清哲学是什么。然而，要回答哲学是什么却又并非易事。假如仅是根据字面意思将其定义为“爱智慧”（Philosophy 意即 Love of wisdom），那么在我们大多数人尚且对哲学研究些什么，采用什么样的方法，与科学、宗教之间的边界又在哪里等都不甚明了的情况下，这样一种定义就显得太过宽泛了。当然，不甚明了倒不是说我们一直就缺乏对哲学这一概念的描述，而恰恰是因为我们对这个语词的描述和使用太过丰富了！因为在这里，“哲学”不仅仅用来意指发端于古希腊的某种学问，还常被广泛地用以“装饰”各种看起来玄奥的言说。即便如此，既然我们要在本书中展开一系列的哲学思考，就不能回避这个基本问题。对概念的澄清源自于对概念的定义，为此我对哲学这一概念的定义是这样的：**哲学是借助经验的、理性的、直觉的思维途径研究形而上学、认识论、价值论等问题的思辨过程**。假如你认为这个定义有些长，我们可以把它分解为三个部分：哲学是思辨的过程；借助于经验、理性与直觉；研究形而上学、认识论、价值论等问题。如此一来，我将先从最后一个部分（哲学所涉及的问题）开始，继而去考察思维所要依赖的那些途径，然后揭示这一定义的主干——哲学是思辨的过程的蕴意。

哲学所涉及的问题

从可观测宇宙的这一端到那一端需要多少时间？这是一个自然科学问题。但若要问时间是什么，这就是哲学问题了。具体而言，时间是真实独立的存在吗？还是它只不过是一种运动的绵延所产生的幻觉？在哲学上，这类问题属于研究事物之所是的*形而上学*（Metaphysics）问题。换句话说，在形而上学的意义上追问时间是什么其实就是在追问时间的存在与否，以及它的本质。更一般的，通过对事物之所是的追问，哲学家们归根结底想要搞清楚的是——存在是什么。

应当说，形而上学的问题领域一直处于不断扩展的过程中。关于存在是什么的问题最早可追溯到古希腊哲人巴门尼德。到了亚里士多德那里，他所谓的“第一哲学”（即形而上学）不仅包括对“存在之为存在、存在什么以及存在物的属性”等问题的研究，也包括对作为“不动的动者”的神学研究。当然，经过中世纪及近现代以来的思想积累，形而上学更是超越了古希腊时期所涵盖的那些思辨内容。

哲学家们也常使用本体论（Ontology）一词来专指形而上学中与事物之所是相关的那些问题。比如，事物的本质是什么？心灵是某种形式的实体吗？外部世界是实在的吗？再比如，语言是什么？符号是什么？语言符号与其所意指的那个对象之间的关系又是怎样的？数的本质是什么？它是一种人类用以描述世界而创造的符号工具，还是某种独立于现象世界的抽象存在？除此之外，在今天形而上学还广泛地涵盖了一般与个别（共相与殊相）、因果关系、心物关系、同一性、自由意志与决定论等问题。总的来说，形而上学是哲学最基本、最核心的一类问题。

然而，当我们断言世界是什么的时候，似乎有一些更在先的问题需要搞清楚：我们（主体）何以能够获得对世界（客体）的认识，源于经验抑或诉诸理性？所思与存在之间是什么关系？我们如我们所想象的那样真实地把握了事物吗？知识是必然的吗？认识何以成为可能？又或者，这些问题是否已超越了人类理智的极限？

理性主义者对人类理智是充满信心的。笛卡尔认为仅仅通过理性推理我们就能够得到那些最重要的、最一般的知识，正如同在数学中所做的那样。因而，知识必然是确定无疑的。然而经验主义者并不认为知识皆来自于理性，更有甚者，我们能否得到确定无疑的知识也是值得怀疑的。考虑这样一个问题：我们都知道斑马的身上有着黑白相间的条纹，但是我们缘何能够肯定只要是斑马就总是有条纹呢？根据经验主义的怀疑论，实际上我们无法肯定这一点。休谟认为，假如对事物的认识皆来自于经验，而经验自身无法确知未来的事情，那么对未知事物的断言就是不可能的。因而，我们只能确认的是我们已经看到的斑马都是有条纹的，但这一经验并不能使我们断言只要是斑马就一定会长出条纹来。这样一来，基于经验归纳的一切知识就不再具有普遍必然性了。康德同意纯粹经验性的感觉印象是偶然的，但知识却并非只是由经验性的部分构成的。他进一步指出，在形成知识的过程中并非是主体的认识遵照于对象，而是对象遵照于主体的认识。据此，他认为主体具有着某些先天的（不依赖于经验的）认识能力或形式（感性直观的纯形式、知性的十二范畴），使得知识得以被构造。并且康德相信，诸如经验科学所发现的那些自然规律，因其内在的先天成分而不会因时空的改变轻易地丧失效力，自然科学甚至形而上学的基本命题都理应是所谓的先天综合命题。

无论是笛卡尔、休谟抑或康德，整个近现代以来哲学家都在试图找到一种规则，能够给知识的来源与确定性以合法地位。那么究竟何谓知识呢？从柏拉图以降，通常而言，知识是指那些能够被证实的或合理的真信念。但怎样就是合理的这一点却很难被证实。由此，盖梯尔对包含了知识三要素（被证实的、真、信念）的这一定义本身提出了根本性的质疑，也使得哲学家们再次陷入到对究竟该如何定义知识、如何理解认知辨明以及如何有效地抵御怀疑论的挑战等问题的延续至今的论战中。

以上讨论所涉及的都是我们如何认识事物以及我们在何种意义及程度上能够认识事物的问题，在哲学中这些都属于**认识论**（Epistemology）的范畴。实际上，我们无法一一罗列认识论所涵盖的全部论题，其所涉及的领域是全方位的，因为思想的过程就是建立认识的过程。说一切问题都包含了认识论的问题一点儿都不为过。

斯宾诺莎——作为一个同笛卡尔一样的理性主义者——非常重要的主张之一就是强调理性的力量在实现道德过程中的作用，理性使我们遵循德性而行，唯有依理性的指导而生活才是善的，依理性的忠告而行事才能够免于被动的情欲的束缚。与之相对，作为一个经验主义者，休谟则主张伦理学应该建立在经验观察之上，道德评判从本质上而言是一种情感表达。自然地，作为一个持先验认识论的哲学家，康德认为道德责任的基础先天地内在于理性的概念中，因此道德原则必然是一种先天的绝对律令。由此可见，一位哲人持怎样一种认识论，或多或少都会影响到他的**价值论**（Axiology）主张。这就像说，一个人如何看待世界在很大程度上决定着他将如何评判这个世界。

那么，都有哪些问题属于价值论命题呢？比如，我们应如何界定美丑（美学），怎样的行为或品德是善的（伦理学）；此外，当我们涉及善恶、正义、公平这样的价值评判时，就自然而然地要涉及个体与共同体关系的哲学领域（政治哲学）——因为诸如公平的问题总是相对于一个群体而言的。曾经，以卡尔纳普为代表的部分逻辑实证主义者认为价值论所涉及的命题属于应然性命题，道德评判是没有认知意义的（不阐明知识），因为我们永远得不到一个实然的解。他们认为，只有那些可被经验检验或逻辑演绎的理论才是具有认知意义的——例如自然科学命题——因此那些不可被证实的理论都是伪科学。后来，这种观点遭到了广泛的批评与质疑。波普尔认为自然科学不是可被证实而是只能被证伪的理论，普特南则进一步指出对事实与价值的截然二分本身就是错误的。而所谓“只有可被证实的理论才是具有认知意义的”这一主张自身也不是通过经验或逻辑能够证得的，毋宁说是一种信念罢了。

实际上，在今天价值论问题非但没有受到所谓有无意义之争的影响，反而以更多的新样式成为哲学家、科学家甚至普通大众都甚为关切的话题。例如，在当代伦理学领域，除了目的论与义务论道德哲学的发展以及德性伦理学的复兴之外，还出现了对运气在道德实践过程中的影响（道德运气理论）以及女性在伦理活动中所体现的独特性（女性伦理学）等问题的热烈讨论。而在更为广泛的领域，例如在基因工程领域关于将基因编辑技术应用于胚胎的争论一度成为非常受关注的问题；在人类文明全面进入互联网时代的今天，人们已开始重视并思考有关虚拟世界的社交伦理问题；在心理学及认知科学的帮助下，科学家、哲学家们尝试参考科学实验的结论来解释人的价值判断的心理机制等等。虽然类似这样的问题恐怕的确不会像

“1+1=2”那样存在确定无疑的答案，但是对于这类问题的持续争论体现了我们对自我及世界应如何安排的关切与忧虑。人类文明是以其社会性而存在的，社会建构不仅参照实然命题，而且更多依赖应然命题。因而，人类对于价值论问题的关注所达成的种种共识推动了整个人类文明的可持续发展。从这个角度而言，哲学的价值论问题意义重大。

问题之间的关系

我在这里所采用的对哲学问题的划分原则是就问题的不同性质而非其所涉及的不同知识领域或者不同主张而言的。那么——例如——虽然科学哲学和心灵哲学是当前哲学研究的热门领域，但根据我的划分原则，前者可以归为认识论范畴，而后者则涉及形而上学及认识论的内容。理性主义与经验主义是哲学史上非常重要的两个流派，但它们各自的主张就其性质而言又都包括形而上学、认识论等内容。除此之外，关于这一部分我还想补充三点。

第一，虽然我们根据其性质划分出哲学问题的三个基本方面，但它们之间的关系绝非彼此隔绝的。如前文所述，认识论与价值论是息息相关的，而形而上学与认识论之间同样如此。虽然近代以来哲学的认识论转向大有消解形而上学的势头，但实际上形而上学问题是不可撤销的。心灵哲学的核心问题之一就是关于心灵之所是的思讨，而当代物理学哲学不可回避的本体论命题就是要设法解释微观粒子的本性。且不论有什么是真实存在的，只要我们思维、只要我们诉说，我们就总是在声言某物的存在。因而，实际上我们根本无法脱离形而上学的思维视域，无论我们是否只是把它看作一种语言上的约定。那么这样一个反思的过程，又构成了形而上学与认识论之间的联系。

柏拉图的理念的本体论地位是什么？这与我们所处的根本视角和立场密切相关，即我们的本体论态度是认识论所决定的。因而，共相与殊相问题就既是一个形而上学问题，又是一个认识论问题，不论我们应首先确立共相的本体论地位再去谈对它的认识，还是应首先明确认识它的可能性再去批判其存在性。这样，形而上学、认识论、价值论虽呈现为哲学所要探究的三个方面，但一个系统的哲学问题又总是同时蕴含着这三个方面，它们之间的关系不是割裂的，而是彼此渗透的、紧密相连的。

第二，我们知道古希腊哲人最初所关心的问题是本原问题。世界是由水还是火构成的？组成物质的最小元素是原子吗？在《形而上学》中，亚里士多德详细总结了前人关于本原问题的思考。当然，在他这里本原的意思更为丰富。它可以是物质的最小元素，也可以是运动的起始点，甚至“一切原因都是本原”，它们的共同点是“存在或生成或认识由之开始之点”[1]。很显然，研究事物之所是（本体论）与研究事物之起始（本原说/宇宙论）的关系是密切的，一个解答事物是什么，一个解答事物从何而来。亚里士多德说，探究存在之为存在的人能够找出万物之本原，这样的人就是哲学家。而这些关乎最根本问题的思考高于对其他一切问题的思考，因而他称之为“第一哲学”，即我们所说的形而上学。

说到亚氏的这部不朽著作，作为不了解其名字由来的人们须知道，这本书是在亚里士多德死后由吕克昂学园继承人安德罗尼柯整理而成。在整理亚氏的手稿时，由于这本书是在其另一部著作《物理学》之后整理的，且当时安德罗尼柯又找不到合适的名字为此书命名，便索性称之为“ta meta ta phusika”，意为“物理学之后”，其英文简写即“metaphysics”。到了近代，根据 metaphysics 研究的问题所属，日本哲学家井上哲次郎援引《周易·系辞》中“形而上者谓之道，形而下者谓之器”的说法，将其译为“形而上学”。且不论 metaphysics 的真实含义与“形而上者谓之道”的意思有多少差异，应当说这个翻译的确是优美的。而我们之所以花这么多笔墨来介绍这个词的由来是要告诉那些无知者：形而上学绝不是那种孤立地、片面地甚至静止地看待问题的思维方法。形而上学是**思辨的科学**。在亚里士多德那里思辨不是观点的简单罗列，不是某种立场的先入为主，而是就某个或某些问题所有可能的思想进路进行全面审查的过程——例如在他针对本原以及实体问题的那些不同观点的反复辨析中所能看到的。思辨的科学并不轻易地停留在某个结论中，绝不是静止片面地看待某个问题，而是围绕着各种可能的主张做着思维的“往复运动”。在此，我们看到的是思维的理性与逻辑，是充满思辨的动态过程。无论时代怎样变迁，问题如何演变，哲学逃不脱这种思维——假如真是哲学的话。因而，与其说形而上学是哲学问题的某个组成部分，毋宁说它是哲学思维或哲学之为哲学的本原。

正如哲学史所呈现的，传统形而上学的领地在不断被侵蚀。当一代又一代哲学家声言它的死亡——尤其当哲学的语言学转向的出现——形而上学所主导的时代似乎已然过去。但形而上学的灵魂并不是真的死去了，而是以新的形式涅槃重生。即便是在这个自然科学主导话语权的时代，思想的起点或终点依然投射出形而上学的影子。甚至于，作为哲学范畴中的根本问题（如关于何谓实在的追问），形而上学非但不能被遗弃，反而是这个时代所亟须重焕的。令人欣慰的是，从当前哲学对形而上学问题的复兴，我们已经看到这样的迹象。

第三，自西方宗教改革与科学革命之后成长起来，没有什么“历史包袱”的人们会觉得哲学、科学、神学之间是泾渭分明的。罗素在他的《西方哲学史》绪论中这样定义哲学："就我对这个词的理解来说，乃是某种介乎神学与科学之间的东西"，"一切确切的知识——我是这样主张的——都属于科学；一切涉及超乎确切知识之外的教条都属于神学。但是介乎神学与科学之间还有一片受到双方攻击的无人之域，这片无人之域就是哲学"[2]。在此，罗素鲜明地划分了哲学与科学、神学之间的界限。哲学的确不同于科学与神学，这种不同主要体现为思维预设的不同。简略而言，神学告诉我们——尤其对于那些超验的存在物——信仰先于理性；哲学则告诫我们必须对此加以怀疑，经由理性去审视其可能性；而科学理应对此缄默不语（但事实上很难讲从事这三个领域工作的人们是否真的严格遵守了各自的原则）。

二十世纪初是经典物理学的巅峰时刻。那时量子力学羽翼未丰，经典力学的确定性和决定论世界观仍深入人心。同时代的许多思想者显然深受其影响，于是他们对科学理论所带来的确定性认知抱有前无古人、后无来者的乐观态度。作为诺贝尔文学奖获得者，罗素说哲学处于神学与科学夹击的无人之域，这充分体现了他的文学家气质。说到"攻击"，神学对于哲学的攻击是无力的，因为神学思想的教条性使它不具有理性思辨的说服力（当然直觉地选择接受它是另一回事）。虽然科学在经验存在的领域里具有某种程度的权威性，它不断地侵蚀着传统形而上学的领地，但它的扩张性要受到经验检验的约束。而科学对于某个哲学命题的攻击往往超越了经验所能检验的范畴，就不再具有科学意义。正如罗素自己所言："思辨的心灵所最感兴趣的一切问题，几乎都是科学所不能回答的问题"，"世界是分为心和物吗？如果是这样，那么心是什么，物又是什么……有没有一种生活方式是高贵的，而另一种是卑贱的呢？"[3]。诸如此类的问题不是纯粹的科学理论能够评头论足的。科学无法告诉我们事物之所是，而只会告诉我们事物的一些性质、内部结构、与其他事物之间的相互作用关系、运动方式等等。当然，在今天我们也在基于量子力学来重新审视实在的意义，或者围绕着脑科学的新发现来争论自由意志的可能，提出关于心灵的“科学解释”，等等。但无论这些主张、观点如何，由于其所涉及的问题本质是不可被经验所检验的，那么即便这类主张来自于科学工作者或科学组织，它都不能算作是严格意义上的科学理论，而实质是建基于科学的哲学思考，因而一个科学人在此时就转换为一个哲学人。罗素认为科学是确定无疑的，他对此充满了自信。在科学主义者那里，这种自信随时可能演变成像罗素所批判的神学卫道士对神学教条那样的笃信。哲学不应该认为有什么理论是确定无疑的，因为哲学的本质是思想的过程，执着于结论是非哲学的。科学基于经验，神学超越于经验，而哲学既不困于经验中，也不任意地跨入超验的领地，它是旁观者。因此，如果一定要说存在着某种“攻击”的话——或者用“批判”这个词更为恰当——那么恰恰是哲学在攻击或批判着神学与科学，时刻警惕着超验的或经验的思想活动堕入顽固的教条主义的深渊。

虽然近现代以来，神学尤其是科学从哲学中逐渐独立出去，但哲学与科学、哲学与神学不仅拥有着紧密的历史渊源，在今天它们之间的关系同样是密切的。一方面，正如前文所述，那些涉及根本性问题的理论科学（宇宙起源或心灵问题）总是伴随着相应的哲学命题。甚至于，在一些领域哲学扮演着为科学理论开疆拓土的角色。另一方面，对神学教条的诠释与维护是神学家的事，一个位格化的上帝是否存在，哲学家应秉持不可知的态度。但在一些哲学问题中——尤其是价值论范畴——我们仍然要从传统神学的道德律令中取经。实际上，在西方一切伦理都离不开被悬置的上帝。我认为，在不久的将来，哲学与神学，尤其是与科学之间的关系不再是彼此分离的，反而将体现为某种对古典时代的回归。

通过以上，我们完成了对哲学定义中第三个部分（哲学所涉及的问题）的澄清，由此也勾勒出哲学一词于概念地图中相应的疆域轮廓。那么，如何能够踏入哲学王国的辽阔疆域呢？在哲学定义的第二个部分，我们说途径是经验、理性与直觉。

思维的三大途径

作为动词，经验的意义在于通过感性（也包括感性官能的延伸物，如观测设备）建立起对事物的知觉。作为名词，我们常把在过往中所获得的种种归纳认识称作经验知识；自然地，我们也把现代意义上通过实验观察等方法所检验的科学理论纳入到经验知识的范畴。不管是逻辑实证主义的可证实原则，还是波普尔的可证伪原则，总之自然科学需要能够被经验所检验，因此自然科学也被称为经验科学。虽然哲学有别于经验科学，但哲学思考同样离不开经验。当然，一个哲学命题“宇宙是否具有某种目的性”是无法像一个科学命题“宇宙是膨胀的吗”那样能被观测（经验）到的，但我们之所以会提出这样一个哲学命题是由经验观察——如经验到存在着一个不断膨胀着的宇宙——而得到的启发。因此，哲学的经验路径即是指科学路径。虽然科学结论并不能直接帮助我们回答哲学问题，但它是有力的支点和相对更为可靠的思想材料。即便科学知识并非哲学思考的唯一参照，但是既然科学的思维范式广泛地被这个时代所认同，那么我们就必须重视科学方法及其结论给我们的思维层面带来的重要影响。

说经验是通往哲学王国的途径并不是说知识皆来自于经

验。知识未必都来自于经验，经验也未必带来确定的知识。所以我并非是在这里复述一种经验主义的认识论，而只是在强调哲人的思想——在这个思想的完整过程里——不可能完全地脱离于经验。实际上，哲学恰恰始于人们对世界的经验观察（宇宙论时期）。即便那种认为一切知识的源头皆来自于理性的唯理主义观点也并没有全然否定经验在思想过程中的作用。有人可能提出反驳，他们会提到古希腊哲人巴门尼德。巴门尼德被认为是最早的理性主义者，这大概是因为他拒斥了世界是流变的这一经验直观。他通过内在的理性思辨推出变化在逻辑上是不可能的，因而世界是不变的统一体。在他看来，一切感官经验到的处于变化中的事物都是非存在。但我们要说，他得出这样一个反经验的结论恰恰是基于对经验的评判——只不过他的结论是"世界是流变的"这个经验是不足信的，是一场幻觉。从他形成这一思想的过程本身而言，并不是说他脱离于经验在思考，而是说他经由理性否定了经验。世界是否并非我们的感官经验所呈现的那个样子？有可能。但你能够提出这样一个疑问，至少证明你经验了它。

对于一个哲学思想者而言，一方面我们不可能完全地脱离于经验，另一方面虽然哲学考察的是存在、本质、意义、知识、价值等一般性命题，但这些命题都映射了可经验的世界——无论这个经验世界的本体论地位如何，我们都是在这个可经验的世界里思考，都是因这个可经验的世界而思考。因此，经验是哲学思考的入口和天然背景（也是一切思维范式的天然背景）。

如果经验是哲学思考的入口，那么**理性**就是整个思想之旅的康庄大道。哲学不同于其他的思维理路，其本质就在于理性。理性是什么？在此，我们应注意区分如经济学中的理性、日常语言中的理性与哲学中的理性的不同。资本主义经济学建立在这样一个基本假设之上——人的本性是自利性。那么理性就是要合乎人的本性，因而“理性人”以利益作为衡量经济活动的准则。日常语言中的理性是相对于感性而言的，我们常说“应理性地看待这件事”，大概意思是说我们应冷静地、客观地甚至克制地看待它，指的是一种态度。而哲学中的理性——简而言之——意指人的一种运用逻辑进行说理与反思的能力。哲学家要想提出一种主张必须对其观点进行论证，要想批判他人的主张同样需要分析。因此，哲学家的工作就是遵循逻辑进行说理。而说理的逻辑起点在于对语词概念的澄清。

在思考与对话之前先澄清概念，这是哲学式思维的标志。因为假如各方对一种言说的前提（概念）都没有达成一致，那么这样的思想讨论就是无根之树。苏格拉底与柏拉图都十分重视这种始于概念澄清的思维，而到了亚里士多德那里，他更是将这种思维方法加以系统性的阐述。在《范畴篇》中，他从同名异义词、同名同义词的分析开始，明确了我们可以言说的十个基本范畴，继而通过《解释篇》《前分析篇》《后分析篇》等著述，将哲学的这种理性思维的方式建设成为一门系统学科——分析学（即逻辑学）。黑格尔说自亚里士多德以来逻辑学未曾有过任何进展，这话略显夸张，克吕西波、阿伯拉尔以及奥卡姆等都为逻辑学的完善做出了突出贡献。罗素认为，至少在中世纪结束之前，亚里士多德在逻辑学方面的影响是无人能及的，这样的评价就更为客观些。直到十九世纪数理逻辑的出现，逻辑学才又迎来了全新的篇章。我们在此简要复述逻辑学史的目的是为了向大家陈述这样一个事实——逻辑思维在整个西方哲学史中的融贯性。而这也正是西方思维有别于东方思维的关键所在。

当然，在哲学史上完全使用纯粹的逻辑语言进行表达的哲学家并不多见——包括开创了逻辑学的亚里士多德。毋宁说，哲学思想的阐述过程既需要分析也需要综合。哲学不等于逻辑学，逻辑思维也不等于完全地遵从形式逻辑的规则。那什么是逻辑思维呢？当我们说一个人的思考是讲逻辑的或合逻辑的，本质上是在说其结论的提出有相应的论据的支撑，有一个论证的过程。作为一个思想家，其观点和主张未必一定要经过推理而来；但作为一个哲学家，其思想阐述过程几乎总要伴随着说理论证的过程。说理不仅要给出答案，更要能够说得通，经得起推敲与批判，这是西方哲人的普遍追求。但自然语言是具有随意性的，当它传递一种哲学观点时，我们如何断定它是说得通的？是可判定的？于是我们用一些抽象的原则来界定和规范它。因此逻辑学是人类理性在追求说理论证的过程中不断完善的方法论成果（或如在亚里士多德那里的一种思想审查的“工具”）。

理性作为人的一种思维能力是先天具有的，而逻辑学作为一种知识和方法是后天习得的。对于一个哲学思想者而言，逻辑是为理性说理而服务的，而理性说理的目的在于反思。何谓反思？即对认识的再认识，对思想的再思想。正是由于一种观点的提出具有着论证的过程，具有着声言支撑了论点的论据，我们才能够对这个思考的过程进行反复的审查，对这个思想结论的合理性提出合法的质询。因而理性在此又体现为一种求知的精神——哲学思想者从不轻信哪种观点，也从不盲目地拒斥某种观念。

理性说理的起点是对概念的澄清，过程是符合逻辑（思维）的推理，目的是对思想的反思。相较于经验归纳，逻辑演绎是更为可靠的求真方法，后者在数理逻辑学家那里被认为是唯一确定的知识。然而，希尔伯特充满自信的宣言“我们必须知道，我们必将知道”的话音未落，哥德尔的不完备定理便打破了这一美梦。简言之，在蕴含初等数论的任何相容的形式系统中，总存在为该系统公理所不能证明的真命题。推而广之，这使我们不得不对理性推理的必然性产生怀疑。人类理性是有限的，那么我们该如何应对这种有限性呢？对于哲学思考而言，理性说理至关重要，但它并不是我们思考的唯一方法。在理性路径之外，我们还需要直觉（某种意义上的非理性）。

当我们一觉醒来，就知道自己是在现实而非梦境，但我们是如何确信这一点的？显然这既不是通过经验也不是通过理性就能即刻断言的，实际上我们依靠的是直觉。在日常语境中，我们经常会提到这个词。有时候对一个人的第一印象源于直觉（如判断其是否可信），有时候进行某种行动决策是通过直觉（如对传球点的选择），有时候我们突破某些复杂问题依赖的也是直觉（如灵感闪现的情形）。可见，直觉普遍地存在于人的现实活动中。对直觉最一般的定义是，它是某种直接的、不假思索的认识或判断。但这样一种定义依然是模糊和不完整的，它只描述了直觉的客观呈现而没有阐明它的内在性质以及产生的原因。需要着重指明的是——我们在这里所指的直觉不是直观，虽然这两个词常被混同（在英文中 intuition 一词就既有直觉又有直观的意思）。直观是就主体对客体的感性认识而言的，康德说："与对象直接发生关系所凭借的"就是直观，而且"唯有感性才给我们提供直观"[4]。因此，直观是一种感性能力。直觉不是感性能力，而更像是某种内在的思维活动的显现。因而，我们可以说感性直观，却不能说感性直觉。另一方面，如果真的将其看作是一种内在的思维活动，直觉又是非理性的。相对于理性推理，直觉过程总是表现得非常短暂，并且其规则难以被把握——我们常会觉得直觉是说不清道不明的。因此，与理性推理相对，直觉思维不可形式化。

直觉既不属于感性（经验），也不属于理性，因为感性与理性都是有意识的心理活动，而直觉是无意识的心理活动。因为是无意识的，所以我们无法清晰地知觉其形式，就觉得它是神秘的、缺乏过程感的。然其虽是无意识的，却并非一般的无意识活动，而是一种无意识思维活动的体现。人们受无意识的大脑活动的支配而呼吸或行走并不体现无意识思维，但人们就某个问题的灵感闪现则源自这种思维。因而，无意识思维是指不经有意识的心理过程而得出某个想法、结论的思维过程。而所谓"直觉涌现"的心理体验其实是就无意识思维在输出结论的那一刻而言的。因此，直觉产生于无意识思维（明确其成因），其本质是无意识思维的结果（明确其性质）。当我们说一个人的直觉准确与否时，我们实际上是在说他借助无意识思维而最终形成的结论准确与否。

对直觉概念的澄清应使我们认识到：1. 说哲学思考也需要直觉并不是在诉诸某种神秘的灵性，它源自大脑无意识思维的输出；2. 但很多时候我们又无法左右对直觉的运用，直觉会自发地涌现出来（因为是无意识所生），因而表现为某种顿悟或灵感闪现的形式。直觉既是无法刻意追求的，也是无法主观摆脱的。

阿奎那曾尝试运用理性推理的方式来证明上帝是存在的。例如他认为宇宙万物都是运动的，总是一种事物推动另一种事物在运动，以此类推，他便声言必然存在一个不动的推动者，而这就是上帝。然而，为什么一定要存在一个不动的推动者呢？阿奎那并没有论证这一点是如何成立的，因为他认为这是自明的。这显然不是理性或经验能够得来的知识，而是经由直觉所产生的信念。同理，柏拉图宣称理念世界先于可感世界而存在，亚里士多德认为宇宙的运动具有目的性，康德说存在着不可被感知的物自体，唯物论者认为世界根本而言是物质的，等等。很多哲学家的基本论点与其说是被得以清晰证明的，毋宁说是建立于直觉上的某种信念罢了。相较于哲学思考的经验与理性路径，直觉路径是充满不确定性的。但人类理性总是有限的，直觉则突破了理性的有限性，在理性尚不能触及的思想领域开疆拓土。因而，假如我们把经验比作是哲学思考的入口和天然背景，理性是哲学思考的康庄大道，那么直觉就是哲学思考的虫洞，它完成思维的不可思议的（非理性的）跳跃。

三种途径之间的关系

虽然我将哲学思考的途径（方法）划分为经验、理性与直觉，但这三种途径并非彼此平行，而是相互交叉、互为前提，有机地联系在一起，从而形成了哲学思考的方法论体系。

一个逻辑学命题，如一个著名的直言三段论：

大前提：所有人都会死，

小前提：苏格拉底是人；

结论：苏格拉底会死。

这是一个有效论证，即结论必然地由前提推得。同时我们说这个推理是可靠的，即前提为真，因而结论也为真。问题是，我们能够确信从前提到结论的推理是逻辑的，但对前提的真假判断也是逻辑的吗？为了搞清楚这个问题，再看一个例子：

大前提：所有天鹅都是白色的，

小前提：苏格拉底是一只天鹅；

结论：苏格拉底是白色的。

这个例子的推理过程与上一个遵从完全一致的形式规则，因此它是一个有效的推理（结论必然由前提推得），但显然不是一个可靠的推理（假前提、假结论）。我们怎么知道前提——“所有天鹅都是白色的”是假的呢？是逻辑推理告诉我们的吗？不是，是经验告诉我们的。同理，在第一个例子中，我们之所以判断前提为真，依据的也是经验而非逻辑。因此，对某些命题或思想观点所展开的分析与判断，并不是完全地在某个封闭的形式系统中运行的，理性的起点投射着经验的影子。

与之相对，经验的背后同样闪烁着理性的光辉。当我们一千次地看到太阳从东方升起，便会预测下一次太阳依然会从东方升起。这个预测很可能是准确的，但却不是过去的结果直接告诉我们的。那我们是如何将对过去的认识转化为知识的呢？经验主义者认为一切知识皆来自于经验，但这至少需要一个前提——如果没有人类内在的理性能力，感性材料自身无法被组织而形成推理，从而也无法将其转化为知识或信念。抛开经验主义的怀疑论不谈，我们能够从过去的经验中形成对未来的认识，这实际上是从经验跃迁到了理性。预测（根据以往反复出现的情况进行合理的推理）、类比（与某个或某些已出现的事件的比较来推断另一个或一些相似的事件）、概括（从整体中的部分性质推断整体的性质）等实际上都是基于经验而形成的归纳论证形式。同理，自然科学的知识基础虽离不开经验，但自然科学能够成为知识却是人类理性的成就。

说直觉是思维的跳跃不等于说它就是胡思乱想，无意识思维是对一系列信息的自动加工过程，而不是凭空地得出结论。再考虑阿奎那的例子，他（直觉地）认为存在某个不动的推动者是不言自明的，虽然未经逻辑证明，但也并非毫无根据。宇宙的绝对起始观是西方思想史中的传统观念，而这种传统观念间接地被经验观察所支持——因为我们认为事物普遍地存在着生灭现象。但请注意这种支持不是直接由经验得来的，而是一种基于经验的联想。因而阿奎那实际上在无意识中综合了前人的观点，并自动将这些观点转化为天然的思想背景。

在自然科学以及数学领域，我们也时常听到一些伟大的理论发现源自科学家和数学家的灵感（直觉）这样的说法。但无论牛顿从一个砸到他的苹果而发现（悟出）了万有引力的故事是不是真实的，我们要反思为什么这么“显而易见”的真理不是你或者我发现的？如同哲学家一样，科学家的灵感闪现不是简单地由某个“苹果”引发的，而是基于知识的储备以及对自然超乎常人的关注。因此，虽然直觉的涌现不同于经验归纳或理性推理，但却或多或少地综合了由这些途径而获得的思想碎片。只不过直觉自动地把这些碎片连接起来（无意识思维过程），形成整体性的结论输出。

即便直觉判断的准确与否是不确定的——甚至有一些是永远无法确定的——但一个好的（或者是有价值的）直觉判断是可以被理性推理或被经验所验证的。无论牛顿、爱因斯坦们的理论灵感源自哪里，一个好的科学定律总是既可以被数学公式所推导，也可以由经验观察所检验。在穿越虫洞之前，我们或许并不了解它的另一端通向哪里；而在穿越虫洞之后，我们不仅立刻地建立起对另一端世界的直观认识——它是将我们引领到另一个宜居的星系，还是正好将我们丢在一个活跃黑洞的边缘——而且可以通过各种仪器设备测算其相对于出发地或银河系之间的距离、方位等，即在虫洞的两端建立起清晰的联系。同理，直觉带领我们迅速地穿越了思维的虫洞，使我们得到某个无法通过理性与经验而迅速获得的观点；然后，如果是一个好的观点，我们理应可以通过理性与经验去检验它。这样，我们就在由直觉而产生的观点与既有的知识之间建立起清晰的联系。很多时候，我们在进行哲学思考时经常会这样做——当一步一个脚印的理性推理或按事实说话的经验归纳都无法带我们走出迷途时，我们会（直觉地）先抛出某个未经证明的论点（完成思维的跳跃），然后再去证明或者证伪它。

在三种通向哲学王国的途径中，直觉是不确定的，但却可以帮助我们突破思维的瓶颈；经验是值得怀疑的，但却是一切思维的天然背景；唯有理性是三者中最为可靠的途径——因此理性是哲学运思的康庄大道——然而理性又由于其自身的严苛而容易局限思维的想象力。因此理性既离不开经验的思想背景，也需要直觉的思维跳跃，从而构成一幅完整的哲学运思的图景。

思辨的过程

通过经验、理性与直觉的思维途径，哲学试图回答许多问题，也的确给出了许多答案。但答案在这幅思想图景中往往是最不重要的一环。事物本原是水还是火？理念先于可感之物而存在吗？外部世界是主观的幻象还是客观的实在？自由意志与决定论是相容的还是不相容的？因果关系有没有必然性呢？公平与正义是同一的吗？无论这些哲学命题的答案是什么，都不是哲学的灵魂。因为一切凸显出来的结论都只是哲学活动的驿站，而唯有一点才是哲学永恒的主题——那就是对思考过程自身的追问与反思。因此，归根结底，哲学是什么？它不是某个思想结论，不是某种观点立场，也不是某些经验的、先验的或者超验的信念，而是围绕这一切可能的结论、立场、信念不断展开的*思辨过程*。

我们说在今天形而上学的精神并未死去，假如我们还是在哲学的范畴之内展开思考，那么它也不可能死去。正如罗素所言，哲人的心灵是充满思辨的。形而上学是哲学的本原，而思辨是形而上学的实现。相较于其他形式的思想活动，思辨的心灵拒斥单一的输入—输出过程，而更倾向于运用各种思维形式（经验的、理性的、直觉的）做一种综合的、反复的运算。在这个运算过程里，包含了对思维对象的审视、辨析、论证、检验、追问、洞察、反思等等内容。

笛卡尔的“我思故我在”，有的人视其为真理，有的人却不以为然。但无论这个观点自身的好与坏，笛卡尔不是简单地得出这样一个结论的。支撑这个结论的，是他充满想象力却又审慎缜密的思想过程。在其中，我们仿佛可以看到他的思维在反复地于各种可能的结论之间做着严苛的比较和精妙的运算，这就是思辨的过程，也就是哲学的过程。同理，巴门尼德对经验加以拒斥的过程，芝诺论证飞矢不动的过程，苏格拉底和柏拉图追问何谓知识的过程，亚里士多德阐明什么是实体的过程，休谟对经验知识非必然性的揭示过程，康德提出先天综合判断的过程，黑格尔的正—反题相辩证从而扬弃为合题的过程，叔本华阐述意志与表象的关系的过程，海德格尔对存在与存在者意义的澄清过程，维特根斯坦对语义在于语用的分析过程，以及蒯因对经验主义的两个教条的批判过程——都不是思想材料简单的输入与输出，而是思维围绕着某个或某些观点做综合地、反复地运动。因而思辨不是判断、不是决策，并非指向某个结果，而是思的运动本身——即思辨蕴含着思维的过程。

维特根斯坦在《逻辑哲学论》中写道：“哲学不是一种学说，而是一种活动。一部哲学著作，从本质上来看是由一些阐明构成的。”[5]相较于“我思故我在”的结论，更重要的是笛卡尔缘何能够得出这样一个结论——哲学不在于结果，而在于过程。当然，这也不是说结论不重要，因为任何给人以启示的思想总是通过一个个观点（结论）的交织有机组合起来的。只不过如果这种思想是哲学的，那么无论我们提出（得到）某个观点（结论）的途径是经验的、理性的，还是直觉的，都需要对这个观点（结论）进行充分的思辨，而不仅仅是简单地将其罗列出来。

一个典型的哲学文本大都是以给出一个关于某个哲学概念或命题的定义（观点/结论）开始的。当然每个人对这个定义的理解可能不尽相同，有人或许赞同，有人或许反对。假如我们仅是停留在对这个定义的直观评判上，那还不能说是一种哲学式的思考。因为支撑这个定义的是其后大段的诠释过程，相较于定义本身，我们更应关注对这个定义的诠释过程的审查。不要驻足于概念，假如你真正地进入到过程里，你也就真正地进入了哲学。

哲学是过程而非结论，它带给我们的蕴意是什么呢？

首先，这表明哲学崇尚的是一种思的流动，而反对停滞在某个固有观点中。这便迫使我们进一步思考，思想一旦停滞下来它会成为什么？当我们不再对某个观点（上帝是否存在）进行思辨时，这个观点就不再受到我们的质疑与反思，那么剩下的便是被固化下来的某个信念。我们说过，一种观点只是哲学思考的驿站，它本是一个跳板用来协助我们更好地转向下一步的思考；但当我们在这个驿站上竖起一座神像，它便从某个观念升华为某种信仰，眷恋于这种信仰的思便不再前行。因而，信念（信仰）是思的终点，却无法成为思者的故乡。

其次，理性（逻辑推理）不仅是哲学思维最重要的途径（方法），也是哲学思维的精神所在。我的观点是，无论一个哲学家的立场是（狭义的）理性主义的还是非理性主义的，他（她）的表述是逻辑的还是诗性的，只要其追求真理的过程是具有思辨性的、批判性的、反思性的，那么他（她）就具备了哲学式的理性精神。理性精神就是一种崇尚思的流动的精神，而相对的非理性（它有别于哲学中的非理性主义）就是对这种思的流动性的反动。显而易见，任何一种信仰的形成即意味着非理性的胜利。

最后，我们绝不是要否定任何一种意义上的信仰，更何况一旦成为信仰，也就无从否定了（在理性的意义上）。信仰迎合了人心对确定性的追求，而理性精神则趋向于打破这种确定性；信仰是灵魂的归宿，而理性是思者的无尽征途。显而易见，在信仰与理性之间就存在着一种紧张关系。究竟是信仰先于理性，抑或理性先于信仰，我们可以先把这个问题悬置起来。至少，就哲学思考的应有态度而言，它意味着在未经审视之前不应轻信任何一种观念。换句话说，无论是哪一种信仰，哲学式的理性精神都在告诫我们不应陷入任何形式的盲从。

中国有哲学吗

既然哲学的思辨性使其有别于其他思想活动，那么在澄清了这一概念后，我们自然要追问：中国有哲学吗？中国人的思想活动是哲学式的吗？对于这些问题似乎一直存在着争论。有人说有，甚至明确将自先秦以来的传统思想统称为“中国哲学”；有人说没有，因为哲学发源于古希腊，完全是舶来品。假如我们将“哲学”一词看作是人类所共有的语言符号遗产，那么仅仅去争论“哲学”这个符号形式的归属是没有意义也无必要的，然而我们确有必要去澄清隐藏在这一共同符号形式之下的内容的异同。人们是在何种意义上谈论“中国有无哲学”这一问题的？假如是在两种不同的意义上进行对话——我所谓的中国哲学和你所谓的西方哲学是完全不同的两个概念——那么我们永远也澄清不了这个问题。冯友兰先生在其《中国哲学史》的绪论中说“哲学本一西洋名词”，那么声言中国有哲学的人就须首先以西方哲学作为参照物来作比较研究，否则也就失去了争论的依据。通过前面五个部分的阐述，我们已就西方哲学的概念进行了详尽的澄清。因此，有了这样的参照，问题就应当修正为：中国有无西方哲学意义上的哲学。

有人可能会说哲学的根本问题是形而上学问题，例如存在之为存在、实体及其属性。而中国传统思想家则更关注具体的实践命题，如修齐治平、礼乐教化。但广义而言，如先秦时期的《易经》、道家思想，南北朝时期的玄学、佛学等都不能说不具有形而上的成分（当然，狭义而言我们也无法将之等同于西方哲学意义上的 Metaphysics）。也有人会说，但凡哲学家都具有批判精神，后人对前人的观点绝不会一味地接受，而是经由理性地审查做批判地继承。反观中国思想史，以儒家为正统的后人总是将前人的思想奉若教条，这其中看不到任何哲学式的批判意味。但事实是，整个儒家思想体系并不只是对孔子思想的简单复述。即便同是在先秦时期，孟子就对孔子的思想进行了发展，比如对“义”的强调以及“民贵君轻”的民本思想等，更别说宋明时期的“二程”、朱子之理学，陆象山、王阳明之心学的发展了。还有人会说，西方哲学史是各种主义、各种思潮百花齐放的历史，没有哪一种思想观点是具有独尊地位的，这保证了思想的多样性和鲜活性。而反观整部中国思想史，诸子之后再无百家，儒家思想一统天下。问题是，我们真的能将整个中国传统思想简单地等同于儒家思想吗？且不说诸子时代的墨家、道家、法家对后世的影响，魏晋南北朝时不仅发扬了玄学，更引进了佛学，出现了一股对儒家正统的反动风潮，再至宋明理学、心学，儒释道相杂糅的态势就更为明显了。因而说自西汉以后中国思想界“独尊儒术”，是委实有些夸大其词了。

然而，虽然我们似乎驳斥了那些反对中国有哲学的人对中国传统思想的谬见，但我们也并没有因此就证明中国是有哲学的。其一，中国传统思想中确有形而上的部分，但无论从全局抑或本质而言，形而上学都不是中国传统思想体系的主要内容或根基所在。中国思想者对求知的普遍态度是学以致用，形而上的思考最终也要服务于实践，仅为追求纯粹的知识而求知识是绝大部分人不愿去做的事情（因此自然科学在中国历史上从未有大起色）。即便易学与佛学，除了在个别时期的讨论具有学以致知的表现外，总体而言的发展趋势依然是实用主义的进路。简言之，中国没有西方哲学那样探究纯粹知识的传统。其二，在儒家内部，后人对孔子思想的发展是客观事实，但随着历史的演进，对孔子的个人崇拜愈加具有宗教色彩（被尊为“文圣”“至圣”，修祠建庙），因而西方才有观点说儒家实为儒教。而这种情况无论在柏拉图、亚里士多德抑或康德、黑格尔等西方哲人的追随者那里均未曾见到。在儒家外部，批判的声音是有的（如墨家、王充等），但纵观整个中国思想史，批判的声音不仅稀少而且不成体系。简言之，那种盛行于西方哲学史上的批判传统在中国思想史上也是没有的。其三，中国思想史是一个融会贯通的历史，秦至汉就经历了一次道、法、儒等先秦思想融合的过程；而魏晋南北朝至宋明又经历了一次儒、释、道大融合的过程。然而，的确没有哪个思想流派能像儒家那样自先秦创立伊始就一直占据着思想界的主流地位。无论是客观的历史呈现，还是在中国文人的内心深处，儒家都是中国思想史上一条无可争辩的主线，而这样一条贯穿始末的主线在西方哲学史上是决然不曾有过的。比如，即便柏拉图的思想影响深远，但柏拉图主义却称不上有着某种无可争辩的地位，更没有哪个学派可算作是以柏拉图主义为旗帜贯穿始末的。换句话说，西方哲学史没有中国思想史上某个学派一以贯之的占有主导地位的传统。

因而，评价中国有无西方哲学意义上的那种哲学，不能只看局部和特例，而要看整体和传统。但相较于没有形而上学等传统，问题的本质是中国没有西方式的思维传统。

我们说哲学是思的流动，是思辨的过程，它看重的是思想运动本身，而非某个凸显的结论。在一个哲学文本中，哲人不厌其烦地就某个观点做反复的运算，显得甚为啰嗦，但读者却能因此更多地直观到他的思想过程，而不仅仅是结论；反观中国传统思想的经典著述，观点的呈现是直接而简洁的，所谓“微言大义”——这正是中国思想者所追求的。难道中国传统思想中就完全没有思辨的成分吗？有的。先秦的墨家、惠施、公孙龙，魏晋南北朝时期的佛学（如僧肇），宋明理学（如朱子）与心学（如陆象山）中都能看到思辨的影子。但纵观整个中国思想史，这样的思辨从未形成体系和传统，因而或者昙花一现，或者零星细碎，不成气候。总而言之，在中国传统思想经典中我们很少看到思辨的动态过程，而更多地看到结论的直接输出，观点与观点接踵而至的静态陈列。因而我们虽有对前人思想的发展，但这种发展不是就思考过程本身的审查与批判（同样是一种动态的思辨过程），而更多是围绕某个固化的结论做简单的好坏评价（直接地输入输出），增加或减少观点陈列的规模。如此便可以想象，其所形成的思维传统必然是精致且静止的。一动一静，这是西方与中国在思维形态上的直观对比。

那我们要追问，为什么在中国传统思想中就更普遍地表现为直接陈述观点而非对思辨性的追求呢？我们说哲学思考的三大途径是经验、理性与直觉，但在其中，理性是主导范式。无论一种思想的火花是源自经验抑或直觉，如果它是哲学的，就总是要通过充分说理的过程而被呈现出来。这个说理的过程就是哲人内在思想过程的外化，是心灵的思辨运动的具体实现。基于此我们便可以通过对其思想过程的审查而更为清晰地把握其结论。与之相反，总体而言中国传统思想的主导范式是非理性的，是直觉式的。如果说中国思想史就是儒释道融会贯通的思想史，那么直觉式思维则普遍地存在于道家（如老庄）、儒家（如孔孟）、佛家（如禅宗）中。尤其是在中国佛教思想的方法论演变中这一点体现得尤为明显。起初佛教刚刚引入中国时，因受印度瑜伽行派的影响，佛学者还是非常注重思辨性的；但到了唐代之后，尤其是禅宗的出现和迅速发展标志着更为本土化的佛教体系的确立，那种直觉顿悟式的修持方法便成为主流。禅宗是充分中国化的佛教分支，顿悟成佛的方法论是与中国传统的直觉体悟的思维方式充分结合的产物，可见这种思维在中国思想史中的主导地位。直觉判断本就是没有过程或体现不出过程的，呈现出来的就更多是凝练的观点陈列，而思想者内在的思想过程无法被外化为文本，那么他人对其过程的审查程序也就此合法却不合理地缺失了。“己所不欲，勿施于人”，有道理吗？有道理。但是这个道理是通过理性推理而得出的结论吗？不是，这个结论是直接被输出的。孔子没有向我们陈述他这样讲的理由，我们也就失去了对其思想过程进行审查的权力。因而，要么接受它，要么拒斥它。请注意，在这样的思维共同体中不仅思想者对其观点的输出是直觉式的，接收者对思想者观点的读取也是直觉式的。相较于对文本进行分析与辩论，中国传统文人更倾向于对经典做个人体悟式的学习——通过对经典的反复研读，试图在这个过程中进入思想者，洞察其中的道理。内在的洞察而非外在的分析，因此在中国传统文化中有“只可意会，不可言传”甚至“一切尽在不言中”的说法。当然我们要补充的一点是，说中国人的思维是直觉式的并不等于说中国人的思维就完全没有理性的成分，只不过其所占比重非常之小，因而我们只看到零星的理性之光。相较于西方哲人那样的以理性为主导的思维范式，中国文人则更倾向于以直觉为主导的思维范式。理性与直觉，这就是西方与中国在思维范式上的分野。

既然哲学重视说理，重视说理的过程，那么如何规范说理的过程便自然地成为哲学方法论的重要议题——伴随着整个西方哲学史的是逻辑学的演化史。与之相反，既然中国传统文人更倾向于个人体悟而非理性说理，我们可以想象这样的思考及学习方法是非常私人化的、不具有外在形式的，因而在中国我们就难以找到像逻辑学那样用于求知识的方法论体系。实际上，西方哲人的说理能力也经历了一个发展的过程，并不是从一开始就具有很强的严密性的，然而随着他们对说理过程的不断规范，才使得哲学的逻辑性不断得到强化。与之相对，在中国我们找不到存在任何形式的逻辑传统的证据（即便我们将中国古代的朴素辩证法视作某种意义的辩证逻辑的雏形，我们也没有看到这种形式的逻辑被体系化、系统化的迹象），由于其主导的思维范式是直觉的、非理性的，那么显然也不可能找到。因而，由于不重视理论建设的方法论，中国传统思想著述中结构完备、体系严密的文本并不多见。回过头来，我们也就能够理解为什么是儒家串联了整个中国思想史而不是其他学派——与西方哲学贯穿始末的逻辑学传统形成对比，与其说是儒家思想贯穿了整个中国思想史（注意前面我们提到的几次思想的大融合），毋宁说是儒家所象征的体悟、洞察式的思维方法贯穿了整个中国思想史。逻辑与体悟，这是西方与中国在思维方法上的差异。

关于中国没有西方那样的思维传统，还有一种现象值得注意，即中国与西方语言文字本身的差异。汉字作为古老而又复杂的意音文字（或语素文字），与以英语、德语等为代表的拼音文字之间存在诸多不同。

其一，相较于英语字形单纯的表音特征，汉字还具有表形和表意的特征。例如英文中的“Mountain”与汉字中的“山”，前者仅通过直观无法想象它的意思，而后者则形似其所指称的事物。假如在“山”的旁边再加一个“人”就变成“仙”字，“人”和“山”共同表意（可理解为住在山中的人），而“山”字还有表音的作用。汉字中那种仅通过偏旁部首的组合就能够直接阐明其意思的字被称为会意字，如“明”可理解为日月同辉，“歪”就是不正，“众”即人很多。由于这种独特的字形特征，相较于理解起来更为抽象的拼音文字，汉字就显得更为直观形象了。换句话说，从思维养成的角度来看，汉字更利于形象思维而拼音文字（如英文）更利于抽象思维。那么，这就在另一个更为基本的层面印证了中国与西方在思维范式上的差异——就一切思想的外在呈现都是语言的呈现这一点而言，汉字的形象性与中国传统思想所透射出的思维的直觉性互为表里。

其二，汉字以形示意的特点也使其在表达中显得更为高效。尤其是，当我们将考察的重点聚焦于古代汉语的书面语——中国传统思想表达的文体形式文言文时，这种特点就更为明显了。说中国古人追求“微言大义”，他们的确有这个条件，因为文言文的特点就是雅致精练的。与此同时，文言文的表达也具有朦胧和模糊的特征，加之直到近代以前都没有相应的语法学体系的建立（呼应于在思想体系中没有相应的逻辑学体系的建立），由此对文言文的理解就更加依赖于对作者意图的揣摩和体悟，对其思想的把握就无法仅通过文本分析而得来。因而说中国古代的文人们在研习经典的过程中更偏重于

“悟”而非“学”，或能在此寻得理由。

其三，西方哲学的标志性问题是“这是什么”，即诸如此类的存在判断句。可以看到，西方诸语言的共同特点是系词系统的发达（从词源学的角度可追溯到古印欧语系），由此围绕着“是 / 存在（to be）—是者 / 存在者（being）”的本体论（是论 / 存在论）问题在西方话语中就自然地处在了根本性的位置上，而这一点是其他文化传统所不具有的。“这是什么”即是对“这”的定义过程，因而哲学（语言）极其重视这样一种习惯——说理的前提在于对概念的澄清，对概念的澄清过程就是追问其所是的过程。这一点，从苏格拉底—柏拉图开始便成为西方哲学显而易见的传统。对比而言，文言文没有西方语言那样发达的谓词系统，甚至没有明晰的主谓之分，那么自然地就没有形成对语词概念作清晰定义的习惯，因而在中国思想体系中也就没有对存在（是）追问的传统。结合前文关于语言文字自身的特质来看，为什么西方哲学会形成追问“这是什么”的传统？因为拼音文字是抽象的，对于一个语词的理解是非直观的，无法全凭直觉恣意猜度，所以我们就要不断地澄清“这”个语词的意思“是什么”；反观汉字（尤其是古汉字），相较而言毕竟是直观的，词的意思大概已在词形上有所展示，因而我们也就不需要特意地去追问某个词指的是什么了。

其四，结合以上两点我们可以进一步发现，相较于西方哲学始于概念澄清这样较抽象的言说习惯，中国古代思想家更善于利用枚举、比喻、象征、归纳等颇为形象的手段。所以——加之文言文表达简洁而模糊的特点——如果以体裁的气质来对比哲学文本与中国传统思想文本，前者更具有现代意义上的科学语言的气质，而后者则更多地散发出文学气质。这样，从符号学的角度来看，哲学文本在信息传递的过程中似乎更依赖于既定代码，即信息接收者只需通过代码规则（明确的哲学概念及概念之间的逻辑关系）对信息进行相应解译就可以了，解译过程是客观的且相对封闭的；而中国传统经典文本在信息传递的过程中不仅要依赖语境，还要依赖信息接收者的主观意图和意志，这就使得接收者作为信息授受过程中的主体之一因对自己有利的意图（不一定是某种现实意图和目的，也可能与其相应的知识体系及信念相关）而在意谓朦胧的文本之上进行自由发挥成为可能，因而解释过程是主观的且相对开放的。中国古代经典虽精练优美，但却因此在信息传递中具有着更大的不确定性。总之，仅从信息传递的特点这一侧面来看，那种认为中国传统思想文化的优势在于修身（适宜于主观解释与体会），而西方哲学体系更利于求知（适宜于客观解译与思考）的观点是有道理的。

通过以上四点的阐述，我们可以看到西方与中国在思维的表达形式（文字符号）上亦存在诸多不同。

更进一步，能不能说正是由于中西文明具有着不同的语言文字系统才导致了不同的思维范式的形成呢？支持这个论点的一个旁证是古印度思想中高度发达的思辨性与西方哲学思维的相似而与中国传统思维的相异，而古印度思想的语言背景正是与欧洲同源的印欧语系。我认为这不是一个强的论证，但至少再次印证了语言文字系统的差异与思维范式的差异之间的关联性——二者互为表里。那么中西思维范式不尽相同的根源究竟是什么？对这个问题的回答倒是可以从对语言文字系统差异的进一步追问中寻找思路。

既然文字都是从图画文字—象形文字演变而来的，那为什么汉字依然具有着直观表形、表意的特征，而欧洲语言则多呈现为抽象的字母形态？这大抵是因为汉字是自源文字而欧洲语言是借源文字的缘故（当然这只是必要条件，并非所有借源文字都一定是拼音文字，如日文）。所谓自源文字就是指某个文明独立创造出来且独立发展的文字，例如苏美尔楔形文字、古埃及圣书字、中国汉字等。而借源文字是指对其他文字进行参考和借鉴发展起来的文字，如希腊文、拉丁文、阿拉伯文等。显而易见，凡是拥有自源文字的文明都是某个地域文明的开拓者，而一种语言符号系统不仅在信息传递的过程中体现其实用功能，其自身也具有文化内涵。楔形文字自然体现了苏美尔人的文化特征，而这种文化特征并不是阿卡德人、阿摩利人、亚述人甚至波斯人等后来者能够完全理解并吸纳的，因而后来者就要对其进行不断地改造以便于使用交流。正是基于这样的道理，发端于西奈半岛的腓尼基人参考圣书字、楔形文字的一些特点，结合其自有语言文化发展出了字母文字，继而古希腊人又将其改造为希腊字母，最终形成今天欧洲诸语言的拼音文字体系。

从某种意义上而言华夏文明是较为幸运的，因为相比苏美尔人，前者在早期文明形成的阶段未遭受过游牧民族的毁灭性打击，而后者所处的两河流域则是强悍的游牧民族群雄逐鹿的乐园。这样，汉字得以保全下来，而楔形文字等其他自源文字则在不间断的文明更替中被改造掉了。那么华夏文明到底幸运在哪呢？为什么只有它能够免于游牧民族的毁灭性打击，而其他自源文字文明就难以保全呢？这一系列追问的终点应该在自然环境这个人类意志无法左右的客观条件那里。简言之，华夏文明的“地利”主要体现在两点上：1. 位于欧亚大陆最东端，四面分别由沙漠、草原、海洋、大山环抱，相对封闭；2. 黄河、长江等主要流域少山地多平原，土地肥沃适于农耕。这两个条件的同时满足在客观上支撑了华夏文明能够不间断延续下去的可能性。美索不达米亚平原也有很好的自然条件，但是却处于游牧民族极度活跃的中间地带；欧洲虽处于欧亚板块的最西端、三面环海，具有与中国同样的地理位置优势，但纬度整体偏高、气候不好，且多山川少耕地，因此也不利于发展强大的农耕文明。相较而言，地理位置的相对隔绝使得中国远离欧亚大陆其他的先进文明，为文明的保全和发展壮大赢得了时间；而沃野千里又使得中国具备发展强大的农耕文明的资格和条件，使之始终保持着对游牧民族的经济与物质文化优势。因此，虽然华夏文明自古以来也不断受到侵扰，甚至后期一度被外族所统治，但是由于其农耕文明的强大和相对隔绝的地理位置，结局不是外族被击退就是被同化，直至近代以前并未遭遇真正先进文明的挑战。

虽然这种认为自然环境对文明发生发展起着关键作用的理论算不上新奇，但通过对这种观点的复述有助于帮助我们回过头去解释之前的许多问题。如果说客观的自然环境对文明的发展进而对文字符号的发展具有影响，那么认为它同样能够对人的思维及思想体系的发展产生作用也是合理的。由于不同的自然条件，与中国古代的农耕文明不同，西方始于商业文明（古希腊）。农耕文明的特征是以自给自足的农业为支柱，耕种不需要不定期的迁徙，农民的双脚牢牢地扎在土地里，总体而言社会的流动性弱，而多平原少山地的地理环境有利于在不同区域间实现广泛的政治—文化整合。与之相对，商业文明的特征是以互通有无的商贸活动为核心，商人、码头工人为了海运贸易而四处奔波，总体而言社会流动性强，而多山地少平原的地理环境又不利于在不同区域间建立紧密的联系。因此，之所以西方哲学体现为思的流动，而中国传统思想体现为思的静态，正是源于两种社会在客观活动上的一动一静；西方人善于怀疑和反思，而中国人重视传承，正是源于两种社会在政治—文化结构上，一个是不稳定、碎片化的，一个是稳定、具有融合性的。人的思想不是凭空而生的，主观活动不可避免地要受到客观活动的影响。西方文明中所呈现出的那种流动性深刻地影响了西方哲人的世界观，因而哲人的思维就更富流动精神，继而反思与批判逐渐成为习惯。加之拼音文字的抽象性使其摆脱了感性直观的束缚，哲人就愈加倾向于对思想过程的形式化，最终逐渐培养了理性思辨的传统。与之相反，由于华夏文明所呈现出的趋于静态的社会现实，中国古代思想者对世界的认识也是趋于静止的（这在文字系统中也可以反映出来，例如汉语中的动词没有时态变化）。农耕文明的自足性是显而易见的，于是在中国古代思想者看来，问题仅仅在于如何恢复稳定的秩序而非否定这种秩序，反映在思维层面就是更多的复古传承而更少的反思批判。加之文言文的形象性很好地支持了对静态现实的直观描述，因此思想者更倾向于对思想观点的直接感悟，也就逐渐形成了非理性的思维传统。所以，中西所处自然环境的差异为不同文明的形成，继而对不同文字体系及不同思维范式的形成提供了不由人的意志为转移的客观条件。

思维形态	思维范式（主导）	思维方法	思维的表达形式	思维形成的客观条件
思的流动（思辨的过程）	理性	逻辑	拼音文字	商业文明
思的静态（观点的陈列）	直觉	体悟	意音文字	农耕文明

总而言之，中国传统思想与西方哲学之间的本质区别在于思维的不同，这种不同并不是个别上的不同，而是整体上的不同。当然，中式思维也有理性的成分，西式思维也有直觉的部分，只不过中国是以直觉为主导，而西方则以理性为主导。因此，问中国有没有西方哲学意义上的哲学，严谨的回答应该是：或有点滴星光，但并无那样的思维传统和思想体系。

为什么是哲学

这篇序言并不直接涉及本书正文部分所要探讨的哲学命题，毋宁说是一种思维上的预备。但我相信它交代了为什么要进行一种哲学式思考的缘由——这不仅是就我个人而言，也是就所有对哲学抱有兴趣和希望的人而言的。

是的，我并不认为哲学只应存在于学院的高墙之内。不客气地讲，如果哲学也像其他学科那样愈加细分化、专业化、技术化而失去对整体的洞见，那么它将最终失去灵魂。但我也不同意将它庸俗化（当然，就哲学的气质而言过度的学院化也是一种庸俗化），像今天已然泛滥成灾的所谓人生哲理、成功哲学那样，这同样背离了哲学的旨趣。所以我们才有必要去澄清一些基本概念，尤其要澄清哲学的本质是什么，它与我们通常而言的“思想”的区别在哪里。

哲学不（只）是思想。因为哲学的本质是思的流动，其背后彰显的是充满思辨的理性精神。更重要的是，这种理性精神通过哲人的思考不断得以强化并渗透至西方社会的方方面面，深刻地影响着西方人的思想与言行，成为西方文明最好的注脚。与之相对，通过中西思维的比较，我们看到中国人并不具备这样的精神。诚然，中国传统思想本就是一座宝库，其中的不少观点不仅是有价值的，更是可以在今天作为普世观念被广泛宣扬的。然而，中国大众对传统思想的态度则是要么将其奉为教条，要么斥为糟粕。这正是源于在中国人的思维传统里没有说理的过程，甚至没有对这一过程的追问，那么我们便只能机械地就某个结论本身给出一个非此即彼的判定，在其中就体现不出思辨、怀疑、批判、反省、克制等精神。于是，这种非此即彼、非黑即白的二元判断成为整个社会的价值缩影。

在人类文明之初，自然环境的差异使东西方走在两条截然不同的历史路径中。从生产力发展的角度讲，在文明的早期阶段，农耕文明的优势是明显的，这种“先天优势”使得华夏文明长期地处于领先地位。然而历史是在一种公平性的守恒原则下螺旋上升的，当欧洲人终于从漫长的中世纪苏醒过来，中国人则在农耕文明的暖房中继续沉睡。这时，历史的天秤开始倾斜。大航海时代的到来不仅体现了人类技术的进步，也体现了对古代海洋文明的回归。海运贸易从地中海沿岸扩展至整个大西洋，并一直延伸至印度洋和太平洋；传统的商业、手工业活动在此时发展为以机器大工业为基石的资本主义经济体系。这样，与古典文明的回归相伴随的必然是古典式的理性思辨的复兴，因而哲学从神学的阴影中走出，重焕了比古典时代更为炫目的思想盛世，并伴随着商业文明的扩张传播至世界的各个角落。

面对商业文明咄咄逼人的气焰，根深蒂固的文化惯性使中国的守旧派们难以接受外来思想的“侵蚀”，他们非常担心这将动摇传统的根基（顺便提一句，这种认为这个国家的文化传统从来都是血统纯正的错觉直到今天依然广泛地存在着）。面对价值体系的崩坏，他们开出的药方仍然是固守传统。但守旧派的一厢情愿无法阻挡东西方文明的冲突与交汇给国人思想带来的现实冲击，固步自封从来就不符合历史发展的规律。新儒家认识到了在思想文化层面一种新的主导力量已然存在的客观现实，因而试图通过借鉴西方哲学的结构体系梳理和重塑儒家，或以西方哲人的思想印证儒家思想，却有意无意地忽略了以儒家为代表的中国传统思想与西方哲学在根本问题、根本方法上的差异，那么至多新瓶装旧酒，并没有质的突破。即便新文化运动意在掀起一场中国版的“启蒙运动”，具有讽刺意味的是，“孔家店”似乎是被打倒了，却没有新的旗帜真的竖起来。现代以降中国再无思想（试想，那种对中国固有思想的全盘否定何尝不是中国人固有思维的体现）。直到今天，我们更像是高效的模仿机器，复制了西方文明的许多成就，也引入了很多思潮，但有趣的是中国人对那些思想观点的处置方式是一如既往的，要么全盘接受，要么全面否定。原因就在于我们并没有真正掌握西方思想文化的本质——思的流动性。我们只是不假思索地一味拿来，但拿来的不过是印在纸张上的已死的教条。

如此说来，结论似乎是悲观的。因为固有思维的反作用，怎么看中国人似乎都不可能真正养成理性思维的习惯。那么，对西方文明的推崇和向往只是一厢情愿吗？还有人会说，即便中国人是以直觉为主导的思维范式，那它也是符合中国人有史以来的认知习惯的，因为华夏文明诞生于这样而不是那样的环境中，那么这样的文明派生这样的思维就是合理的，我们有什么理由要拥抱哲学，拥抱以理性为主导的思维范式呢？当然，于内部而言，一种思维之所以是这样的或那样的，是与其所依存的文明的发生和发展协同演化的。换句话说，人类文明表现为如何，人类的思维就会呈现为如何。中国传统思维（包括作为思维表达形式的文字系统）就是对中国古代社会现实的映射。然而，从外部来看，不同的文明、文化、思想乃至思维之间从来都是相互影响、不断融合的。即便中国的地理环境相对封闭，但历朝历代中国与周边国家甚至欧亚大陆西端诸文明的交流和往来都不曾中断过。只是总体而言，中国古代长期处于地缘文化的优势地位，没有被更为先进的文明征服过。随着人类整体的技术进步，自然条件对人的活动能力的约束愈加微弱，这就给商业文明的复兴与扩张扫清了障碍（商业文明的根基是建立在更为广泛的贸易往来的基础上的，本质是一种流动的文明，因而航运技术和通路的成熟就为这种流动性注入了新的活力）。于是中国社会的相对封闭与平静伴随着更为壮丽的文明大融合的过程被自然而然地打破了。因此，我们并不是在表达某种愿望或声言某种主张，而是在陈述一个事实。事实是，自近现代以来中国一直在不断地西方化、商业化。这一点无论是从一般的社会、经济形态的呈现，还是从个别的日常生活、工作、学习中都可以直观地感受到。我想没有人能否认这个事实。古老而连续的农耕文明被终结了，一种新的文明形态逐渐取代旧的文明形态。那么既然在文明的外在表征上已然不同，在文明的内在呈现上当然也会不同。既然我们在事实上复制着商业社会的运作模式，我们就不可能不去学习这些模式赖以建构的理论和思想基础。既然我们在事实上接受着西式教育（无论内容如何），我们就不可能不受西式教育背后的思维理路的影响。既然我们在事实上已经全面地在享用着西方现代化以来的知识成果，我们就不可能不经历对这些知识何以成为可能的思想过程的洗礼。因而，既然我们在事实上走上了商业文明的道路，我们就不可能不经历思维范式上的理性化。当然，另一方面，虽然长达两千多年的农耕文明被终结了，但在近现代复杂的历史动荡中，中国并没有迅速地步入商业文明、步入现代化的正轨，而思想上的大混乱表征了这一时期一种稳定的文明形态的缺失以及社会发展的停滞。事实上，中国真正步入现代化不过是最近三十多年的事情。即便通过这三十年的努力在经济指标上看似取得了巨大的成功，于整体而言依然处于现代化的初始阶段。理解这一点至关重要。

中国社会的现代化必将促使思维的现代化，但思维的转变是一个长期的过程。第一次吃西餐的中国人多少都会对使用刀叉有些不习惯，那么要想改变一种思维惯性需要经历阵痛和反复就是极其自然的了。一方面，根深蒂固的传统思维就像我们固有的解码规则，而这套规则并不是为哲学的解译而量身定制的。于是我们对西方思想的认识和理解就是不完整的，甚至是有误解的——虽然我们认为我们理解了。我们更多的只注意到思想结论，而忽略思维过程；即便一些人意识到了思维的过程才是哲学的本质，但是在具体运用中依然不能很好地驾驭这种思维，而是下意识地受着传统思维的支配。另一方面，解码规则是可以改变的，正如在后天习得的影响下先天基因也是可以改变的，但这种内在的蜕变需要外在的良好基础。启蒙并非是一场运动、一喊口号就实现了的，思想上的启蒙需要相应的客观条件的完备。因此，即便我们认清了中国人存在于思维层面的问题本质，仍需要足够的耐心与合适的时机去解决它。

再者，我们说思维如何呈现是与思维主体的客观活动息息相关的。绝对而言不同思维之间无所谓优劣，但是相对而言有所谓适合不适合——一种特定的思维范式在多大程度上与特定的客观活动相匹配。比如在今天科学语言的叙事中，缺乏推理过程且更为私人化的体悟式思维就是不适合的，这样的思维难以得出科学所要求的具有一般性的和客观性的结论，也难以被形式化，进而体系化。虽然一度有人声言现代科学的兴起宣告了形而上学的没落，但科学依旧是理性思维的产物。无论可证实性是否替代了思辨性，无论科学语言所构筑的理论体系是否颠覆了形而上学的思想大厦，统领全局的依然是追求思的流动的理性精神。因此，假如我们没有从根本上理解贯穿于哲学—科学传统中的理性思维的本质，我们就不可能真正领会现代科学的时代蕴意。那么既然中国人在事实上吸收和接纳了科学语言构造的世界观体系，不去培养理性思维，不去弘扬理性精神就是很奇怪的事情了。所以不是说我们主观上想要改造一种思维或去迎合另一种思维，而是与之相匹配的客观事实要求我们这样做。这个过程不是以人的意志为转移的，虽然它表现为是我们通过某些运动或者主张来实现它。

当然，无论是主观的意愿还是客观的需要，对理性的推崇不是对理性的盲从。我们的确应警惕和避免类似西方现代性所导致的种种问题与危机，我们也可以反思这种现代性所暴露出的理性主义的过度，但若要把西方后现代对其现代性的批判机械地照搬到中国来，声言中国人也应该拒斥现代性甚至理性就是完全没有道理的。何谓现代性？这是个并不容易归纳和定义的概念，在此我们仅强调它的一些主要属性。简言之——现代性彰显了一种有别于传统社会的时代特征，它是现代化的必然结果，也是现代社会的理论抽象；现代化是对现代性的实现过程，没有现代化的进程就不可能形成现代性的特征。现代性的特征有哪些呢？我认为大致包括四个方面：资本主义的经济特征、自由民主的政治特征、科学理性的知识特征、人文理性的精神特征。由此来看，对于刚刚步入现代化进程的中国而言，与已高度实现现代化的西方世界对现代性的批判根本不在一个时间切片中，那么中国人对现代性的批判就是一种时代倒错。相似的道理，西方人对理性的批判以及对非理性主义的倡导也与我们完全不在一个共同的思想背景中。即便以叔本华、尼采为肇始的意志主义、非理性主义的思潮强调对理性的超越——看似形成一种对传统的反动——但所谓超越针对的是作为某种信念的理性（理性主义），而非作为思维本身的理性，在非理性主义思想框架之下的依旧是理性的运思。因而西方所谓的非理性主义与中国人以直觉为主导的非理性思维是不尽相同的两个概念，绝不能以西方后现代某些思潮所涌现出的对理性主义的批判及对非理性主义的推崇来判断西方是在向东方靠拢，这是对概念的混淆。而说到思维本身（不是某种主义）——正如我们理应知晓的——与西方人自古以来的理性思维传统作比较，中国人从来就没有过这样的传统，那么何谈理性的过度呢？此外，当我们反思自启蒙运动以来究竟是什么打破了价值理性与工具理性之间的平衡时必须认识到，西方现代性所暴露出的对工具理性追逐的极端化——仅就思想层面而言——无疑是对理性的教条化运用，是对其无限定地非理性盲从，因而其本质就是一种伪理性。而之所以会如此的一个可能原因恰恰是由于哲学在经历语言学的转向——尤其是当科学实证的观念盛行时——人类理智一度放弃了传统形而上学的思辨性，哲学也就失去了灵魂。理性本是对任何形式的信仰（信念）的反动，但当它失去了思辨性，它就被异化为“神圣的”教条。真正的理性必然隐含着对其自身的怀疑与反思，这是我们必须明见到的。

因此，当我们认识到理性精神的本质——那种蕴含在哲学思辨中的思的流动精神——我们也就不会陷入各种形式（伪理性、非理性）的盲从。而想要做到这一点，就必须真切地进入哲学这一理性思辨的王国中。这就是为什么我们要学习（回到）哲学的原因。而这不仅是对中国的思想者及大众而言的，也同样适用于西方的思想者与大众。

最后，我并不认为学习哲学、培养理性思维就是要与中国的传统思想相决裂。我们说过，哲学思考在理性路径之外也需要经验与直觉。但我们之所以强调理性的部分，不仅仅是因为理性是哲学思考的主导范式，也因为我们恰恰缺乏这种思维范式，所以我们需要在思维层面的矫正。或者说既然我们在事实上正在全面地融入商业文明的洋流，那么我们的思维也在事实上正在发生着这种矫正。学习哲学不仅是要了解哲学家的思想观点，更是要学习如何思考的方法。既然哲学不（只）是思想，那么在哲学与中国传统思想之间就不是非此即彼的取舍关系。况且，作为华夏文明基因的组成部分，传统思想文化不是我们想要全盘否定就能够否定掉的。假如我们是理性的，我们也理应认识到传统思想文化中必然存在有价值的遗产。当然，在新时代的世界图式下，我们应该以适应于这个时代的思维范式和语言对其进行重新解读、反思、批判和继承，不应也不可能再回到以传统思维为本的认识结构中。因而，对哲学与中国传统思想之间的关系的最佳处置应当是“西学为体，中学为用”。

说到这本书，我希望读者最终明见的也并非某个观点或结论，而是思考的过程。这是一场思想之旅，重启我们对思考的本能。从某种意义上而言，这本书虽是围绕着世界本质这样一个古老的形而上学命题来展开的，但其实质——至少我希望——是一本启蒙读物。

注　释

[1] 亚里士多德：《形而上学》，苗力田译，中国人民大学出版社，2013年，第84—85页。

[2] 罗素：《西方哲学史》上卷，何兆武、李约瑟译，商务印书馆，2012年，第7页。

[3] 同上书，第7—8页。

[4] 康德：《纯粹理性批判》，李秋零译，中国人民大学出版社，2011年，第52页。

[5] 维特根斯坦：《逻辑哲学论》，王平复译，九州出版社，2007年，第89页。

导 论 重新起航

毋庸置疑，诸如像“世界的本质是什么”这样的问题已是相当古老的哲学命题了，但它却并没有因为时光的流转而失去价值。虽然，在漫长的思想苦旅中因为找寻不到问题的答案，哲学家们也曾心灰意冷。有人便转念一想，哲学不应该再去思考诸如此类的形而上学问题了，我们不可能在其中找到令人信服的标准答案，探究这类问题是没有认知意义的。然而，“有无意义”——我们着实应当慎重地来做这样一种判断。

哲学是思辨的过程，思辨的意义并不在于最终的结论，而在于这一过程本身。这个过程也并非漫无目的——哲学家们始终将对真理的探寻看作是他们最重要的使命。有意思的是，存在必然的绝对真理吗？这是永远围绕在哲学家心中的迷梦，而这恰恰是哲学为何不停地往复于思辨的过程中的原因。但如果说因为某种缘由以为人的这种看似找寻不到答案的思考是徒劳无益的，这就是遗忘了哲学运思的初衷。世界的本质是什么？它将人的思绪带向宇宙的深处，但问题本身却根植于人的内心。当然，人心向往确定的答案，但确定的答案却终不可得——无尽的过程和没有终点的目的地。即便到了今天，世界对于我们而言仍然充满未知。关于意义，我们依然所知甚少。因此，我们倒是不用急着对什么是有意义的，什么是无意义的去做一些断言。

然而就算是有意义的也不意味着在今天依然是紧要的。哲学王国本就是一片辽阔的疆域，我们为何要把对本质的追问作为征服这座王国的首要目标呢？

哲学始于对宇宙的发问，它源自人类本具的且不可抑制的对未知事物的惊奇。而人类要认识事物，就首先要搞清楚事物是什么，也就是事物的本质是什么。因此，对本质的揭示既是哲学运思的本原，也是其有别于其他思想活动的根本目的。无论绝对真理是否存在，对本质的追寻都彰显了人心对认识世界、解释世界的本真渴求，人对世界的认识正是通过对本质的把握才得以奠基的。换句话说，对本质的追问是人认识世界的逻辑前提。只要我们还对这个世界有所好奇，只要我们还是通过思想来认识，我们就不可能不去追问本质而对事物有确定的认知——无论这样做结果如何。因此如果一种思想是哲学的就不应也不能放弃对本质问题的追问，否则哲学就失去了灵魂，从而沦为其他思维范式的附庸。

经院哲学家们称哲学是神学的婢女，而逻辑实证主义者们称哲学是为科学的阐明而服务的——二者何其相似？在中世纪，神学是知识的权威，经院哲学只是用以澄清神学命题的逻辑工具；恰如在绝大多数科学主义者口中现代科学成为知识的同义语，哲学只为科学语言的逻辑澄清提供技术支持。如果说中世纪神学的逻辑前设是唯有信仰，那么现代科学主义的逻辑前设就是唯有实证——后者不过是伪装得更好的某种信念罢了。而一旦某种信念成为遴选一切知识的标尺，它也就将哲学的怀疑精神驱逐出场。无论我们说科学是如何进步的和真确的，其源头总是可以追溯到某个未加辨明的假设，这也正是当代知识论最无力澄清的疑难。于是，如果我们坚持认为由神学一统天下的中世纪是“黑暗的”，那么对科学主义者声言唯有科学才是唯一可靠的知识的主张又该作何感想？与中世纪哲学的技艺由少数经院哲学家所把持相似，在今天哲学同样是脱离大众的学术共同体内部自娱自乐的专家文化。对此，罗蒂在其《分析的哲学与对话的哲学》一文中直言："哲学永远不应成为一种专家文化，每当它试图把自己转变为这样一种文化的时候，它就蜕化为经院哲学了。"[1]而罗素也在其《西方的智慧》的结尾处说道："一种新的经院哲学异军突起，并且像它的中世纪先行者，有点钻进了牛角尖。"[2]

当哲学在那个或这个时代蜕变为一种经院哲学时，其所呈现出来的某种突出现象正是哲学不再去思考诸如世界的本质这样的根本性问题了。在经院哲学的时代，这样的问题理应由神学教条得以诠释，因而无须思考；而在"新经院哲学"的时代，人们普遍认为重要的不再是揭示本质而是描述事实（现象），因而不必思考。作为分析哲学的奠基人之一，罗素的内心却饱含着对形而上学的热情。在他那里分析的方法与形而上学的旨趣并不冲突，然而事情的发展却是——虽然通过分析哲学运动所带来的某种新气象使哲学家对问题的表述变得比以往更为精练明确，却愈加过分地拘泥于技术细节，而使得全局变得支离破碎、索然无味。况且，即使像人工语言学派所倡导的那种逻辑分析的方法对于科学语言的澄清是很有助益的（即便从事实来看对那些关键的科学概念的逻辑澄清依然是不充分的，恐怕也不可能做到绝对充分），但对于揭示真理则未必是有用的。因为关于这世界的真实洞见是由在时空中不断变化着的现象所支撑的，自然语言呈现了现象，也就承载了关于这个世界丰富的意义。而人工语言恰恰要脱离现象，它更少地关注意义，而更多地关注命题（语言）内在的逻辑结构，且这类高度抽象化的逻辑结构也并未穷尽自然语言逻辑的所有方面。因而，哲学思辨理应根植于自然语言之中。只有自然语言才是世界的真实图像，才能充分展示关于这个世界的意义。当然，我们也需要更为精准的人工语言作为理论推导的工具，但它也只能是工具，正如同数学语言之于物理学描述那样。

与人工语言学派试图通过构造某种理想语言以拒斥形而上学有所不同，分析哲学的另一条脉络——日常语言哲学（以后期维特根斯坦为代表）则试图通过对日常语言的分析来彻底地“治愈”我们对形而上学的欲望。他们甚至认为在人工语言的背后也隐藏着某种形而上学预设，是不彻底的语言分析的产物。罗素当然不会认为人工语言的方法是成问题的，但他也意识到那种意图彻底消解哲学问题而沉醉于对语言自身的分析是很成问题的，正如他所言是“钻进了牛角尖”。虽然我说哲学语言理应是自然语言，并且我也同意那种认为人工语言脱离了语言赖以生根的生活形式便不仅是过于理想的而且是失真的观点，但我同样深切地认同罗素的忧虑。当我们把语言分析看作是哲学的全部工作时，哲学也就自然地从对对象世界的洞察转向为对语言自身的审查了。通过对语言自身的审查的确有利于我们理清思维，但仅局限于此将使我们的思想枯萎。

我同样要强调的是，我在这里所说的自然语言并不能完全等同于日常语言，或者说自然语言在哲学中的用法并不一定是它的日常用法。当然，我们在绝大多数情况下所使用的自然语言都是日常语言，但哲学恐怕不能被列在这绝大多数情况里。例如，我们就不能完全以日常语境中对“理性”这一语词的理解和使用来替代其在哲学中的意思。正如同诗歌是诗化了的语言，诗化的语言也是自然语言，但我们并不在日常语境中使用这样的语言一样，我们也不在任何日常语境中使用哲学语言。日常语言学派认为许多哲学问题（尤指形而上学问题）的产生是源于哲学家对日常语言的误用，问题是哲学家恰恰并非在日常语言的意义上使用语言。他们当然知道语言的日常用法，但他们会认为日常语言不足以阐明哲学问题。然而这是否意味着哲学语言不过是另一种伪装得更好的人工语言呢？绝非如此。因为哲学语言也要遵循对语言的自然理解，任何未受过哲学训练的普通人都应当看得懂哲学文本中绝大多数词句的字面意思——虽然当它们合在一起，成为一个段落或整篇文章时的蕴意就不那么容易理解了（类似情况在诗歌中也是如此）。与之相对，任何普通人都无法对人工语言符号有自然而然的理解。因此我们在这里所指的哲学语言并非任何形式的人工语言。

如果说哲学所使用的那类自然语言恰如其分地阐明了哲学命题，那么相对而言人工语言就是一种过度，而日常语言则是不及。因为人工语言高度的抽象性使其失去了更多的意义，而哲学原本是对意义的探寻；日常语言虽然保留了最丰富的意义，却强烈地依赖于特殊语境而不具有一般性。当然，哲学家在使用语言时的确存在着含混或不精确的情况，的确存在着对语词的误用，那么语言分析的意义就应当是在一种技术的层面上澄清这些误用，而不是因噎废食地宣布不存在那些问题，继而匆忙地要将语言从它的形而上学用法带回到它的日常用法中。但维特根斯坦会反驳说正是由于这种误用才产生了那些哲学问题——比如事物的本质是什么。

维特根斯坦说在由语言及其活动所构筑的语言游戏的世界中，我们能够将某些事物归之于某个概念并不因为在这些事物之中存在着什么共性，而仅仅是由于在它们之间存在着“家族相似性”。例如，我们之所以将猫与狗都归之于宠物这一“家族”下，不过是因为在那些被称为“猫”和“狗”的两类事物之间存在着诸多相似之处，而不是说它们具有着什么共性。由此，我们甚至可以说在个别的猫与个别的猫之间因为具有着诸多相似的特征，正如在个别的狗与个别的狗之间也具有着诸多相似的特征，因而我们才称猫是“猫”、狗是“狗”。但问题是，猫与狗之间的相似同猫与猫或狗与狗之间的相似是一种性质的相似吗？某种狗再如何像猫也不是猫，但一只狗与另一只狗即便存在着再多差异，我们仍会说它们都是狗。可见我们不能将猫与狗之间的差异同狗与狗之间的差异相提并论，因而即便我们说在所有我们归之于宠物的那些事物之间可能仅仅存在着某种家族相似性，但对于所有被称为“狗”（或“猫”）的那些个别的狗（或猫）之间却不仅仅是家族相似了。换句话说，在所有被称为“狗”（或“猫”）的个体中必定存在着使其成为自身而有别于其他事物类的共性。同样的道理也适用于像“颜色”这类似乎并不具有严格指称的词。考虑有一排色块，它们从左至右由蓝向绿渐变。显而易见，临近色块的颜色存在着微小的差异和高度的相似性；以此类推，在所有颜色之间都存在着某种程度的相似。但无论它们如何相似我们也不会把蓝色称作“绿色”，绿色称作“蓝色”。可见在所有蓝色中必定存在着某种共性是使其有别于绿色的，否则我们何以称它们是两种颜色呢？因而，无论是“狗”还是“蓝色”，归之于这些概念的那些成员不仅具有着相似的偶性，也具有着能够使其成为其自身的那个规定性——事物的本质。

更进一步而言，维特根斯坦说在一个家族内的成员之间具有着相似的眉毛或相似的鼻子，他大概指的是那些具有共同血缘关系的成员（如父子），而这恰恰意味着在这些家族成员之间不仅具有相似性，而且具有着共性。但实际上在更多的家族成员之间根本不相似，甚至没有血缘关系（如夫妻），而我们之所以仍将他们归之于一个家族是因为我们所遵循的那些伦理规范，也就是说“家族”是对符合那个特定的社会伦理关系的集合的指谓。在有些陌生人之间可能具有着比家族成员更大的相似性（如相似的外表），可是我们并不把这些彼此相似的陌生人视作一个家族，就像我们不会把居住在相近从而相似环境中的邻居看作是一个家族一样——虽然我们的确有“远亲不如近邻”的说法。总的来说，一个家族之所以能够成为一个家族绝不仅仅是由于在它的成员之间存在着一些相似的特征，那么说游戏或语言游戏就像家族成员那样只具有着相似性就不恰当了。

再说“游戏”这个概念，与“猫”或“狗”不同，后者在哲学上通常指某类持存物，而前者则指某种活动、某个过程。如果说猫或狗具有本质，那么游戏也有本质吗？自然的，维特根斯坦认为游戏之间只是相似而没有共性，如果只“看”（而不要去“想”）构成一类类游戏的那些所谓客观活动本身——如在下象棋、下围棋与下跳棋之间——那它们的确也只是相似而已。但游戏之为游戏却不尽然是由那些客观活动本身决定的，游戏的概念构成中不能缺少主体对这些客观活动的理解和感受从而赋予这一概念的那些含义——这其中原本就含有“想”的成分。只看一块蛋糕和一个苹果，它们能有什么共性呢？但当人们想到它们都是可口的食物时，它们便有了共性。这种共性显然不是从一块蛋糕或一个苹果自身所能得到的——“食物”并不等于有时我们使用这一语词所指称的那些事物，“游戏”也遵从同样的道理。而游戏的本质就在这超越于指称的含义中。

游戏是能够令人愉悦的活动——无论是滑滑梯、单人纸牌、足球比赛，还是表演节目。虽然游戏与游戏之间的具体规则、参与者、物理条件不尽相同，但它们都同样具有着能够给予主体愉悦的感受这一共性。小孩子无目的地拍打着皮球就能获得纯真的快乐，而运动员则通过在赛场上达成目标收获喜悦。维特根斯坦可能会反驳说游戏不总是给人带来愉悦的，有时也会令人烦恼（例如比赛总是输给对手，或者认为某类游戏很无聊）。但我们对食物也有厌倦的时候（比如吃饱了或对某种食物没胃口），却不能因此说食物不都是用来满足我们的口食之欲的。游戏中的烦恼如同厌食一样只是偶性而非本质，或许游戏的过程不尽是愉悦的，但我们依然期待着能够从中获得愉悦，这正源于我们对游戏的界定——否则我们为何要去玩游戏呢？

游戏是**遵从规则的活动**。能够使人愉悦的活动很多，未必都是游戏。喝下一杯美酒就可能使我们身心愉悦，可这不是游戏；但假如在酒桌上通过划拳的方式喝酒，它就变成了一种游戏。无论是下棋、打网球，还是过家家，没有哪种游戏是不遵从规则行事的。即便是小孩子在草地上看似漫无目的追逐嬉戏，在追与被追的孩子之间也有一种默契，也就形成一种规则——即便这规则是相当简易和模糊的。当然，规则不是死的，是可变的，但规则在游戏中总是存在的——否则我们凭什么说我们是在玩**这个**（而不是别的）游戏呢？

因而，游戏是**遵从规则的能够令人愉悦的活动**。这大概就是关于这个概念较为一般的定义了，而能够使游戏成为其自身的本质也便一目了然。但维特根斯坦最终要说的是语言游戏，而不只是游戏。即便通常而言游戏是能够令人愉悦的活动，但诸如在“把一种语言翻译成另一种语言”“报告一个事件”“用图表说明某个实验的结果”这样与语言相关的活动中有什么愉悦性可言呢？不过，至少语言游戏同样要遵从规则。虽然的确没有这样一种规则，它对语词的每一种使用都做出了严格精确的界定，或者存在着某种理想语言，只有依此说出的句子才是正确的，但——无论语境如何改变——语句的意义也绝非是全然相对、无规可循的。“他是个坏人”——在不同语境中的意思可能不尽相同，但再怎么不同我们也不会把它理解为“他是个哲学家”，甚至“他这会儿在睡觉吗”。因此，对语言在任何一种语境下的理解都要基于某种共同的意义基础或语法结构。没错，语言游戏所遵从的规则不仅是表层的语法规则，一句符合表层语法规则的话也未必是有意义的——“绿色的想法在疯狂地沉睡”；而存在语法错误的句子也未必是不可理解的——“屈原自杀的”“去吃饭我”。可见，更深层次的语法规则源于语言在现实活动中的自然用法，源于其所赖以生根的生活形式。但即便这些规则是模糊的、有弹性的甚至是可变的，却也是相对稳定的，完全不合规则的胡言乱语无法使语言游戏成为可能。当然，不同语言共同体所遵循的具体规则可能不同，但交流依然是可能的，因为居于不同生活形式却在同一世界中的人们毕竟拥有着共同的基本生存模式和行为方式，而这就为不同语言共同体的相互理解搭建了共通的语境，也就进一步在不同语言之间构筑了共同的意义基础。一个非洲土著向我递来一杯水并发出一个声音，我怎么能理解他说的就是“水”（或“喝水”），而不是“杯子”或者“透明”呢？我自然的就能够理解！同样的，当德国人用“Spiel”意指一些活动时，我们也能明白它指的是“游戏”。无论“Spiel”一词的外延是否比“游戏”更宽泛，二者必然存在着共同的部分（对应着共同的世界），也就拥有着共同的意义基础。而哲学（形而上学）就在此处发生了。

语言游戏必须遵从特定的规则，换句话说，不遵从特定规则的活动不是语言游戏。在这一前提下，维特根斯坦自己也说：“本质由语法（规则）表现。”[3] 当然，只说“遵从特定规则”依然没有划出一条清晰的边界，或者说没有穷尽语言游戏的本质，而维特根斯坦也并不想追问某种抽象的意义。更准确地说，维特根斯坦并非是在谈论任何一种现成的语词概念（无论是“狗”“蓝色”“游戏”或“语言”），而是在谈论“语言和与它交织的那些活动所构成的整体”——一种复杂的彼此关联的生活现象。这不禁让人联想到海德格尔。我们能够追问存在者的本质，但我们能够追问存在的本质吗？在海德格尔那里，存在的意义不再是追问“是什么”，而是思讨“如何是（在）”；在维特根斯坦看来，与其去争论语言的意义（本质），不如回到日常活动中去关心如何具体使用语言。说到海德格尔，他同他那个时代的许多人一样试图克服主宰了西方两千多年的形而上学传统，为此他认为应一劳永逸地在方法论和语言体系上放弃传统形而上学运思的概念和推理方法，诉诸于某种诗的语言（即所谓“本质的语言”）。我认为他如同其他慌不择路的人一样迷失在了田园诗画般的林间小路中。换一套语言，或者换一种“思”的道路并不能解决问题，而是回避了问题，遗弃了问题。无论我们如何区分存在者与存在者的存在，无论我们如何领会存在或如何在，存在是什么的问题依然在那里，并没有消失。同样的，维特根斯坦认为语言是交流的工具，因此语词的意义就是对它的使用，从而意图取消我们对本质的追问。但工具之为工具，正因为它首先具有着某种基本的功能（使其成为其自身），否则我们何以知道该如何使用它？语言能够成为交流的工具，也正因为某种基本的意义已在先地隐含于其中——即便我们在使用时并不需要明示它，正如同我们在使用工具时无须提示其功能一样。因此，与其说语词的意义在于它的使用，毋宁说语词能被使用正在于它有意义。无论维特根斯坦如何强调我们应在具体的语境中去关切语言的日常用法，也不意味着其所具有的那种共同的意义基础是不存在的，也不意味着某种基本的语法结构是不存在的。那么意义（本质）究竟是什么，问题依旧在那里。

虽然维特根斯坦反对语言（事物）有其本质的思想并不能成立，但遗憾的是它的影响却很深远。人们常把他（后期）与所谓反本质主义者联系起来——即便二者的思维旨趣不尽相同，维特根斯坦恐怕也绝不能同意某些反本质主义者的基本观点。

据说“本质主义”这个概念是由波普尔率先提出的，但与维特根斯坦语言哲学的论域不同，波普尔对本质主义的关注是在社会科学领域，具体而言他是在对他所谓“历史主义”批判的名目下引出这一概念的。历史主义或历史决定论大致上是指历史的演化要受控于某种明确的法则，掌握了这一法则就能够预言人类的命运。那么波普尔是如何将对历史主义的批判与反本质主义联系起来的呢？他说在以往的思想传统中人们总是认为纯粹知识的任务是去发现和描述事物的本质——他就把这样一种思想传统称为“方法论的本质主义”——而历史主义者正是在这样一种方法论的指引下妄图寻找到人类历史演化的那个绝对法则（本质规律）。波普尔认为在他那个时代两种最主要的历史主义（法西斯主义与马克思主义）都有一个共同的理论来源，这就是黑格尔哲学。而后者正是本质主义的集大成者，因而对历史主义的批判也就是对本质主义的批判。据波普尔所说，历史主义不是现代的产物，正如本质主义也不是现代的传统一样，因而他便顺理成章地把对历史主义的批判追溯到柏拉图那里去了。

但波普尔的观点是成问题的。且不论他对历史主义的盖棺论定是否公允，如果把马克思主义看作是波普尔意谓的那种典型的历史主义，那么黑格尔哲学至多只能算是具有着这种主义的某些“家族相似性”，而把柏拉图哲学也看作是某种历史决定论就太过牵强了。况且，在哲学史上又有多少具有“本质主义”倾向的哲学家像波普尔认为的那样热衷于通过对某种规律的把握而对历史演化做出具体预言的呢？最关键的，波普尔的真实目的是为了反对极权主义，他的这一动机当然无可指摘，但他把历史主义或本质主义与极权主义关联起来，认为前者必然的要预言甚至鼓吹后者，我们就要问这一因果论断是否符合事实呢？在那些没有历史主义或本质主义传统的文化共同体中就不存在极权主义思想吗？而如果极权主义正源自于以本质主义为核心的西方思想传统，那么为什么无论古典还是现代的自由民主政治理念及由之孕育而生的开放社会又总是率先地在有着这样一种传统的欧洲出现呢？与之相对，如果极权主义属于同欧洲文明一样的古老传统，为什么它的具体实现在整个欧洲历史上却是偶然且少有的呢？由此可见，波普尔的论断至少存在着过度概括的谬误。要说清楚的是，这绝不是在为极权主义做辩护，人类至今最伟大的政治成就正是对自由民主的开放社会的构建。而哲学作为西方文明最重要的传统从古希腊伊始就为实现这一成就奠定了长久且不可或缺的理性基础，这一点相信波普尔也不会不赞同。但理性能够得以彰显恰恰要基于对事物本质的不断追问、质疑、反思与扬弃，而这又恐怕是波普尔有意无意忽略的事实。总之，作为一位极具影响力的科学哲学家，波普尔在社会或政治哲学领域的主张却委实存在着不少自相矛盾以及对历史哲人的误读之处，而这也是整个后现代反本质主义阵营的共同写照。

如果说维特根斯坦的语言游戏说和家族相似性为后现代反本质主义提供了某种理论基础，那么波普尔将对同时代某种思潮的批判延伸至对所谓本质主义传统的批判的这一斗争策略，则成为整个后现代反本质主义阵营的行动指南。但维特根斯坦毕竟是从语言哲学的路径反对一种形而上学本质的存在，而波普尔则始终强调他是在社会科学的范畴以批判方法论的本质主义来批判历史主义的。但就整个后现代反本质主义阵营而言，他们则把对本质主义的批判扩大到更为广泛的论域中。应当说，从反对事物有其本质的纯粹理论批判到反对一种统一的世界观与方法论的文化总批判，这体现了在那一时期的哲人所普遍隐含着的对传统哲学追求一般性与必然性思维的反动情绪正在愈演愈烈。这种情绪在后现代主义者那里得到了集中的宣泄。

一般认为后现代主义者是反本质主义思潮的坚定推动者，但他们首先是在一种反现代性的前提下反对本质主义的。在他们看来，西方现代社会已危机四伏。两次世界大战的创伤仍在隐隐作痛，冷战阴云密布，欧洲上空弥漫着衰落的情绪，人们逐渐开始反思启蒙理性所构想的人类将在现代性的历史进程中全面发展与进步的美好愿景是否只是一场幻觉。正是在这样的背景下，后现代主义者将矛头直指以启蒙运动为代表的现代主义文化现象。他们反对工具理性、反对科学至上、反对话语霸权；强调重视个体差异，崇尚多样性、异质性的多元知识文化观。他们批判现代性思潮所鼓吹的那种绝对的、无所不包的“宏大叙事”，并——如同波普尔一样——认为其根源是盘亘于西方思想史中的本质主义传统。因为正是对本质的根深蒂固的执念诱使人们盲目地追求一种科学的、确定的、统一的世界观，以及妄图以一种普遍的方法论统摄理论与实践的各个领域，并以此作为规范我们现实活动的唯一准则。因而可以说，在后现代主义者看来，反现代性与反本质主义是一回事，这一点从他们理论来源的另一条脉络——尼采—海德格尔—存在主义——那里可以更清晰地看到。然而即便后现代主义者与波普尔的斗争策略如出一辙，但其反现代性的真实目的以及非理性主义的本质恐怕既不是波普尔甚至也不是维特根斯坦能够接受的。虽然同样是对本质主义的批判、对多元主义的推崇，在波普尔那里捍卫理性而驱逐非理性是正当且当务之急的，但在后现代主义者那里则恰恰主张要把非理性从理性的专制中解放出来。在后者看来一切前人对本质主义的批判都没有脱离本质主义的根本思维——理性思维，因而对本质主义的彻底清算就要在根本上摆脱理性的话语。

但无论存在怎样的分歧，如同波普尔那样，后现代反本质主义者把问题的根源归咎为自古希腊以来哲学追问事物是否有其本质的形而上学传统，我们就要问——也如同对波普尔的疑问那样——这样一种因果论断是否符合事实呢？比如说，在那些不具有本质主义传统的思想共同体中就不存在教条主义或话语霸权吗？如果这样一种思想传统更倾向于塑造如现代科学主义式的知识权威，那为什么西方思想史——相较于其他思想体系——却在整体上呈现出一种对知识的不断反思与批判的精神样貌呢？当然，后现代主义者会说反本质主义归根结底是反理性，而以现代性为代表的西方思想传统总是以一种理性的姿态示人。无论观点如何改变，理性（逻各斯）是一以贯之的，处于绝对的中心地位——正如同科学主义所表现的那样。但理性唯有作为一种精神才是贯穿于西方思想史的，作为一种主义则不然。理性精神也即科学精神，而科学精神与科学主义绝不能等同。前者强调的不过是我们应不断地往复于思的流动而不轻信任何一种固有观念，因而它恰恰是要反教条、反权威的；而后者却将原本是在思的流动对固有观念的不断反思与质疑中产生出的某类知识以及那些产生这类知识的只在特定范围内适用的方法与规则自以为理所当然地看作是某种普遍适用的教条，那么它恰恰违背了科学（理性）精神。一旦理性成为一种僵化的教条，它也就不再是真正的理性，而是一种伪理性——这才是科学主义的本质。我们的确应质疑科学主义者“唯有科学才是知识”的断言，的确应警惕他们企图将科学抬升至如神学在中世纪那样的地位，因而我们应抛弃的只是对科学主义、工具理性的执念，而不是因噎废食地拒斥理性。虽则后现代主义者所控诉的那些现代性问题在一定意义上是存在的，但这些问题的产生与哲学追问本质的传统并无因果关系。此外，即便我们承认问题的存在，也不至于因此就全盘否定整个现代性思潮的价值，更不至于由此便匆忙地宣告它的终结。现代性依然是未竟的事业，正如哈贝马斯所言，我们不能把“婴儿和洗澡水一起泼出去”[4]。

更重要的是，那种声言要通过对本质的解构而彻底摆脱理性话语的主张看似掷地有声却实际上无法真正施行。因为所谓的理性思维或话语无非就是实现理性精神的某种方式或途径，而理性精神的实现在很大程度上就是其反思性与批判性的实现。那么除非后现代主义者不沿用这种方式进行反思或批判，否则就不可能摆脱理性的话语。而他们在这一问题上可谓是难以自圆其说。如福柯试图通过对人类疯癫史的考察来书写非理性是如何一步步在理性的权力与秩序下被压迫和征服的，但既是描述非理性的却又以理性的话语去诉说，这岂不是自相矛盾吗？同样的，既然反“语音中心主义”，那么德里达的“文本之外别无他物”又算不算某种意义上的中心主义呢？我们在前文中还提到了罗蒂，他对哲学蜕变为一种新时代的经院哲学而感到忧虑，但他同时也是一位坚定的反本质主义者。他主张我们应放弃对事物内在与外在、本质与现象、核心及其边缘领域的区分，人们也就不再需要通过所谓的“镜式本质”来认识世界了。但那我们应怎样认识世界，并将这种认识转化为知识呢？如果没有任何基础共识的确立，我们又何以能够穷尽对孤立个体的具体描述？许多后现代主义者都存在着这样一种误解，似乎一旦我们对某类事物进行抽象概括就意味着会扼杀对其个体差异的认识。于是——令人啼笑皆非的是——他们宁可不去解释诸如“正确”为何意，因而也不愿区分正确的或错误的共识，或者如福柯、利奥塔那样坚持不肯使用“我们”这样的词，以避免自己落入任何形式的共识中。这恐怕是罗蒂也不能认同的。我们可以质疑永恒真理的存在，我们也可以反思任何一种基础主义的合理性，但完全放弃共识必将导致相对主义，而最终使我们陷入干枯的窘境。

对事物本质的追问并不是为了用某种统一性抹杀个体的差异，在认识论的意义上它不过是形成有效认识的必然前提。所谓“有效认识”即能够形成知识的认识，而非偶然的或主观的认识。对任何个体或个别现象的具体且有效的描述都必须建基于我们对其是什么有一个基本的共识，否则我们的任何说辞就只是毫无理论价值（但不是毫无价值）的呢喃自语。换句话说，知识的建立正是通过对本质的把握才得以奠基的。知识是客观的而非主观的，那么能够追问本质的理性话语必然是**公共的话语**。赫拉克利特早就说过逻各斯（理性话语）是公共的，如果都像梦中人那样自说自话，那我们如何能够相互理解？但这不是说我们能表达出来就是公共的，而是说我们的表达是建基于某些可以相互理解的共同基础上的。文学或诗意的话语也可以具有反思性或批判性，因而也可以在一定程度上彰显理性精神，但相较于通过说理展开观点或主张的言说形式，前者难有公共性可言。说理或通过合逻辑的概念推导或基于可靠的经验事实，无论是哪种情况都需要建基于一些彼此公认并相互理解的共识之上，如对一些基本概念的命名与澄清（界定其本质）。而文学或诗歌固然能够给人以启示，但其基本路径是直觉式的。我们要理解诗人的蕴意或者通过其或隐或现的修辞去体悟，或者基于其语境而自由联想，总之在这里不存在文本释义或解释的过程——解释就不是诗了。海德格尔敏锐地洞察到若想彻底摆脱理性的话语就唯有诉诸于诗艺，但通往知识的最佳路径却只能是理性的话语。

语言不仅是交流的工具，我们也用它来认识世界，而这就强烈地提示了意义的在场。认识活动是人类生存活动中无法忽视的一部分，通过认识我们形成关于世界的知识，通过这些知识我们再现世界。而说到这一层，就又回到在前文中已表明的——只要我们还是通过语言来认识，我们就不可能不去追问意义（本质）而对事物有确定的认知。无论是哲学还是科学都建立在具有本质意义的概念体系之上，否则认识将无从谈起；无论是哲学还是科学也都把追寻事物的普遍性和一般性作为最终的目标，否则理论将失去价值。因此，思想者不可能脱离本质的语言去认识事物、阐明思想。实际上，无论是维特根斯坦还是海德格尔都没少使用（而不仅是提及）“本质”一词。当然，作为一切哲学命题的本原，追问本质的形而上学的确可称作是某种元叙事，但它要解决的无非是知识的出发点问题，而不是无所不包的统一方案。反过来说，任何具体的哲学甚至科学主张都可以追溯到某个形而上学（本体论）预设。这一预设本身有可能是难以自圆其说的（如科学主义的），因此我们完全有正当的理由通过重建另一种叙事来校正我们的出发点，但无论如何我们都不可能在根源处彻底消解这种预设。另一方面，我们摆脱不了某种元叙事并不意味着我们就一定倒向一元主义的知识观，正如同我们说追求统一性并非就是要抹杀差异性——二者是在不同层面上而言的。知识未必只能是科学知识，衡量知识的标准也未必只能是定量的或实验的方法。物理学是一种知识型，美学是一种知识型，甚至占星学也可以是一种知识型——在这一层级上，我们完全可以提倡某种多元主义的知识格局。只不过，具体知识的多元性仍要服膺于某种根本的元叙事——比如知识必当建基于公共性的话语。如若不是建立在某些基本共识之上，美学何以能够成为一门学问（而这与每个个体的审美差异并不在同一个层面论及）？思想未必只能是理性的思想，但知识必然是理性的知识，也即生根于本质话语基础上的思想。总之，在认识论上我们需要通过对本质的探寻来认识现象，在方法论上我们唯有通过理性的话语才能建立这种知识——缺少本质的奠基，知识将难以生长。那么去中心、反对归纳、反对概念抽象的逻辑终局就是反知识，其本质也就是反智。而但凡后现代反本质主义者又想对知识有所说，就必然会深陷话语矛盾而无法自证。

不过，虽然一方面我们要坚决地拒斥后现代主义者对本质主义的误读，另一方面我们也不得不警惕科学主义对形而上学超越性的侵蚀。在当代，形而上学之思的确应汲取科学的营养，但它的结论却不应囿于科学的视野（如像克里普克那样），否则我们就又回到本文最初所忧虑的问题中去了。当然，在今天形而上学的复兴充分说明即便本质命题是一个极其古老的问题，它也同样必然是人类漫长的思想之旅中的经典命题，当被每一个时代所重拾。而若要探问那个能够作为一切哲学命题起始的元命题，我们唯有回到形而上学的本原处重新起航。

众所周知，形而上学始于巴门尼德对*存在*（being）的追问，他认为存在是一，换句话说存在之本质是一。柏拉图追随了前者探寻真理的道路，而他主张最本质的存在（真）应是理念。当然，真正提出本质概念的是亚里士多德，在他那里本质即“是其所是”，追问本质就是追问事物“是什么”，因而本质通过定义被描述。当我们说“人是有理性的（种差）动物（属）”时，我们就通过在与其他同属不同种事物的比较中界定了人的本质，以此达到对人这一概念的认识。且不论这一界定本质的原理存在何种问题，至少它的确为我们认识事物以及建立共识提供了方法论上的便利。不过，属加种差定义法无法定义巴门尼德的“存在”。因为在亚里士多德看来，虽然存在是在一切之中最普遍的，却不是一个属概念。当我们严格地遵循这一定义法行事——如“人是有理性的动物”“*动物*是通过摄食维持生命的生物”——我们能够在其中找到每一个概念的种差，却不可能找到“存在”的种差，因而我们也就不能通过这种方式追问存在是什么。但正因为它具有着最高的普遍性，一切具体事物、一切个别的存在者都归属于它，那么揭示了存在之所是也就道出了世界的普遍本质，唯此才是那个能够作为一切哲学命题的本原或思想出发点的元命题。

海德格尔曾说形而上学的历史是对存在的遗忘史。他认为以往人们混淆了存在与存在者的区别，将对存在者的理性思辨当作是对存在自身的认识了。于是他以能够追问存在的此在为源始，试图通过关于此在（人）的生存论分析来领会存在。但这已与巴门尼德对存在的追问不在同一层次上了。巴门尼德的思想背景及他所要针对的是自然哲人们对物质本原的探寻，他批评后者仅凭感性直观所能获得的不过是些“意见”，而“真理”则在于我们如何能够通过思想（努斯）来理性地把握世界的普遍本质（存在）。巴门尼德认为存在是有限定的，就像一个“滚圆的球体”，由此我们既可以看出他仍未彻底摆脱感性直观的思维形式，也能够明见在他那里——与海德格尔不同——存在是一个对象化的概念，一个具有最高普遍性的对象。总而言之，巴门尼德想要探寻的不再是世界由之起始的物质本原，而是世界由此构造的逻辑基础——一切事物所普遍具有的本质。

但由于在亚里士多德那里存在无法被属加种差定义法所描述，他就把关于存在是什么的问题转化为有怎样的存在（者）的问题了。而在诸范畴中，唯有实体能够被定义，也就是说具有本质。在逻辑学的意义上实体指的就是命题的主词，因为实体既不谓述一个主体（主词），又不存在于一个主体（主词）中，它是被谓述的那一个。于是，唯有主词（实体）能被定义（具有本质）便是顺理成章的事了。由此，亚里士多德展开了关于究竟什么才有资格成为实体（主词）的系统性思考。当他将个别事物认定为第一性实体时，与本质相关的命题也就从世界的本质（存在）被拆解为个别事物的本质了。而据他说，个别事物的本质即事物的形式，因此当他进一步将形式看作是真正的实体时也就意味着本质即实体。实际上，亚里士多德经常将表示本质的短语 to ti en einai 或 ti esti 与表示实体的语词 ousia 相混用。虽然人们对其理论体系以及在其中彼此交织的概念有着各种各样不尽相同的梳理和诠释，但我仍然认为这里不乏混乱的成分。这也为后来那些不同时期的唯名论者将反对抽象实体与反本质混为一谈埋下了伏笔。

当然，亚里士多德也意识到第一哲学的根本任务不是去发现个别事物的本质，而是像巴门尼德那样去追问存在的本质。虽然我们无法通过属加种差定义法去描述存在，存在也具有着多种多样的意义，但正如“一个健康的人”“一种健康的食品”都与“健康”相关那样，所有存在的意义也必定与某个唯一的本性相关，它普遍地存在于一切存在者中，是一切存在者存在的根源，这即是所谓的“作为存在的存在”。但“作为存在的存在”究竟意指什么在我看来并没有一个清晰的结论。那种意图将此与亚里士多德的神学统一起来，把“作为存在的存在”看作是被视为第一实体的神——也即“不动的动者”的观点是很成问题的。如果说“作为存在的存在”是一切存在者的普遍本质，那么“不动的动者”则指的是一类最特殊的存在者——某种永恒的、可分离的实体，是推动整个宇宙不断运动变化的本原。显然，对前者的研究是本体论的，对后者的研究则是宇宙论的，二者分明属于不同的范畴。但无论怎么说，从个别事物直到神，亚里士多德完成了他对什么才有资格成为实体的考察。由此亦可见，实体不仅在亚里士多德的逻辑学中，也在其形而上学中占据着中心的位置。而自中世纪直至近现代，什么是实体愈加成为形而上学的核心议题。不严格地说，整个形而上学史在绝大多数时间里都不是有关存在的历史，而是有关实体的历史。存在就此被遗忘了。

我们说实体是为了谈本质。虽然在亚里士多德那里实体与本质关系紧密，但二者在基本界定上有质的不同，且随着哲学史的演进愈加的不同。如前所述，实体即命题的逻辑主词乃是亚里士多德对这一概念一以贯之的基本界定，因而说什么是实体只是就其是命题的逻辑主词而言的，但本质（形式）作为个别事物的类既可以是主词也可以是谓词，也就是说二者是两个不同层级的概念。再者，由于实体有着丰富的外延，自中世纪经院哲学以降，人们逐渐通过对实体外延的研究重塑了其内涵，其基本意义便从逻辑主词变成了“能自己存在，而其存在并不需要别的事物的一种事物”[5]，也就是说实体指的是*独立自存之物*（不过这种理解在亚里士多德那里已有端倪，他也说唯有实体才是独立的存在），而这就与“使一物成为其自身的那个本质规定性”相去甚远了。因此，当实体这一概念从逻辑主词演变为独立自存之物时，它与本质的形而上学地位就发生了转变，后者成为更根本的了。

在当代语境下区分实体（substance）与本质（essence）本是极其自然的事，但强调这一点依然尤为重要。在前面我们针对现代以来的反本质主义思潮做了不少论述，须知人们也时常将唯名论者看作是反本质主义的先驱。然而，他们实际反对的是抽象实体的独立自存性，若将此与反本质主义看作是一回事实则是一种概念的混淆。唯名论者的态度以奥卡姆的“如无必要，勿增实体”而被诠释得很清楚。在他们看来，只有亚里士多德口中的个体事物是实体，是能够被认识的真实对象。因而由“苏格拉底”所指称的那个对象是实体，是客观实在的，而“人”则不是。总的来说我同意唯名论者的如下观点——类似

"人""动物""美""勇敢"等不过是我们为了便于认识事物而发明的语词概念，其本身并不意谓任何抽象实体的存在。但我们之所以能够用"人"来谓述所有个别的人，正因为在所有个别的人中都存在着某些共性（本质）；正如同我们之所以能够用"蓝色"去谓述一类蓝色的事物，也正因为在其中存在着某种共性（本质）。因此，当我们在论述维特根斯坦的部分时说"在所有蓝色中必定存在着某种共性是使其有别于绿色的"，只是强调不同颜色必然各有其本质，但并非主张存在着某种"一般的蓝"的抽象物，而维特根斯坦遵循唯名论的观点所应当拒斥的就应是独立自存的实体，而不该是本质。

但即使是唯名论者也不敢轻言对作为感觉经验对象的实体（个体或持存物）的拒斥，而我则认为即便这样的实体也并非实在。我们用"苏格拉底"来指称一个人，认为他是独立自存的"这一个"，这本身就是概念思维的产物。我们不过是将一系列彼此关联且在时空中不断流变的现象杂多整合在一起，然后用一个固定不变的符号"苏格拉底"来指代它罢了。罗素早就说过诸如"苏格拉底""史密斯先生"这类语词不过是些虚构的"钩子"，与之相关的那些事件就这样"悬挂在"这些"钩子"上，组合成了我们对所谓"持存物"的同一性认识，而实际上我们并不需要这样的"钩子"[6]。只不过认为如某个人、某棵树是与他物有所分离的独立持存的个体符合我们最稀松平常的观念，这种观念之根深蒂固或许要追溯到人赖以形成最基本语词符号的生理结构那里去了，因此其本质是一种认识的造物。而正是由于人的这种根深蒂固的成见，使我们构造出独立自存的实体的**本体论幻象**。当然，我们之所以能将这样一些事件挂在"苏格拉底"的"钩子"上——而不挂在"史密斯先生"的"钩子"上——说明在这些事件之间具有着更紧密的关联性和连续性，但在整个事件链或现象集之下并不真的存在着一个“钩子”。人唯有通过符号去认识和表达，而符号化的过程又总是倾向于把流变的现象杂多固化下来以形成某种具象的认知，从而难以避免地会形成持存物或实体的观念。当我们错把这认识论意义上的虚构对象视作某种本体论意义上的真实存在，那独立自存之物的观念便隐秘而又强烈地印在了我们的心底。然而，说独立自存的实体是不存在的并不意味着作为逻辑主词的实体是不存在的；后者也无所谓存在不存在，它不是（也不应是）一个本体论概念，而是一个逻辑学概念。因此，即便不存在独立自存的实体，也并不妨碍我们在逻辑主词的意义上去追问事物的本质。这其中的差异需仔细甄别。通过以上分析也可看出，在今天的语境下我们不能再像亚里士多德那样将形式等同于本质了。一方面，任何语词概念都不意谓（独立自存的）实体的存在，但它们正是人构造出实体幻象的语言学基础；另一方面，事物不是实体，但可以有本质，某一概念词所能够意谓的不过是构成一类事物的本质属性的集合。因而形式或理念只是作为语词概念蕴含了现象的本质，而不等同于本质。

独立自存的实体是一种幻象，也就是说它并非任何意义上的实在。有趣的是在特定语境下哲学家们也常将 ousia 一词翻译为 reality（实在），这大致是因为柏拉图在《斐多篇》中就已经使用 ousia 来意指“事物自身”，例如“美自身”“正义自身”，而他认为只有“事物自身”才是最真实的存在。到了亚里士多德那里，既然 ousia（实体）是不依赖于他物的独立存在，那它自然也是实在的。在古希腊哲学中“实体”“本质”与“实在”同出一源，哲学家们也常在几乎相同的意义上混用它们，但一如在今天我们无法再将实体等同于本质那样，我们也无法将实体看作是实在的。且事物不是实体并不意味着它不可以是实在——实在的不是“苏格拉底”，而是我们称其为“苏格拉底”的那一系列现象集。

事物不是实体，但事物却有本质。我们通过追问本质来认识事物，而在最一般的层面，那个能够作为一切哲学命题的出发点的正是世界的普遍本质，也即存在之本质。正如亚里士多德对“作为存在的存在”的思考所能给出的提示，存在之本质必然普遍地存在于一切存在者中，它是一切存在者的最后根据，一切存在者的存在都要归因于它，都是由它派生而来的，也就是说它是构成一切存在者的基础。正如在唯物论者看来，意识是派生性的（副现象），物质是基础性的（本质），那么后者相较于前者是更实在的；因而相对于一切派生性的存在，那个能够作为最后根据的基础性存在才是最实在的。作为持存物的苏格拉底是派生而来的，因而也是非实在的，实在的是我们以之为名的那些彼此关联的现象集；但这些现象存在就是最真实的存在吗？我们还可以继续追问下去，直至剥离一切存在的表象或派生性的存在而直抵“存在自身”，去探明什么才是在根本上最真实的存在。正如前面所论述的，它不是宇宙论意义上的物质本原，而是本体论意义上的普遍本质。换句话说，追问存在的本质其实就是在问在最根本的意义上什么是实在的。

事物普遍的不具有独立自存性，这对于我们理解存在之本质或根本实在有重要启示。我们说“苏格拉底”所指称的不是“这一个”，而是一系列不断流变的现象集。现象是未被界定的事件或事实，而非物或持存物。并不存在纯粹的、不在任何事况中或不包含任何属性的“某人”或“某物”，相反，存在的只能是“这个身材高大的人苦苦地思索着哲学问题”或“那鲜红的旗帜正缓缓地升起”这类事。某物总是发生着的、运动着的某物，即在事件中的某物。因此事相较于物更是实在的。但事件虽展示了现象的流变性，却依然是被界定的、具象化的。

我们总说“这个事”“那个事”，仿佛事与事之间是相互独立的。一事虽不像一物那样是“个体”，但同样很具体。因而如果就此认为事件是不可还原的实在，便依旧未能脱离实体主义的陷阱（那种将持存物仅仅还原为各种属性的观点存在着同样的疑难）。当然，现象是绵延的而非彼此孤立的，因此事件与事件并非相互独立、并行不悖的线段，而是如蛛网那般相互关联、彼此交织着。并且那“蛛丝”不是“一维”的，而是“多维”的，因此我们看一事可以有不同的意思。蛛网交织的点将不同的事件联系在一起，以使我们可以系统地认识一个对象。也正因为如此，我们才能在不尽相同的两个或多个事件中提炼出一个共同的物的观念。当然，“蛛网”是隐而不显的，它被我们先天的认识结构所遮蔽；表象出来的只是我们截取出的一个个事件或事实，它由语言所显示。

相对而言，实在的是事而非物，表现在语言的层面更基本的就是句子而非语词。但句子又恰恰是由语词之间的联结或关联所组成的，换句话说，在一个句子内部（而不仅仅在句子之间）也存在着某种相互关联的结构。句子的有意义要依赖于语词之间合逻辑的关联，没有这种关联也就不成句子，也就没有意义。再者，某个单独的语词符号的有意义也取决于它在整个系统中与其他语词符号的关联关系。这就像如果只有红灯而没有绿灯就构不成交通信号指示，红灯的有意义在于存在着与之相关联的绿灯的意义。更一般的，红色的有意义在于要把它放在能与其他颜色相比较的系统中去考察——这意味着红色不是其他任何一种颜色。不存在某种只需其自身便可承载意义的符号，也就是说若某个语词概念独立于其他语词的关联，它就并不具有任何意义。

专名只是虚构的“钩子”，概念词无法独自示意；虽说更基本的是句子而非语词，但句子也要在语词的关联中才能成立；最终，句子与句子彼此交织的整体显示了世界的完整意义。这一切表明——如果语言是世界的图像——任何事物的存在性（有意义）都要依赖于他物的存在性，实在的并非独立自存的某物，而是相互关联着的“某物”。而一旦挑明了什么是“某物”或“某事”，即成为符号化的产物，也便为独立自存的实体的本体论幻象打下了基础。“某物”或“某事”是通过符号化的过程所派生出来的，而无论是在句子之间，还是句子内部各语词之间都隐含了某种彼此依存、相互关联的结构，由此看来更基础的既不是句子也不是语词——换句话说，不是事也不是物——而是这关联着的结构。更进一步，这一结构化的存在者的任何可能的承担者也必当作符号化的派生物而被消解掉。因此最终，根本实在不是别的，只是一种纯然的关联。

但这绝不是说所有派生而来的就都是虚无——世界所给予我们的那些表象在现象的层面依旧有其实在性可言（这种实在性以事件的形式所展示），只不过在逻辑的层面，关联是更本质的。既然没有什么是独立自存的——也就是说都是依存性的——那么在逻辑的先后次序上这一（现象事物之间）普遍必然的关联性就要先于那彼此关联着的现象事物，即前者是后者得以成立的逻辑条件；只是在时间的次序或直观的层面，它表象为是先有“这一事”甚至是先有“这一物”，再有“这一事”与“另一事”或“这一物”与“另一物”之间的关联。质言之，世界是相互依存的整体，而一物与另一物、一事与另一事则是被语言精致地从世界中“切分”出来的。索绪尔说“在语言出现之前一切都是模糊不清的”[7]，换句话说，在语言出现之后一切都被泾渭分明地界定了。而当我们剥离这一切作为派生物的符号（“某物”或“某事”），剩下的就只是纯然的关联。我们说存在不是某种类似于存在者（及其属性）的东西，它不是属概念，无法被界定。相反，无论是“实体”“个体”“持存物”

甚至“事件”，都是通过符号化的界定过程而被构造出来的“存在者”，因而如果把存在看作是由任何具象化的种属概念所指谓的某一存在者，就遮蔽了存在自身的蕴意。而沿着与之相反的路径，当我们一步步消解掉由符号化的过程所界定出来的一切派生性的存在者，我们也就实现了对存在自身的解蔽。

至此，在这篇导论中我试图通过对语言自身的考察来澄清世界本质这一命题的价值与意义，并提出了关于这一命题的某个可能的结论——*关联是这世界的普遍本质，也即存在之所是。换句话说，它才是那在最根本的意义上真正实在的*。这样一种我们可称之为“关联实在论”的主张相似于本体论的关系或结构实在论，但关联却不（只）是关系——一如我们说关联不止于结构——后者不过是前者的静态图示。关联总是*关联着的*，也就是说总是在动态中的。由是，它也内蕴着一种催生世界流动变化的动力机制。但我们在此的一切论述还不足以彻底阐明这些观点，这其中还缺失不少论据和论证的环节，是需要我们在后续的章节中一步步解决的。不过在本书中我更多将导论所引出的这一关联实在称为*和合*，它来自于佛学“因缘和合”的概念。而后者所关切的不只是语言的世界，更是现象的世界。可以想见，在本书正文中我将选择一条与导论不尽相同的路径。既然我们的根本论题是有关这真实存在着的现象世界的，我们就更有必要将目光投放到现象世界的视域中，经由对现象自身的考察来验证我们在此的结论。

人类从古至今的思想过程就像是沿着某个环形的花园小径漫步的过程，而移动的轨迹则记录了我们思想的历史进程。起初，我们或许并不熟悉这条路，前途充满未知，甚至觉得有一点迷惑和漫长。周而复始，随着漫步次数的增加，我们开始记住路边的一些细节，开始有兴趣琢磨它们。时间再久一些，一切细节变得越来越清晰，印象越来越深刻。由于每一个我们的不同，随着对这条道路越来越熟悉，我们对每一个细节的关注出现差异。有的人可能更关注花草，而另一些人可能只专注路面的花纹。逐渐的，有的人对花园小径中所有花草的种类甚至数目都了如指掌，而有的人则几乎能够数清楚铺设路面总共用了多少块砖石。于是，原本相互关联而成为一个整体的花园小径由于我们观察的差异而被人为地割裂开来……

虽然这个比喻将人类追逐真理的过程极度地简化了，但还是比较准确地反映了整个历史进程的基本特征。一如人类这名观察员对宇宙的认识过程——从地球到太阳系，到银河系，再到整个可观测宇宙；从亚里士多德物理学到经典力学，到量子力学，再到弦理论——我们对宇宙的理解和表述在不断精细化。在这个过程中，最初我们仅凭借肉眼去观察世界，只看见一片朦胧的美；戴上一副眼镜，世界变得清晰了许多；拿上一副放大镜，细节变得生动起来；借助显微镜，事物的微观结构得以呈现。虽然用显微镜观察到的要比用肉眼看到的细致得多，却使得整体不得而见。事实上，我们的确在不断地将彼此密切联系的真知割裂为无数不同的专业领域。即便我们在每一个细节都获得了进步，却由于知识间的分化失去了对整体的洞见。在还原主义盛行的自然科学领域，这一问题尤为明显。

另一方面，无论是自然科学还是社会科学，人类今天的那些重要思想成果几乎都可以在过去的某一个思想火花中找到印证。正如我们在花园小径中的观察那样——起初的思考显得粗略和生涩，随着我们一遍又一遍地重新“走过”，思想变得逐渐清晰而成体系。在这条循环的思维之路上，我们对世界的理解在一个持续叠加的过程中不断演进，但哪里是一个终点呢？由于思维的惯性，虽然整个过程是在循环中往复，但感觉上每一步的确是向前的，于是我们错以为这是一条平直大道而陷入线性思维中——正如同在地球表面行走却并不知晓地球是圆形的古人一直在思量“天边”究竟在哪里一样。很有可能，人类对宇宙的认识只有不断地深入和细化，而永远没有终点。

即便如此，这不是令我们泄气的理由。相反，通过将人类探索真理的道路比喻为在一条花园小径中的漫步，我们可以得到一些启示。今天，我们可能比以往任何时候都更加了解花园小径中的每一个局部和细节，并分门别类地以各种形式的学科将这些认识固化下来。但是，正由于我们将更多的精力放在了一切细节中，那种最初的对整体的洞见和对本质问题的思考已经被淡忘了。在这一点上，我们需要反思。因为如果我们没有先在整体的层面对本质问题的澄清和梳理，那么所有对局部表象的认识所形成的碎片化知识便无法融洽地相互支撑，从而转化为一个解释世界的有力说辞。

在这本书中你的确会看到一些不同领域间思想的联系，但是在知识已被无限细分化的今天，请不要误以为我会包罗万象地总揽一切，做到理想化地将每个被细分的知识领域有机地、完美地重新整合起来，以使我能够借助人类思想史上的所有智慧结晶来验证一个元叙事意义上的哲学命题。实际上，我并不想不识时务地去如此开启这段思想之旅。因而，我喻之为“重新起航”——或许这只是一个开始。不仅是于我而言。

注　释

[1] 罗蒂：《分析的哲学与对话的哲学》，韩东晖译，见《世界哲学》2003 年 3 期，第 28 页。

[2] 罗素：《西方的智慧》，马家驹、贺霖译，世界知识出版社，1992 年，第 416 页。

[3] 维特根斯坦：《哲学研究》，汤潮、范光棣译，生活·读书·新知三联书店，1992 年，第 158 页。
[4] 赵敦华：《现代西方哲学新编》，北京大学出版社，2014 年，第 243 页。
[5] 笛卡尔：《哲学原理》，关文运译，商务印书馆，1959 年，第 20 页。
[6] 罗素：《西方哲学史》上卷，何兆武、李约瑟译，第 258—259 页。
[7] 索绪尔：《普通语言学教程》，高名凯译，商务印书馆，1999 年，第 157 页。

第一章　历史回响

早在两千多年以前——我们通常认为物质文明远未进入发达时期的时候——人类精神世界的追求者们就已将那些最深邃的命题摆在了桌面上。值得注意的是，每个不同的时代，人们对问题的思考都具有着不同以往的、鲜明的时代特征。站在今人的立场而言，我们会说时代的进步反补人类对真理的思索。但是，在对世界本质的认识上我们很难说谁是先进的，谁是落后的。即便自启蒙运动以来的思潮仍然充斥着乐观的人类世界在不断进步中前行的信念，但这些“进步”并没有让现代人在对终极问题的追问中遥遥领先。那么，为了展开思考，我们就有必要从对人类思想史的考察中有所借鉴。当然，人类思想的宏大历史犹如一曲荡气回肠的交响乐，但在这里我们将剥离那些无关的乐章，把注意力集中在与世界本质这一核心命题相关的内容上。

本原

不得不说，公元前五百年前后是一个美好的时代。在那几百年的时间跨度里，是人类思想史上第一个星光闪耀的时期。在西方，希腊人开创了哲学式的思考；在东方，中国进入了空前的（也是绝后的）思想盛世——诸子百家争鸣。最早的与本质问题有关的思索就源自这个时代。

泰勒斯向来被看作是西方哲学的鼻祖，虽然他没有柏拉图、亚里士多德等人对后世的影响那样深远，但是他第一个提出了有关事物本原的命题。他认为万物源于水。在今天看来，这样一个观点似乎是不值一提的，但我们应留意这一观点的时代特征——一个根本还没有现代意义上的自然科学的时代。因此，我们必须历史地看待泰勒斯的这一主张，甚至于可以说在他那个时代这个观点就是“科学”的。说它是科学的，因为科学建立于经验之上，泰勒斯认为万物源于水也是一种经验的总结。“他之所以做出这样的论断，也许是由于看到万物都由潮湿的东西来滋养，就是热自身也由此生成，并以它来维持其生存（事物所由之生成的东西，就是万物的本原）。这样的推断还由此形成，由于一切事物的种子本性上都有水分，而水是那些潮湿东西的本性的本原”[1]，从而植物、动物、人，一切事物都离不开水。依此来看，他的推理不无道理。

一个哲学命题，结论往往是不重要的。一个结论的成立依赖于很多条件的共存——例如，通常需要一些前设条件，而这些前设条件往往更多反映的是哲人的某种信念，而非说理本身。我们真正应该注意的是这个哲学命题的推导过程，即思辨的过程。由此，我们发现和学习到一种思维的方式和抵达真理的路径，恰如从泰勒斯的万物与水之间存在着永不停息的相互转化循环的主张中，我们能够提炼出这样一种认识——存在着某个事物，它是生成整个宇宙且普遍地蕴含于万事万物中的某种共性的东西。

阿那克西曼德认同泰勒斯的思维理路，但他并不认同水的本原说这个结论。他认为水与其他事物间的转化只能说明事物之间的相互转化是普遍存在的，而不能证明水就是万物之基，一定有一个更基本的事物是包括水在内的其他元素的来源。于是，他说世界的本原是*不定者*（或无限制者）。很难说不定者是不是一种实体，至少它并不像某个客观的存在物。因此，不定者是一种相对于水的本原说的扩展，它延伸至更为抽象的范畴。延续着泰勒斯的思维理路，阿那克西米尼认为气是万物之源，而赫拉克利特则认为火是那个最基本的元素。从泰勒斯至此，事物内在相互转化而外在不停流变的思想得以加强。然而紧接着，巴门尼德提出了一种与前者针锋相对的观点：宇宙中只有一个东西，它无限不可分，它就是一，世界因此并不处于变化中。事物流变的思想与经验观察是很吻合的，那么巴门尼德为何会得出一个与经验相反的结论呢？原因是他认为变化在*逻辑上*是不成立的。他的推理大致是：1. 存在者要么存在，要么是非存在；2. 但非存在无法被思想；3. 因此可以思想的只有存在；4. 变化意味着生与灭，那么它就预设了非存在的状态，即从存在到非存在的过程，或者从非存在到存在的过程；5. 既然只有存在的才能被思想，不存在不能被思想的存在者，那么蕴含着从非存在至存在的变化本身就是不存在的。我们该如何理解现实中那些能够被感知到的变化呢？巴门尼德强调，一切经验中感受到的复杂与多变的事物都只是一种幻觉罢了。对感觉经验的直接否定是有违直觉的，但如同我们应如何看待泰勒斯的观点一样，无论巴门尼德得出了怎样的结论，我们更应该重视的是他得出结论的方法。他是西方哲学史上第一位不依赖于经验而是依靠理性认识世界的人。毋庸置疑，这种思维方式对后世的影响是深远的。

在两种截然相反的观点出现时，往往就会出现一种调和的思想，恩培多克勒就是这种持中间观点的人之一。他认为否认世界中显而易见的变化是不明智的，但他同时认为事物的变化源于不变的本质——本质不是一，而是多。多又具体指什么？恩培多克勒紧接着提出，土、气、水、火是四种永恒不变的基本元素（显然，在这里我们看到了其对泰勒斯及阿那克西米尼等人观点的继承），一切事物仅是这四种元素的混合或进一步混合后相互交换的结果。不仅如此，恩培多克勒还假设存在着两种对立的力——爱与恨。四元素在两种力的作用下不断结合又拆解，从而解释了世界何以呈现为变化无常。此后，留基波与德谟克利特也提出了他们关于世界本原的主张，他们认为事物是由运动在虚空中的不可分割的原子组成的。这就是那个直到今天仍对西方自然科学的世界观产生着重要影响的最初论点[2]。有意思的是，在两千多年前，这个抽象的理论模型却很难会比“土”“气”“水”“火”这样直观的事物本原说更具有说服力。

对某种哲学思想的考察，把它放进相应的时代背景中是正当且必要的。在今天看来，原子论的思想似乎是更加科学的，但是并不能说这一观点在当时就先天地比其他观点更加合理。因为，那是一个并不以严谨的科学实验为认知条件的时代，那些关于宇宙的自然哲学思想仅仅是凭借着哲人自身对事物的观察和体会而萌发的。因此说一个抽象的原子是事物的本原，是超出那个时代的认知条件的。然而，正是这个在两千多年前，人们仅仅凭借着对自然的直观所提出的主张，却在两千多年后的今天生根发芽，成为这个时代的主流观点。必须承认，今人的思想不可避免地建立于前人思想的背景之上，所谓进步却投射着回归的影子。

总体来说，在这个阶段人们对真理的求索都围绕着一个基本命题：事物本原是什么。除了个别的主张，人们都赞同世界是流转变化的这样一个经验上的事实，注意力都集中在寻找那个不变的初始。然而，对于那些说世界是由水、火或者原子组成的主张，这里存在一些不大不小的问题——假若本原是不变的实体，为何能够生成可变的事物？假若本原是自有永有的、是不灭的，为何由之生成的却是可消灭的？但假若本原也是有生灭的，那么它又从何而生呢？除此之外，假若本原就指的是构成宇宙的那些最基本的元素，那么即便我们能够将宇宙还原为某个初始之物（例如原子），它（原子）也不是世界的本质。因为它（原子）并不阐明事物之所以是其所是的缘由，它（原子）虽则是时间上在先的却并非逻辑上在先的源头。直到今天，我们依然深受这种还原论思想的影响，对构成整个宇宙的初始之物的探索从未停止。它是基本粒子还是弦？我们发现了比古希腊时期更精细的模型，但却很可能不会有终点。事物源自一个初始之点的观念虽深入人心却存在着不可回避的疑难，我们将在第三章进一步讨论这个问题。

道

在古希腊哲学家们热烈争论着什么才是事物本原的同时，遥远的东方正值春秋战国时期的华夏文明也是一片思想繁荣的景象。中国的传统思想文化总体而言与古希腊“爱智慧”的哲学理念有所不同，更倾向于思想的现实意义——“未知生，焉知死”[3]；重德轻知——“太上有立德，其次有立功，其次有立言”[4]。但这并不是说中国思想史中就全然没有形而上的思考。

老子的名言是：“道生一，一生二，二生三，三生万物。”[5]需留意的是，在老子之外的中国思想家口中，“道”通常指“人道”，而老子赋予“道”以形而上学的意义。“人法地，地法天，天法道，道法自然。”[6]可以说，道就是老子眼中的世界本质，因为在他看来，宇宙万物的运行都遵循于道。但道是什么？老子在《道德经》的开篇即说："道可道，非常道。"道并非具体之事物，但又体现出具体之效用。老子常将道与无联系在一起。这并不是说道等于什么都没有，而是说一切有形之物生于无形之道："天地万物生于有，有生于无。"[7]"道生一"的"生"，与其说是"一"由"道"（某个事物）而生成，毋宁说世间万物因为"道"（某种原理）而所以生。因此，道是万物之所以如此的某种抽象的原理或者法则，而非事物本原。但是再进一步追问，这个原理或法则究竟是什么呢？老子并没有更具体的阐述。

老子的思想或与易学有一定的联系。《易·系辞》中言："一阴一阳之谓道。"《道德经》中则说："万物负阴而抱阳，冲气以为和。"老子说："道生一，一生二，二生三，三生万物。"《易·系辞》中则有："易有太极，是生两仪。两仪生四象，四象生八卦。"但是，老子的"二"是指天地，易经中的"两仪"则应是指阴阳，那么"阴阳"的概念相对于"天地"则明显更为抽象。易学不仅提出了与老子相似的宇宙观，而且给出了一个内生的动力学机制——阴阳消长。阴与阳的对立统一使得事物流转循环。

回到古希腊，毕达哥拉斯学派提出万物由数构成。亚里士多德在其《形而上学》中描述这一学派的观点时说："这些人（毕达哥拉斯学派）显然把数目看作是存在着的事物的本原，看作事物的质料，或事物的属性，或事物的状况。在他们看来数目的元素是奇和偶，其中奇数是受限制的，偶数是不受限制的。而一是由两者构成的（它既是奇也是偶），数目都出于一，而如我们所说，全部的天都出于数目。"[8]这与道家和易学中的观点有相似之处。并且，毕达哥拉斯学派也有学说与易学中之阴阳概念相仿，提出所有事物都存在类似于奇数与偶数的对立统一。“在这些人中有另外一些，他们说本原有十对，并且按顺序排列出来：有限与无限，奇数与偶数，单一与众多，右方与左方，雄性与雌性，静止与运动，直线与曲线，光明与黑暗，善良与邪恶，正方与长方。”[9]

再回到东方，古老的印度智者们也提出了他们对本质问题的独到见解。在像柏拉图的对话集或孔子的《论语》那样问答式的印度经典文献《奥义书》中，亦有类似于老子对宇宙之道的参悟。这个宇宙之根本被称作梵。梵与老子的道一样，不是古希腊哲人所谓的事物本原。在印度智者的思想里，梵似乎与每一个个体的“我”存在着某种联系。于是,《奥义书》宣扬“梵我同一”的最高真理。如何达到这个目标呢？人们应追求从**生死轮回**中得以解脱。显然，诸如轮回和解脱这样的观点对后来的佛教思想产生了深远的影响。

当我们提及佛教时，请注意它与其他宗教，如基督教、伊斯兰教的重要区别——佛教本质上是反对造物主创世说的。当然，佛教经典里也描述到神，不过神相对于人只是生活在不同世界中的**众生**罢了，而一切众生都在六道中轮回。佛陀不是像上帝一样的宇宙创生者，佛的意思其实就是“觉者”“证悟者”。证悟什么？证悟**空性**的见地。每一个人都具有证悟的资格，因此与基督教寻求神的救赎不同，佛教将救赎的任务返还给每一个个体，通过对佛法的修行抵达自我救赎的彼岸——**涅槃**。

与事物本原（如“水”“原子”）不同，道和梵意在为宇宙运行找到一个总的原理。当然，按照亚里士多德的说法，本原不仅可以指构成一切事物的那些基本元素，也可以指原因、根源，无论是事物或生成或认识，由之起始之点都可以是本原。

因而，当我们说本质乃事物之所以是其所是的本原时，指的就是能够使事物成为其自身的那个根本原因。而原理则进一步对事物为何会是这样的或那样的做出更为系统的阐释，是对原因—结果的指向关系的一般性归纳。这样，我们就在本原、原理与本质几个概念之间建立起联系。然而，作为宇宙运行的总原理，道是什么却又是不可言说的。这就像是说答案是 A，而 A 的意义是什么我们不知道。除了得到一个符号形式，我们并没有得到相应的符号内容，即没有对之有效而合理的解释，那么这样的答案也就失去了价值。不过，无论是“道”“数”“梵”或“空性”，可以看到人们对世界本质的思考逐渐脱离于现象的层面。而当人们对事物的认识抽离于可感世界时，一种理念与现象相对立的思潮就要涌现出来。

理念

柏拉图通过其著名的洞穴寓言，用惟妙惟肖的比喻阐明了这样一个观点：人们所直观到的一切现象只不过是事物本质的派生物。

想象我们从小就生在一个洞穴之中，被捆绑住手脚面朝洞穴深处的洞壁，除了这个方向我们无法转动脖子去观看侧面和后面。于是，当洞穴外的人们来来往往，将因为光线的照射而在洞壁上形成许多模糊的影子。对于从未出过洞穴也不能转身去看外面世界的我们而言，这些影子就是我们能够获得的有关这个世界的唯一图像。柏拉图用这个比喻暗示绝大部分人就像洞穴中的人们一样，只看到了关于实在的一些模糊的影子，而非其本质所在。

那什么是本质呢？柏拉图说是那些永恒的、不变的、抽象的理念，一切可感之物只是对其理念的分有。比如，一匹马只是对“马”这个理念的分有，一团火是对“火”这个理念的分有；当我们说一个人很善良时，说明他分有了“善”这个理念。一切特殊事物都对应于一个普遍的理念。理念存在于何处？理念与可感之物是相分离的，它独立于可感世界而存在。由此，柏拉图将世界划分为永恒的理念世界和变化的可感世界。既然可感之物是对理念的分有，在二者之间就有了先后次序，于是柏拉图认为，理念先于可感之物存在。理念是完满的、绝对的，是真理之所在[10]。

柏拉图的理念论在整个西方哲学史上占据着极为重要的地位，尤其对后来的新柏拉图主义及基督教哲学产生了深远的影响。与之相应，反对的声音从一开始就很高涨。柏拉图的弟子亚里士多德就不同意理念论的主张，认为理念独立于个别事物而存在，这个是亚里士多德最不能接受的。他说：“形式（理念）作为模式而存在，其他的东西分有它们只是一句空话，是一种诗性的比喻。”[11]总之，柏拉图认为真正的实在是理念，而亚里士多德则认为是个别事物（即第一性实体），由此拉开了哲学史上著名的**共相与殊相**之争的序幕。

什么是共相与殊相呢？共相意指普遍或一般（柏拉图的理念），比如“人”“树”“圆”“善”；殊相意指个别对象，比如那棵挺拔的松树，苏格拉底这个人。共相与殊相之争主要分为三派观点：

1. 支持柏拉图主义的人被称为“唯实论”者，他们主张共相是真正的实在，个别事物（殊相）是对共相的分有，由此可以说共相先于殊相而存在。

2. 与“唯实论”针锋相对的是“唯名论”，后者认为真实存在的是个别事物，共相只是一些名称，而并非什么实在之物。也就是说，因为有个别事物的客观存在，为了方便学习、认知、交流，人们才发明出一些语词来意指它们。

3. 中和两种极端观点的是“温和实在论”者，他们承认共相可以归为语词概念，但从某种意义上而言，共相又可以归为某种存在，只不过它仅仅存在于殊相之中，而绝不独立于殊相存在。说同一个语词能够指称许多个别事物，是因为在这些个别事物之中的确存在着这一语词所意指的共性。例如一切被称作“马”的个别事物的属性中都含有马的共性——面长、马鬃、四蹄等等。因此，共相是对殊相某些共同属性的概括与总结，这种共同的属性普遍存在于殊相之中，而又通过意识活动被提炼成符号，成为我们口中的语词概念。请注意这一观点与“唯名论”的区别——共相不是单纯的名称或语词，只能说是人们使用语词来描述它们（概念化）。因为即便“正义”“广场”“人”这些语词明明就是人类发明的，但这些语词所指代的共性并不是人创造的。我们无法找到完全相同的两棵树，但是我们的确可以在一切树中找到共同的属性。在人诞生之前，树是木本的这一共性就已经存在了，只是或者在其他生物脑中，或者也许早于我们而存在的另一文明中，并不用“木本”这一语词来描述它罢了[12]。

共相与殊相之争给我们的启示是——无论是共相先于殊相，还是殊相先于共相——我们总可以在看似复杂多变的世界中（个别的多）找寻到那共同的东西（普遍的一），从而总结为知识。这种认识在苏格拉底、柏拉图、亚里士多德那里都得到了强调。不管是采信柏拉图的进路还是亚里士多德的进路，理念（形式）的确反映了事物的本质。一棵树的本质是由“树”这个理念所蕴含的那些本质属性承担的。树的理念界定了树的本质，植物的理念界定了植物的本质……以此类推，那个一切个别事物所共有的理念就道出了世界的普遍本质。而这个一切事物所共有的理念就是*存在*。一如我们在导论中就已阐明的——一切具体事物、一切个别的存在者都归属于它，因而世界的本质也即存在之本质。

在柏拉图思想的后期阶段，他对自己的理念论进行了自我批判，并试图修正关于事物分有理念的观点，但问题依然未能得到很好的解决。直到新柏拉图主义将理念与可感之物的对立与分离关系描述为理念是一束由上而下照向可感世界的光线，因此可感之物是理念不断向下流射的产物，理念与可感世界的关系的问题才得到进一步的解释。由此，基督教神学似乎也找到了一种有效地解释上帝之存在的哲学主张。

上帝

普罗提诺是希腊化时期新柏拉图主义的代表人物。他提出那个唯一不变的实在是神。他将神称为太一——一个绝对的、不可分的一。太一不是物质，不是灵魂，不可言喻。既然神（太一）是不变的——而任何创造的行动都是变化的表现——那么世界是如何被创造出来的呢？普罗提诺认为一切事物都来自于太一的流溢。太一在一切之上，从上而下一层一层地流溢将世界划为不同的等级，物质世界存在于最低的等级。

奥古斯丁受到普罗提诺的启发将新柏拉图主义与基督教神学结合起来，主张永恒的真理来自于上帝的“理性之光”。因而，本质在上帝那里；或者说，本质就是上帝——那个完满的、永恒的、包容一切的最高实体。对上帝的理解就是对真理（本质）的理解，对上帝的信服就是对真理（本质）的信服。那么，上帝是如何令世界得以生成的呢？在这里，奥古斯丁抛弃了普罗提诺的“太一的流溢”，主张世界由上帝“从无中生有”。当我们采信流溢说时，神（太一）与世界之间存在着连续性；而当我们采信创世说时，上帝与世界之间就是一种分离开的创造与被创造的关系了。

基督教神学在整个中世纪的西方思想史上无疑占据了统治地位。其代表人物如早期的奥古斯丁以及晚期的托马斯·阿奎那。在这一时期，神学（信仰）与哲学（理性）的关系问题成为思想者无法摆脱的纠葛。同时，诸如前文所介绍的共相与殊相之争也反映了这一时期持柏拉图主义（理念高于个别事物）与持亚里士多德主义（理念来源于个别事物）的人们之间的广泛争论。我们看到，当亚里士多德的哲学主张日益重回西方思想的主流视听，基督教必须面对亚氏哲学相对理念论的反动所导致的奥古斯丁“信仰先于理性”的说辞日渐式微的局面。这便促使经院哲学家们必须用亚里士多德的方式——理性的论证——来维护基督教神学的正确性。这其中的代表就是阿奎那在其巨著《神学大全》中所提供的“上帝存在的证明”。

简言之，阿奎那一共提出了五种证明上帝存在的路径：

1. 上帝是第一推动者：宇宙是运动变化的，一个现象的运动总是推动着另一现象的运动——比如火的形成——因此必定存在着一个最初的阶段（当然，这里前设了一个有限的宇宙观的条件，即宇宙是有开端的），一个不动的推动者，“这就是大家所了解的上帝”。

2. 上帝是第一原因：与第一推动类似，任何事总是因为另一些事而导致——比如结果是因为种子发芽——以此类推，必定存在一个第一原因，“大家都称其为上帝”。

3. 上帝是必然的存在：一切事物都在存在与不存在间转化，不存在的东西只能通过某种存在的东西才得以存在——比如婴儿的出生源自于父母——以此类推，必定存在着某个不需要他物而必然的存在，“大家都称这一存在为上帝”。

4. 上帝是完满的存在：世间之物在真、善等完满程度上高低不同，我们之所以能够对它们进行这样的比对，正是由于存在着一个至高至上的完满参照物，“这就是我们所说的上帝”。

5. 上帝是秩序的安排者：宇宙是秩序井然、充满规律的，为何那些看似不存在理智的事物会表现出这种规律性和秩序性呢？因此必定存在着某个最高理性，从而指导安排了宇宙的一切原则和秩序，正如同箭总是受射箭人的指引，“这就是我们所说的上帝”。

这里需要指出的是，阿奎那所谓的“证明”并不是科学实证意义上的证明。但考虑到阿奎那所处的时代背景——由基督教神学一统天下的中世纪——神学家能够采用理性思辨的方式去“证明”上帝的存在，这本身就具有思想的开放意义。

上帝是宇宙的创生者，唯一的完满者，本质之所在。这样的思想不仅仅在整个中世纪的欧洲占据统治地位，在文艺复兴之后的欧洲乃至全世界都有着持续的影响。我们应以发展的视角看待这一主张：

1. 第一代哲人的事物本原说都太“现象化”了，人们已很难接受世界万物都是由水或者火组成的观点。

2. 道作为比事物本原更为抽象的思想意在揭示宇宙运行的总原理，但是道具体是什么不可言说。

3. 柏拉图提出生成可感世界的是永恒不变的理念，理念独立于可感之物存在，从而构建了一个二元分立的世界观体系。

4. 理念有其独立存在引起了广泛的争议，因此新柏拉图主义者们开始了对理念论的修正——可感之物是理念自上而下的流溢物。至此，哲学对本质的探寻与基督教信仰仅一步之遥。

5. 上帝就是那个至高完满者。宇宙是如何诞生的？是上帝从无中生有。世界依照怎样的规律运行？依照上帝的秩序安排。人、动物及一切现实中的事物与上帝的关系是什么？被造物与造物主之间的关系。

在那个时代，基督教—哲学非常自洽地解释了这一切。由此，对世界本质的思考从第一代哲人那里的事物本原上升为一个位格化的神。可以这样讲，“上帝”一劳永逸地解决了本原、道、理念、本质的问题。但这里隐含了一个前设条件——宇宙是有绝对起始的，否则我们也无须一个不动的推动者。而宇宙是否一定需要一个绝对起始，即使在今天也并非确定无疑的事情。即便果然如此，为何答案就一定会是一个位格化的神呢？实际上，神学中的“第一推动者”既不是理性推理的结果，也不是经验验证的结论，而是一个超验的信念。神学家对上帝存在的证明总是以上帝的存在作为隐含前提的。因此——众所周知——在随后的几百年里，不仅无神论者，而且诸多的基督教信仰者们都对这样证明的合法性或必要性提出了质疑。

我们也应看到，无论是奥古斯丁还是阿奎那并没有背离由柏拉图—亚里士多德们所建立起的古代哲学体系，而是将哲学思想运用到基督教神学中去了。相对于思想活跃的古典时代，中世纪的确显得暗淡，但我们并不能因此就把这一时期哲学思想的单一化仅仅归咎于教会对人们精神思想的控制。中世纪的“黑暗”更多是对比于文艺复兴、启蒙运动的异彩纷呈而言的。或许，教会的确在主观上希望基督教神学长久地处于思想的统治地位——正如同今天科学主义者希望实证思维成为这个时代的唯一范式那样——但是，如果我们将其主观意愿看作决定力量，就无法解释在宗教改革、文艺复兴、启蒙运动袭来时罗马教廷的无力。哲学思潮的形成总是与时代的物质、经济、社会、生活等客观活动联系在一起的，反过来这样的思想潮流又指导了人们的客观活动。客观活动在与主观活动的辩证中形成一个时期人类文明的总体特征。既然是辩证过程，那么主客观活动的合题便在对正—反题的一次次扬弃中促成历史的渐变。因此，当历史逐渐将大航海时代的帷幕拉开时，人类也逐渐摆脱了中世纪的“平庸”，文艺复兴、自然科学以及启蒙运动便在客观活动的推波助澜下蓬勃兴起[13]。

实体与实在

当人们第一次进入思想的花园小径时，由于一切都是新鲜的，人们七嘴八舌地表达着自己对花园景色的最初印象——这就是古典时代的思潮。当人们走完一圈回到原点，最初的印象便一致地转化为对花园景致由衷的赞美，于是一种相对统一和谐的观点成为这一阶段的主流声音——这就是希腊化—中世纪时代的思潮。当人们不断重复着这个过程，一开始的那种兴奋和感性的情绪成为历史，人们沉下心来，更加专注于花园中的一砖一瓦、一草一木给予自己的切身感受，兴趣点被分散到一切细节中去，在前面几圈游走、观察、体会的积累中得出对每个局部更为细致、系统的评价——这就是近代以来的思潮。“神游”至这一阶段，人们的思想充满了多样性，甚至是有些杂乱的。

文艺复兴所开启的思想革命常被认为是一种*范式转换*，即一种根本假设、根本视角、根本方法的转变。例如培根主张应抛弃传统哲学体系，使哲学思考摆脱神学束缚。但是，我们仍然在其中看到不少过去的影子，一如人们在思想的花园中一圈又一圈地游走，新的观察总会与旧的体会“不谋而合”——比如伽利略认为自然的本质是数（相较毕达哥拉斯学派）或者近代的机械原子论（相较德谟克利特）等。当然，在这些相似的背后也的确存在着视角的革新。从古典时代至中世纪人们的关注点主要集中于外部世界，文艺复兴之后这种思考转向主体自身，人愈加成为问题的中心。既然人是“上帝按照他的形象所创造的”，那么人自然是上帝的宠儿（而这又恰恰是中世纪以来的思想遗产）。在人之外一切都成为相对于主体的对象，于是人们说哲学在经历一场认识论的转向。比如，笛卡尔在他的《谈谈方法》中说：“我发现，‘我思，故我在’这条真理是十分确实、十分可靠的。”于是他将“我思”作为其哲学思想无可置疑的起点；洛克也强调一切知识都源自作为主体的人对事物的经验；贝克莱则进一步提出“存在即是被感知”[14]。

虽然说这一时期的哲学在经历一场认识论的转向，这一时期哲学家的思维理路也是极为多样的，但仍有一类传统命题贯穿于始终且与我们所关心的本质问题息息相关，这就是有关实体与实在的本体论问题。

笛卡尔说：“所谓实体，我们只能把它看作是能自己存在，而其存在并不需要别的事物的一种事物。”[15]即实体就是独立自存之物。此后的哲学家对此概念的理解与之大致相当。由此，笛卡尔进一步认为存在着两种相互独立的实体——思维（心灵）与广延（物体）。当然，在他看来上帝才是那个最完满的实体，而正是上帝确保了思维与广延的实在性。但这种心物二元论带来了至今仍在争论不休的“心身关系”问题（如既是两种相互独立的实体，在它们之间又是如何建立联系的呢）。为了克服笛卡尔的二元论，斯宾诺莎提出实体是一，也即神。但他所谓神不是人格化的天主，而是整个宇宙。哲学家通常称这种思想为泛神论。思维与广延不是实体，而只是实体的两个属性，斯宾诺莎就以这种方式避免了笛卡尔的实体二元论。莱布尼茨不认为实体只有一个，而是有无限多个，即他所谓的单子。一切事物正是由不同质的单子复合而成的，从而既保证了实体的单纯性与无限性，又保证了事物的多样性。但对单子的理解的确是有些困难的，它既不是原子那样具有广延的物理存在，也不是数学中的点那样的抽象存在，而是一种没有广延性却又客观存在着的精神实体。

我们知道，笛卡尔、斯宾诺莎、莱布尼茨是近代唯理论的主要代表人物，与之相对的，洛克、贝克莱和休谟则是经验论的主要代表人物。与唯理论者对实体的建设性主张不同，经验论者似乎都或多或少地对实体持有怀疑或否定的态度。退而求其次，他们更关注事物的实在性问题，即什么是真实存在的。比如，洛克就对实体究竟是什么提出了疑问，但与霍布斯等唯物主义者一样，他还是承认客观物质的实在性的。作为"非物质主义者"的贝克莱则干脆否定了物质的实在性，他认为只有心灵对观念的感知是真实存在的，而一切被感知的观念的根源是作为精神实体的上帝。休谟则更彻底，他既反对物质实体也反对精神实体，既反对笛卡尔式的有神论（上帝是最高实体），又反对斯宾诺莎式的泛神论（实体是一）。总的来说，他反对一切形式的实体。休谟继承并强化了经验论者的观点，认为实体只不过是人们对源自某个对象的一系列印象进而总结出的观念的集合体。而从纯粹的经验主义的立场出发，对于人类如何能够仅从感觉经验中就得到何谓实在的知识，休谟持一种温和的怀疑论的主张。

康德深受休谟的启发，但他试图另辟蹊径来挽救因休谟的怀疑论而陷入困境的形而上学。康德既拒斥唯理主义的独断论，也反对经验主义的怀疑论。在经验主义者那里是对象影响主体从而形成认知，但康德则完全调转了二者的关系，是主体影响了对象从而形成认知——这即是他所谓的"哥白尼式的革命"。至此，主体—对象关系的哲学维度进一步延伸，人（心灵、精神）的中心位置进一步得到强化。当然，在康德那里对象往往指的是可经验的对象，而非那个独立于主体认知之外的物自体。虽然康德更加强调主体在认识过程中的主导性（通过先验自我意识综合统一下的诸范畴），但是他并不否定物自体的实在性。只是由于我们无法超越我们的感知所构建的这个现象世界，因而我们永远无法认识物自体。

那么，既然我们的认识能力仅限于现象世界，康德又如何能够确知——超越于现象世界之外的——物自体的存在呢？于是，看清这一明显的逻辑矛盾后，费希特抛弃了康德物自体的“尾巴”，更进一步确立了主体在批判哲学中的地位，主张一切知识对象的根源在于绝对自我。谢林不同意费希特用主体去统一客体的做法，主体无法摆脱客体的限制，而客体也需要主体才能够实现，因此他主张那个能够作为最高原则的是二者的绝对同一这一实体。由此，德国古典哲学为实体概念的回归找到了新的方向。

康德试图将近代形而上学中对实体的考察转移为对主体自身的考察，可以说这也体现了在整个近代哲学中作为主体的人的地位愈加凸显的趋势。黑格尔是这一趋势的逻辑终点，他说实体即主体。黑格尔一再强调实体的能动性，实体能够否定自己也能够发展自己，因而它是“活的实体”——绝对精神。理念、自然、精神是黑格尔哲学的重要概念，理念是一切现象都具有的最一般的本质，自然是对理念的外化，理念为自然提供了可能性，因而理念在逻辑上是先于自然的。但不同于柏拉图，黑格尔的理念并不独立于可感事物而存在。理念与自然是一体的两个对立面，二者的辩证最终扬弃为绝对精神。精神是自然的目标，精神更是自然与理念的统一，因而即便黑格尔说理念是现象的本质，但绝对精神才是黑格尔哲学世界中的那个最完满的实体、世界的本质。至此，黑格尔解决了自笛卡尔以来的心物对立的困境，通过实体即主体的思想实现了主观与客观、精神与物质的统一。

但黑格尔哲学却成为了传统形而上学的绝唱，以实体概念为核心的近代本体论在黑格尔之后不再成为哲学的主流命题。正如“单子”一样，无论是“神”“绝对”还是“精神”究竟指称什么，对于现代以降的哲学家而言，这些概念都过于抽象了。作为与实体密切相关的概念，实在同样面临着被批判的境遇。但总的来说，无论是本体论抑或认识论意义上的实在仍旧是重要的哲学概念，在科学哲学、物理学哲学、心灵哲学中于此的争论依然以各种形式的实在论（或反实在论）延续至今。

那么实体与实在的区别与联系是什么呢？实在比实体具有更大的外延，二者的关系是：是实体就必然是实在，而是实在则未必是实体。如果某物是实体，那么它就必然是实在；因为既然实体是独立自存之物，它不依赖于他物，而他物却要依赖于它而存在，实体就作为其他一切存在的“支撑物”成为绝对必然的存在；那么，还有比这样的存在更真实的存在吗？但是实在未必就是实体，实在并不一定是独立自存之物。例如，对唯物主义者而言物质体是实体也是实在，但物质体的运动是实在却不能说是实体。在数学实在论中，数被认为是某种抽象实在，但我们不能说任何一个数是独立自存的实体。

无论是实体还是实在都是自古希腊以来最基本的哲学概念，当我们一遍又一遍地游走在思想的花园小径中，新的脚印就总要遵循着过往的足迹。因而，假如我们要追问的是世界的本质这样一个命题，而又由于实体、实在与本质的密切渊源，我们就有理由相信，对实体和实在概念的澄清将有助于我们更好地发现世界的本质。

语言与现象

主导二十世纪之初的哲学思潮主要是两条脉络，一条是以弗雷格为肇始的分析哲学运动，另一条是以胡塞尔为肇始的现象学运动。有意思的是两人的哲学思考都以对数学和逻辑问题的基本主张为出发点，但看问题的角度和结论却大不一样。这也就注定了分析哲学与现象学存在着某些根本的分歧。

早期分析哲学形成了一种逻辑实证主义的主张，维特根斯坦虽谈不上是维也纳学派的成员，但他的断言却充分代表了这一学派的观点："凡是能够说的事情，都能够说清楚，而对于不能谈论的事情，就必须保持沉默。"[16]那些能够说清的是逻辑推理和科学实证的内容，而应该保持沉默的则是形而上学、规范伦理学之类的内容。这样，逻辑实证主义者就将传统哲学所热衷讨论的绝大部分命题视作无意义的而毫不留情地将其驱逐出哲学的殿堂，那么哲学的唯一任务就是对思想（语言）的逻辑澄清。

虽然逻辑实证主义者声言形而上学是伪命题，但就其企图将哲学都归结为语言的逻辑澄清这一主张自身而言，则又是相当形而上的。可见他们并不能完全地摆脱传统哲学的思维理路去谈论哲学——假如他们仍对哲学问题有所意欲的话。这种矛盾性在维特根斯坦的《逻辑哲学论》中得以集中体现。维特根斯坦的确在反复强调着传统哲学问题的无意义性，但在这部著作的字里行间却又时常显现出形而上学的韵味。关于本质问题，他不仅以另一种表达重述了亚里士多德的本质与偶性的观点，而且还清楚无误地指明："给出命题的本质，就意味着给出一切描述的本质，因此也就给出*世界的本质*。"[17]什么是命题的本质呢？"命题的*一般形式*就是命题的本质。"[18]只不过，不同之处在于维特根斯坦将传统哲学里直接对世界本质的发问与思想的过程转化到对如何能够或不能够形成如此这般的表达的命题系统本身的逻辑考察上了。就早期维特根斯坦哲学的潜在蕴意而言，与其说他是要取消形而上学问题，毋宁说他是想通过对语言这一思维的呈现形式的严格审查显示他的形而上学主张。因而变化的只是进入问题的方式和展开思考的具体办法。

面对广泛的批评，分析哲学放弃了逻辑实证主义的那种独断的观念，但也并没有脱离其对语言的专注和对哲学技术化的旨趣。总的来说，分析哲学所强调的对语言的逻辑澄清是合理的，它无疑是展开哲学运思的有效工具——正如亚里士多德开创逻辑学的初衷一样。但如果将对语言的分析看作是哲学思考的主要内容就是舍本逐末了。当然，分析哲学家对此的回应可以是：传统哲学所涉及的许多问题——诸如对宇宙一般规律的揭示——理应被自然科学所接管，而哲学的任务就是尽可能地为自然科学的阐明而服务。然而，我们必须认识到：任何一种思维范式都有它的认知边界。自然科学的确能够更好地描述和解释自然界，但是对精神世界以及由之而生的产物（生活、文化、伦理、艺术）的处置则显得机械僵化——这同样是分析哲学的无力之处。在现代，科学的自然主义企图将包括精神领域在内的一切事物都计量化的态度导致了一种过度理性（实则是对理性的违背）的灾难。科学主义者、逻辑实证主义者对实证科学的崇拜使他们完全忽视了精神不同于自然的本真意义，他们忘记了人类赖以展开理论思考的基底恰恰是前科学的生活世界。

胡塞尔认同我们应通过可经验的现象去获得知识，但他不认为实证科学就是最可靠的路径。他尤其不认同那种自然主义的世界观和唯科学主义的方法论。在对精神世界的把握上，胡塞尔认为我们更应警惕和拒斥自然主义的倾向。于是，为了建立更严格的科学，他掀起了一场现象学运动。

在胡塞尔看来，实证科学建立在许多“自明”的预设之上——如客观实在性。而这种预设又是实证科学自身所不能证明的，因此是不可靠的。那么，与其去争论是不是存在一个客观的物理对象或者不可感知的物自体，不如终止对一切预设的判断和依靠，把它们悬置起来而直接去面对纯粹的现象本身。因为无论如何现象是在直观中被直接地给予我们的，这一点是毋庸置疑的。然而胡塞尔的现象不是实证科学所谓的客观现象或自然现象——因为对一切所谓客观世界的认识都被悬置起来了——而是一种被意识连续且清楚无误地意向着的现象。

完成了他所谓的现象学还原的第一步，紧接着胡塞尔就要来处理传统哲学中的另一个重要问题：现象与本质的关系。在柏拉图那里，个别的可感世界只是对一般的理念世界的分有。无论后来者如何继承或批判柏拉图的理念论，无论是理性主义还是经验主义，一以贯之的是只有个别之物（现象）是我们能够直观感知到的，而一般性（本质）则需要我们的反思或归纳才能够被揭示。胡塞尔拒斥这种将现象与本质相分离的做法，那些抽离于现象而来的本质实际都是一些不可靠的观念。他认为真正的本质就在现象中，获得它的方法是通过本质直观。由于现象学要悬置一切纯粹现象之外的观念，因而现象学所谓的本质与传统哲学中所要揭示的（超越于现象的）本质不尽相同，而这里的直观也要比传统的理解更为广义。实际上，直观是胡塞尔现象学中最重要的概念之一，因为现象学的发生就是通过直观而具体实现的。

问题是，胡塞尔说本质直观是通过感性（个体）直观过渡而来的，我们通过看一个具体的红（例如一朵红花）就能够直接地把握一般的红，但这个现象学的过程是何以可能的？胡塞尔语焉不详。对本质直观的各种诠释也并不能很好地回答这个问题。此外，胡塞尔反复强调意向性在本质直观中的作用。而既然一切现象都在意识活动中呈现，那么现象学所描述的那些被给予我们的对象只是某物在意向性活动中的显现，还是反映了某物自身呢？按照胡塞尔对心理主义的批判，结论不可能是前者，否则现象学的可靠性就要遭到质疑；但如果是后者，现象学何以能断言这样一个结论呢？当然，胡塞尔可以反驳说现象学就是要终止对这种问题的判断，但这实际上并没有解决问题而是逃避了问题。

如果说胡塞尔旨在找到一种新的哲学方法（现象学），那么海德格尔就是这种新方法的受用者。海德格尔意在重提已被人们遗忘了的存在问题，他认为以往哲学家们对这个问题的处置方法不当，因而他说："存在论只有作为现象学才是可能的。"[19] 但正如在胡塞尔那里本质命题已不再具有古典意义，在海德格尔那里存在论也不是传统意义上的存在论了。海德格尔区分了存在与存在者的不同，并一再强调存在总是存在者的存在，因而对存在问题最为源始的出发点应从某个存在者那里入手。而这个最合理的居于优先地位的存在者无疑是能够作为发问存在的存在者——即此在。此在唯有在生存中才能领悟其自身，而"生存问题总是只有通过生存活动本身才能弄清楚"，"因而其他一切存在论所源出的基础存在论必须在对此在的生存论分析中来找寻"[20]。在海德格尔那里，存在的意义不再是追问存在的本质、事物本原，不是存在者的存在方式，不是"是什么"，而是"如何是"（在）。因而其所谓存在论并非是传统存在论（形而上学）的延续，而是以此在的生存论分析为中心的生存哲学。

同胡塞尔一样，海德格尔认为解决哲学问题首先是要切入那个“先在的”问题。但如果说此在对存在问题的发问就是更为基础的和先在的话，那么我们同样可以说存在着这样一个可被发问的世界是更为先在的。前者蕴含着对世界的理解是主观的，而后者蕴含着对世界的理解是客观的，归根结底是立场和观念的不同。即便对此在的生存论分析是更为源始的，这也不意味着关于存在（者）之所是——存在（者）之本质的问题就可以存而不论了，并不能说只要我们把这些问题悬置起来就可以将一般事物乃至世界的意义（本质）问题一笔勾销了。

我们可以说胡塞尔、海德格尔等人看到了科学世界、科学主义所带来的种种问题，因而强调对生活世界、精神世界、生存活动本身的观照，这的确体现出哲人所应有的反思精神和使命感。我们也可以说他们的目的如同分析哲学家一样是要在那个形而上学面临重重困境的局面下对哲学的任务进行重估从而开辟一条新航路。但这种所谓的转向——无论是分析哲学还是现象学——实质上体现的是在时代巨变下哲人对那些自古以来的哲学基本命题终不得解的恐慌与逃避。这种逃避使得哲学错误地放弃了对本质的追问传统，而这恰恰是一切哲学命题的根基，是其他所有问题得以展开的本原。失去了对本质的思考，哲学就将失去焦点从而陷入迷茫与虚无。

万有理论

伴随着哲学的又一次迷茫与低落，自然科学逐渐夺取了这个时代知识领域的话语权。从二十世纪初两大哲学思潮的较量中我们已然看到当代哲人已无法回避自然科学对思想世界的影响，他们或者拥抱它，或者批判它。当然，哲学与科学地位的交换是一个合理的过程。因为虽然自笛卡尔以来的认识论转向极大地拓展了哲学的问题领域，但围绕着与本质命题相关的思讨非但没有达成任何统一意见，反而在各种观点的尖锐对立中变得有些模糊了。人们开始怀疑，思辨的科学是否能够引领我们通达真理。由此，伴随着文艺复兴、宗教改革以及启蒙运动对人的思想洗礼同时展开的是自然科学在人类理解、认识世界的过程中所起到的前所未有的作用。需要强调的是：自然科学绝不是凭空而生的，它的基因中携带着自古希腊宇宙论时期自然哲学以来的遗传特征。于是，物质的本原是什么？宇宙的运行之道（原理）又是什么？这些与世界本质相关的传统命题并未消逝，而是在一种新的思维范式的引导下，以一种新的形式成为自然科学不断追逐的真理。

牛顿在其《自然哲学之数学原理》的序言中这样说道："我希望其他的自然现象也同样能由力学原理推导出来，有许多理由使我猜测它们都与某些力有关"，"哲学家们对这些力一无所知，所以他们对自然的研究迄今劳而无功"[21]。牛顿的自信是有道理的。从亚里士多德到托勒密再到哥白尼、伽利略，我们对宇宙的认识发生了很大的变化，我们认识宇宙的方法也发生了很大的变化——现代科学建立在全新的观察实验的方法之上。牛顿定律不仅是优美的理论公式，也是可以被验证的理论公式。

因此，拉普拉斯兴奋地说我们不需要上帝这个假设。因为，从宇宙中最大的物体到最小的粒子的运动都会包含在一条简单的公式中，运用这条公式进行推算我们可以预知世上一切事情的发生。这就是拉普拉斯的*决定论*。由此而引申的观点是，如果一切事物或行为都是被先在的原因所决定的，以此类推，宇宙应完全由因果律所支配，则*自由意志*是不存在的。很显然，这种思想受到当时盛行的机械主义及牛顿力学的影响。在客观上，它反映了那个时期人们对科学理论揭示事物本质的信心与期待。

到了二十世纪，爱因斯坦用他的狭义相对论修正了牛顿力学的时空观，紧接着又用广义相对论将对引力的诠释推向一个全新的高度。与此同时，哈勃通过观测不同方向的星空发现宇宙是在不断膨胀着的。而后宇宙大爆炸理论得到广泛认可，自然科学将神学可以捍卫的领土逼退至大爆炸开始那一刻（但至少我们仍可以说那正是上帝创生的时刻）。另一方面，粒子物理学还给出了有关事物本原问题的最新答案。这不再是一个模糊的描述，而是细致到一个由62种基本粒子所组成的标准模型。量子场论则进一步建立起除引力之外的三种基本力的理论框架：量子电动力学 QED（电磁相互作用与弱相互作用）和量子色动力学 QCD（强相互作用）。至此，一切都是乐观的。延续这样的进度，如果我们能够找到某种类似于拉普拉斯式的公式，也就找到了世界之所以如此的原理。

然而，一切停顿在了大爆炸开始的时刻。根据广义相对论，时间的开端是具有无限密度和无限时空曲率的一点——奇点。棘手的是，在这样一个点上物理学定律都失效了。失效意味着无法给出合理的解释，这显然不是拉普拉斯们愿意看到的。通过广义相对论，引力得到了完美的诠释；通过 QED 和 QCD，电磁力、弱力和强力也得到很好的解释。但是，广义相对论与量子力学在宇宙大爆炸的起始处却存在着不可调和的矛盾[22]。

有关量子力学的哲学思考我们会在后面几章中涉及，在这里我们只需知道由于它的出现使经典力学所建立的决定论信念动摇了。如果宇宙不是决定论的，那么我们还能找到那个可以解释一切的简单公式吗？如果广义相对论和量子力学无法统一，我们该用什么理论终结事物本原、宇宙之道以及世界本质的问题呢？

自然科学仍在不断努力地找寻着所谓的万有理论，设想用一组理论公式和定理便可统一四种基本力。M 理论、圈量子引力论等都在向这个方向努力着，但进展并不顺利。与此同时，也有人认为或许宇宙并没有开端，它既不被创生也不会毁灭，也就是说宇宙具有自足性。如何证明这一观点存在疑问，但是宇宙是否一定需要创生也同样存在疑问，那么想象宇宙是一个没有开端或者没有终结的永恒存在就是合法且合理的。不过，我们仍可以问：这样一个自足的宇宙是如何实现的呢？

期望发现万有理论一直是许多科学家的夙愿（比如爱因斯坦）。从人类开始仰望星空直到今天，我们对宇宙的认识从直观体验到科学实验一直在不断变化着，正如同我们一圈又一圈地在花园小径中漫步一样，个中细节越来越清晰。但是，当科学理论发展到难以想象的高度时，我们对宇宙之所是的问题依然迷茫。与此相对应的，神学仍可以说世界源于上帝的意志。无论宇宙有或者没有开端——它之所以是今天这个样子——那些自然规律、自然法则以及思考着这一切的人类精神都是上帝意志的彰显。

回过头来，虽然说自然科学的崛起标志着人类在认识世界上的一种范式转换——如采用假设—演绎—实验的方法——但是我们仍要强调其与过往思想的联系性。比如正是两千多年前的本原问题不断地鞭策着物理学家们追寻着宇宙的真相；比如毕达哥拉斯的数学理念一直在理论科学中发挥着重要影响；再比如，即便自然科学似乎是对神学的一种反动，但是前者的“宇宙有一个起始”这一基本论断恰恰也是后者的“上帝创世”这一核心观点的理论前设。过往的思考不可避免地形成后来者展开思考的思想背景，每一种新的认识都体现了对旧有思绪的批判与继承。

科学强调实证，它遵循这样的基本信条：一种思想要成为科学知识必然要经受经验的检验。从目前的发展来看，建立于此信条之上的自然科学理论是具有说服力的。因此，不管万有理论是否能被找到，以自然科学的方法论而言，世界的本质理应能被某种可经验的事实所验证——假如它正是一切可经验事物的根本所在的话。

基本纲领

尽管在当代形而上学的研究中有关实体及其属性、心物关系、同一性、自由意志与决定论等问题的讨论是更为常见的，但我主张对形而上学的重焕必须以对世界本质或存在是什么这样的基本命题的追问为出发点，在这个追问的过程里搭建起一座桥梁，为其他问题的进一步推演铺设道路。这也是本书在前五章的主要目的。

通过对历史上人们就相关问题的思想过程的梳理，我们应当对世界本质这一问题所涉及的内容及意义有了恰当的认识。在历史的回响中必然蕴藏着揭示本质命题的线索，由此我们所能总结的大体如下：

一、本原不是本质，但它是构成一切事物的基本元素或初始之物，而既然世界的本质是一切事物都必然具有的本质，那它也就理应是事物本原的本质。

二、宇宙生成与运行之道（原理）不是本质，但既然世界本质是宇宙中一切事物是其所是的根据，它就自然地会以某种形式影响到宇宙的生成与发展，那么对这一过程的诠释就将形成相应的宇宙观和动力学机制。

三、事物的理念蕴含了事物的本质，那个一切个别事物所共有的理念就蕴含了世界的本质。而这个一切事物所共有的理念不是别的，正是存在。因而世界的本质也就是存在之本质。

四、上帝不是世界的本质，但上帝可以是这个谜题的答案持有者。或者，假如我们将要得到的这个关于世界本质的论点更强一些，上帝自身也必须归因于世界的本质。

五、实体、实在与本质都是哲学问题中最基本的概念，而既然世界的本质即是存在之本质，那么实体作为一切存在（者）的“支撑物”、实在作为一切存在（者）中最真实的存在（者）就与作为一切存在（者）的本质非常接近了。因而对实体与实在概念的澄清将有助于我们更好地理解本质的意义，搞清楚了什么是实体，或者什么是实在将有助于我们更好地发现世界的本质。

六、现象不是本质，但我们必须以现象为出发点。从古希腊的事物本原到自然科学的万有理论，人们对本质问题的思考都源始于对现象的直观认识（无论它是外在的或内在的）。人们从现象中去找寻和归纳本质，因为现象是我们认识世界的直接对象。因此，在对本质之所是的求证过程中，我们应首先从对现象的直观认识中去找寻本质的踪迹。

七、自然科学不直接涉及本质问题，但自然科学是自然哲学的现代版本，它关注与本质问题直接相关的第一点及第二点问题。这样一来，在当代对本质命题的哲学思考就不能悬置或忽视自然科学在相应领域的主张与发现。

我们大致可将以上七点看作是追问世界本质这一命题的基本纲领，它们在各个方面提示我们进入这一问题的可能路径，本书在实际论证过程中也或隐或显地是对这一基本纲领的遵照及回应。据此，在第二与第三章我们将首先通过对现象的一般考察来进入命题。

注 释

[1] 亚里士多德：《形而上学》卷一，苗力田译，第8页。

[2] 比留基波等人再早一些时候的印度已经有了类似原子论的思想，事物的最小单元被称为“极微”，一种说法认为是由耆那教创始人大雄提出的。

[3]《论语·先进篇》。

[4]《左传·襄公二十四年》。

[5]《道德经·下篇四十二章》。

[6]《道德经·上篇二十五章》。

[7]《道德经·下篇四十章》。

[8] 亚里士多德：《形而上学》卷一，苗力田译，第14页。

[9] 同上。

[10] 中国宋朝思想家朱熹曾提出与柏拉图相似的“理念论”。“形而上者，无形无影是此理。形而下者，有情有状是此器。”《语类》。朱熹认为一切善的理都在太极之中：“太极，形而上之道也。”《太极图说》注，《濂溪集》。并且理也是先于具体之物而存在的：“有此理后，方有此气。”《答杨志仁》，《文集》。

[11] 亚里士多德：《形而上学》卷一，苗力田译，第26—27页。

[12] 战国时代名家代表人物公孙龙通过《白马论》《坚白论》等著述，提出类似于共相与殊相关系的理论。令人惋惜的是，在鲜有哲学式思辨的中国思想史中，这种孤独的理性主义难觅知音，并常被冠以“诡辩”之名，终未有更大的发展。

[13] 对比同一个时间序列中的东西方——比如中国与欧洲——当希腊处于古典时代的哲学热潮时，中国正经历春秋战国时期的百家争鸣。而当欧洲进入基督教神学一统天下的时代，中国也逐渐巩固以儒家为主流思想的体系。只是到了近代，当欧洲以文

艺复兴为标志重焕古典时代的思想精神，并极大地发扬、扩展、提升了哲学思考的形式与内容时，中国的思想界虽有些许新意，但绝无欧洲式的思想革命和根本地位的改变，这是我们都了解的事实。对此，我们应有这样的认识：东西方世界客观活动的不同——西方进入大航海时代标志着其超越于古典时代的海洋文明的回归，东方则并没有改变大陆文明的现状——是东西方思想发展的轨迹在此时分道扬镳的重要原因。

[14] 但那种认为贝克莱是主观唯心主义的观点是成问题的。他并没有说我们不去感知事物就不存在了，在他看来感知万物的那个终极的精神是上帝。此外，比贝克莱早两百年的中国明代，心学代表人物王阳明继承了陆九渊“吾心即宇宙”的思想，他说：“心即理也。天下又有心外之事、心外之理乎？”《传习录》上。但陆王心学的思维旨趣并非是在形而上的思考上，而是强调人心对世界之体认与把握的主动性。因而也不能将心学中的“吾心即宇宙”与贝克莱的主张相提并论。

[15] 笛卡尔：《哲学原理》，关文运译，第20页。

[16] 维特根斯坦：《逻辑哲学论》前言，王平复译，第39页。

[17] 同上书，第135页。

[18] 同上。

[19] 海德格尔：《存在与时间》导论，陈嘉映、王庆节译，生活·读书·新知三联书店，1987年，第45页。

[20] 同上书，第16—17页。

[21] 牛顿：《自然哲学之数学原理》第一版序言，王克迪译，陕西人民出版社，2001年，第2页。

[22] 形象地说，广义相对论要求时空处处平滑、连续，包括微观世界也应是如此，而量子力学的微观世界却是扭曲的、起伏不断的。

第二章　广义意识

人是如何感知、认识、理解、反思世界的？毫无疑问，是通过意识活动。不难想象，如果人不存在意识，也就无所谓思想；如果人没有思想，世界对于我们而言就是一片混沌。意识与世界的关系是怎样的？它的本体论地位又如何？是意识构建了物质的世界，还是物质派生了意识活动？这些问题一直是哲学家们争论不休的话题。

然而一个可能更有趣的问题是：如果将意识活动看作一种现象，它显现出的基本特征是什么？这不是就意识的心理体验而言的，而是就其外在的一般呈现而言的。对这种一般呈现的认识或许能够帮助我们理清意识在与物质、与世界的互动关系中究竟扮演着一个怎样的角色。本章将重点从这个问题出发，从而为我们进一步揭示世界的本质找到切入点。

对意识与物质的关系的认识

人类文明最大的财富无疑是在对世界的不断追问中所积累的那些知识。绝大多数情况下我们只需遵循常识与经验行事便可安然于现实生活，但在有些时候仍然有一些疑问令我们充满困惑与惊奇，使我们不断思索——存在是什么？上帝创生了一切吗？生命的意义在哪里？人该如何面对死亡？我们从现实中获取直观的经验材料，再经过主动思考（如归纳、联想或反思）形成各种观念。宇宙的最终归宿是什么尚不可知，但理论物理学家的思考为我们提供了多种可能的假设；上帝究竟是不是第一推动者，我们既无法完全否定也当然无从证实，但面临科学与哲学的质疑，神学不断地解释与抗辩却足以体现人类主动思考的能力；从柏拉图对理念世界独立于可感世界的论断到我们认为概念就只是些名词而已，这中间亦经过漫长而激烈的思想激辩。考虑一下为什么会有哲学、神学、科学思想的诞生？为什么人们善于思考与想象？为什么人们会感受到喜怒哀乐的情绪？无论它们是上帝意志的分有，还是人类在自然进化过程中所培养的能力，无论思考是灵魂的活动，还是大脑皮层的神经元反应，甚至包括为此的一切争论都毫无疑问地指向一点——人类拥有意识活动的能力。那么人所具有的这个能够进行归纳、联想和反思等活动的意识究竟是什么呢？

人们一般认为意识不同于物质。当然，这又要看我们是如何定义物质的——一个并不比意识更容易界定的概念。直观的，有人会说物质就应当是看得到摸得着的，而意识则不能，因而意识不同于物质。但问题是宇宙中也存在着大量不能被直接观测到的物质，例如黑洞——我们永远无法像观察和感知太阳那样直观黑洞[1]。我们同样无法直接观测到暗物质，甚至还没有找到它们究竟为何物的有力证据，但那遍布于宇宙中的“显而易见”的质量效应似乎又在提示我们暗物质是存在的。任何一个物质体都具有质量，因而我们也可以说物质是指那些具有质量效应的存在物，意识显然不具有质量，因此意识不同于物质。那么，光算不算物质呢？光子不具有（静）质量，但是假如说光不是物质，似乎有违直觉（相似的困境也能够延伸到“场”这个物理学概念中）。光与它照耀着的大地不同，不具有一个坚实可触的形式，但它同它们一样具有物理实在性，是客观存在于宇宙空间中的；同样的，星云、恒星、黑洞乃至一切我们所知的物质体都要占据宇宙空间。这样，物质就指的是那些占有宇宙空间（或者说具有广延性）的存在物了，意识则不然，因而意识不是物质。

假如我们升起一团火——显然火是占有空间的——当我们靠近火堆时会感觉到扑面而来的热浪，这是火在向外释放能量。能量不是像火堆那样的物质体，但是能量是物质宣示在场的一种形式。热也不是什么物质体，它是一种感觉（感受性），它并不占有空间，但它使我们感知到了空间里能量的存在。与能量作为一个描述客观性的概念不同，热是一个描述主观性的概念。因而能量的释放在空间中，而对热的感知并不在空间中。同样的道理，一块石头是物质，因为它占有空间；而关于这个石头的想法（一个意向内容）不是，因为它不占有空间。过去我们常说物质是客观的（从而在空间中展现），意识是主观的（从而不在空间中展现），这的确是关于物质与意识之间的差别最直观的（但不是唯一的）认识了。仅在这个意义上而言，似乎物质与意识是一对属于两个范畴的相对而生的概念。

但“客观”与“主观”这样的语词也可能是模糊的，你如何在字面的意义上去描述一个客观存在不同于主观存在而不陷入任何形式的循环论证呢？比如，你可能会说那正在水里游着的鱼是客观的存在，它与我们关于这条鱼的想法不同，因为后者只存在于我们的心智中。但人们会反驳说，关于那条正在水中游着的鱼，你所能把握的一切不过是你的感觉器官对这一对象的感知（意向）而产生的一个印象（意向内容），而这个印象不在你的心智中又能在哪里呢？所以你认为那条鱼是客观的，无非是你首先就预设了这样一个前提——这条鱼是外在于心智的存在，而这正是你试图证明的。因此为了避免不必要的误解，我们至少可以这样理解物质的客观性和意识的主观性——物质相对而言是公共占有的，公共的就是客观的；意识相对而言则是私人占有的，私人的就是主观的。我脑中对一部戏剧的感悟及回顾都只是我私人的感受，别人看不到，我如果不说，别人也感受不到；而剧院里正在演出的那出戏不仅我能看到，别人同样也能看到，它占据的是一个公共的空间[2]。问题是，如果物质与意识由是否存在于空间中而被截然区分为两个范畴、两种实体，那么我们该怎样解释处于空间中的物质部分是如何能够与不在空间中的意识部分产生联系的呢（例如我们是如何通过火感受到热的）？这正是传统的心物二元论的困境。

意识通常被描述为包括认知、意志、联想、情感、记忆、信念等心理现象的总和。意识活动是一个过程，一个体现人主观能动性的过程。一场盛大的音乐会，其中不乏物质的集合，但当你聆听时却充满着意识活动——美妙的旋律深切地打动着你，甚至让你浮想联翩。“充满”不是空间意义上的，于是意识有别于物质。但为了避免笛卡尔心物二元论的难题，哲学家们想了许多办法。物理主义者试图用物理实在来统摄这两个概念。他们中的一些人提出意识的感受性与大脑神经元的反应是同一的，另一些人则认为任何意识特性都决定于相应的物理特性，还有人主张应彻底取消描述心灵活动的那些不必要的概念。但这些观点都或多或少地与我们对意识活动的直观体验相违背。且不论同样作为对象而呈现在我们面前的意向内容和物理现象的本质是什么，你脑中想象的一个杯子显然与桌子上的杯子不是同一个东西，我们对过去美好时光的回忆所形成的一幅幅内部图景也无法浮现于现实中。如果我们认为世界中的一切都是物质的——因而是存在于空间中的——那么某个人脑中所想象的“关公战秦琼”这种事情具体应该出现在什么地点呢？而那种认为意识特性都是伴随着相应的物理特性的存在而实现，意识是物质的“副产品”，它无法反过来影响物质的观点，与其说是逻辑的必然结论，毋宁说是经验间的偶然联系，同样不具有说服力。仅从直觉中我们就可以断定意识活动中存在着非物理的事实部分，也就无所谓受物理特性的决定了。至于取消主义对心灵活动真实性的彻底否定更是在本质上逃避问题而非解决问题。当然，极端的唯心论者也无法令人信服，那种试图彻底否定物理实在性的主张同样是有违直觉且难以自圆其说的。

我们不需要再一一罗列其他那些相似或相异的关于如何解释意识现象的理论了（在今天，哲学家们通常将之归于心灵哲学的范畴），这并不是我们要在此谈论意识的重点所在。但是通过以上对有关意识问题的简略叙述，我想要强调的是两个显而易见的结论：1. 我们只需要在认识论上去理解物质与意识的不同，但无须在本体论上将它们看作是两个不同的实体，这不仅不会导致逻辑矛盾，也符合我们的经验观察；2. 不是两种实体，而是同一实体（或同一个更为本质的存在）的两种不同的属性——这样的思路是可行的，但将意识归因于物质的主张与人的直观体验相矛盾，反过来也同样如此。

有人可能会质疑一个实体存在两种矛盾属性的可能性，但这并不是不可能的事情，量子力学中所描述的微观粒子就既具有波又具有粒子的性质（波粒二象性）。此外，将物质与意识看作是一个不可分割的整体也是符合我们的直观认识的。人既不是如机器一样的死物，也不是什么纯粹精神性的存在，而是二者的统一。意识离开了物质是无法实现的。没有物质部分（身体）的你是无法体现自我意志的，甚至连对自我存在的认知都不会有。换句话说，意识基于物质，物质是意识的载体。但意识能够反作用于物质，甚至创造新的物质。石头是如何变成房子、变成雕塑的呢？自然是由于人的行为所致。人是如何知道要去改造一块石头的呢？因为人具有主观能动性。人的意识能够主动地转化对事物的认知，形成相应的观念和绵延的思想，继而反过来再次影响到人的行为，影响到整个社会、人类文明，最终影响到世界的发展。工业文明是如何由原始社会发展而来的？如果没有人类的主动思想、精神意志，没有人的主观能动性，物质世界又如何影响我们，与我们有效互动呢？当然，人的意识活动离不开外在的物质世界作为载体，否则也将失去思想赖以生成的基础。因此，归根结底，世界是物质与意识无数次互动的产物。没有物质就没有意识，没有意识就没有物质，它们是一枚硬币的两面，相互纠缠在一起。既不是物质决定意识，也不是意识决定物质，它们通过辩证的互动关系互为成立的条件——谁也不凌驾于谁，没有谁先于谁，二者在逻辑上同时成立。这至少应是我们最基本的认识。为了进一步阐明这一观点，我们需要扬弃意识与物质的固有概念。这就是本章与第四章要完成的任务。

对世界的主动反馈

假如将意识活动也看作是一种现象，它直观呈现于我们的是什么呢？这个提问隐含的前提是——我们先不去管那些内在的心理体验，只是就意识活动的外在表现而言。从意识与物质的互动关系中已不难找出这个答案——实际上，我们只需凭借直观就可以认识到——意识总是体现出一种对世界主动反馈的倾向，而物质则总是体现为一种被动承受的倾向。当我们端起一只杯子——请注意——总是我们主动地端起杯子，而不是杯子主动地跳到我们的手上。所以我们认为人是具有意识的，杯子没有。当然，我们端起杯子的过程只体现了人的行为，而并没有直接体现人的意识。但我们之所以会有这样的行为往往是因为——比如——我们感到口渴，于是大脑输出了拿起杯子的指令，于是客观地反映为我们主动地拿起杯子的行为。意识或许是内在于我们每一个主体的，问题是我们只能通过内在的心理体验获得自己拥有意识活动的直觉，但我们是如何确定别人也具有意识活动的能力的？难道我们不能通过他人的分享确认这一点吗？“我和你一样，是有意识的。”的确可以，但这个确认的成立与其说是因为告知的内容，毋宁说是因为告知行为本身。没有意识对于告知行为的意欲以及告知行为的产生，我们就既分享不到来自他人的意识体验，也感知不到分享这种意识体验的意识的存在。同样的，正是人的意识活动导致了拿起杯子的主动行为的发生。因此没有意识的原发主动性，主客体之间就无法形成互动过程。在自然环境或者社会环境中，源于生存要求而迸发出的人类的智慧火花总是表现为对环境的主动适应与协调反应，从而决定着人类的行为与习性。由于这种主动的反馈能力，人类才能够适应这个世界，改造世界，“征服”世界[3]。

“我决定向上跳起”这一决策—行为过程应做如下分解：

首先，我有向上跳起的想法，这体现了我的意识对世界的一种主动反馈的精神（是我**主动地**想要我的身体向上运动）。其次，我的大脑下达了让身体向上做跳起运动的指令，因此我的意识借助我的身体作为实现载体和工具产生一个蹬地的力。同时，我之所以能够向上跳起，除了我的决心以外，还决定于地面给我的身体一个反作用力。所以，力是一种相互作用，它将我的身体与外界的反应联系起来。最后，能够使身体向上的力（行为）是意识的外在实现，而意识则是这一力（行为）的原始驱动力。

意识依托于物质，没有物质意识无从发力。而物质是意识的实现工具或目的——例如，我们建一座房子（目的）要使用大量的工程设备（工具）。传递意识力的意志的是外在的力（行为）。就其外在呈现而言，正是由于力（行为）的存在，才能够使我们感觉到意识的存在。如果力（行为）有强与弱，那么作为驱动力的意识是否也有“强弱”之分呢?

在弗洛伊德那里，他把人的心理活动划分为三个层次：意识、前意识、潜意识。虽然弗洛伊德的理论后来备受争议，但是他对意识、潜意识的这种划分在今天仍然有很大影响[4]。我们可以认为弗洛伊德的意识概念是严苛的，但同时也是经典的。按照他的理论，意识活动是自我能够知觉、能够主动支配的部分，即“我意识到了什么”“我意欲什么”，但潜意识不是这样。

请仔细回想一下这样一些情形。比如你正在看一部电影却在中间突然走神，头脑中蹦出“我是否忘记要做某事”的念头。你意识到你生出了这个念头，但并不是你的意志在上一秒有计划地让你的大脑启动了这个念头。也就是说，你无法完全**有意识地**控制你的大脑活动。在认知科学中，意识与潜意识都属于大脑活动的范畴，而大脑的大部分活动都是在潜意识下进行的。我们前面说到端水杯的例子，在很多情况下——比如我们正在某个咖啡馆里——难道不是我们一边口沫横飞地与朋友热烈地交谈着，一边就下意识地伸手去端起杯子了吗？我们可能也就是在端起杯子的时候才意识到我们做出了端起杯子的决定，而不是事先在脑子里谋划好的，即这个决策过程并没有在先地占据有意识的心理资源，而是由潜意识发出的指令。与之相似，当我们将思考通过敲打键盘变成文字时，那些熟练的敲打动作并不需要经历有意识的心理过程——我们不是先想象着要敲击的字母，然后再在键盘上摸索这个字母的物理位置，确认了键位上的符号，然后再敲击它——而是不假思索且连贯地敲打。同样的，当你聚精会神地坐在报告厅里听讲座，一只蚊虫从你眼前飞过，你挥手驱赶它的行为；当你坐在沙发里翻看杂志，偶尔用手在身体上抓痒；当你一边认真地在思考世界的本质，却毫不影响你有些不耐烦地做着抖动双腿或者将两只胳膊反复交叉在胸前又放下的动作——诸如此类的行为并不需要由你先意识到然后才交给身体执行，而是通过大脑相应的自动化程序在几百毫秒的短暂时间里进行快速处理，继而才出现自我对行为决策的感知。那为什么我们会认为是“我”在控制自己的决策和行为呢？一些脑科学家们认为在大脑中或有一个负责自我意识建立的模块，它对我们的一切行为给予合理解释，形成知觉、认知等等，但是这个模块的工作过程是“后知后觉”的。

然而，熟练打字、挥手驱赶蚊虫和用手抓痒的动作，这些行为在某些时候虽然超越了狭义的自我意识的支配范围，但它们同样体现了主体*原发地*对环境、对世界的主动反馈倾向——打字是人在主动地用手指敲击键盘而不是键盘在主动地敲击手指。在这里我们不用意志、认知、联想和记忆的心理活动来描述意识，相反我们应扬弃这个狭义的自我意识的概念，用“对世界的主动反馈”的准则来审视人的行为所体现的意识活动。无论是“我”还是大脑发出的指令，只要是表现为具有对世界主动反馈的倾向就属于我们在这里所讨论的意识范畴。这样，人的大脑活动——无论它是自我意识还是潜意识——在一个更广义的层面上而言都是意识的。当我们在努力思考世界本质这一问题时，每一个人的思维想必都异常地活跃，会展开丰富的联想，这样的意识活动展现了人类*精神层面*的活力。当人类在发明创造中，在努力想要完成对事业的规划，甚至在体会情感的真谛时，意识的精神层面都会显得格外突出。而基于同样的对世界主动反馈的原则，在另一个极端，我们来考察一下呼吸这一行为。从生理学的角度而言，人体的呼吸中枢位于脑干神经系统中，一旦脑干神经功能遭受无法复原的损害，则人类将丧失呼吸能力。一个极端的对比是——植物人会呼吸，而死人不会。从更为广义的意识概念来看，这意味着虽然呼吸这个行为所体现的对世界的主动反馈非常单一——对比于狭义意识所展现的丰富性——但是一个死去的人，也即完全丧失这种主动反馈性的人体是无法实现呼吸行为的。可见呼吸并不需要强大的意识支撑，但是完全没有也不行。与思考相比，呼吸所体现的意识活动是最自然的自主（植物）神经反应。呼吸是人、动物、植物维持生命的最基本行为，因此我们可以说此时的意识力量相较于认知与联想是微弱的，所体现的是*自然层面*的意识活动。

从意识的精神层面到意识的自然层面，就像是一个色板从浓重向清淡的渐变过程。在最浓重的那一端人类精神世界的强大与丰富得以充分展现，而在靠近清淡的那一端生命的自然意识低调地运行。根据这里对意识这一概念的衡量标准——对世界的主动反馈——自然意识或意识的自然层面虽不像精神层面那样鲜明地体现了意识的意志力，但仍时刻迸发着某种主动的反馈性，影响着我们的行为，以使我们被认为是*活着的*。只不过自我不能够或者说也不需要事先知觉和完全掌控这个层面的活动。

借助“对世界的主动反馈”这样一个诠释，我们再去考察这个世界的其他物种便会自然地认识到意识并非人类所独有。

首先，毫无疑问，动物也是有意识的。只不过人们通常觉得动物的意识能力是较为低级的，这大概是因为普遍而言动物并不像人类这么具有创造性和复杂性的思维，从而不能构建如人类社会一样高级的社会形态[5]。即便如此，动物求生的本能已足以让它们通过这种主动的反馈精神而获得生存的可能条件，而由这些行为所体现的动物意识对世界的主动反馈性，正如同人类意识对世界的主动反馈一样清晰可辨。

如果动物的本能可以被看作是人类意识的低级版本，我们再降低一个版本或再次扩大意识概念的指称范围，便会认识到植物同样拥有这种微弱的意识。一株真的植物绝不会像一盆塑料花那样死气沉沉。它需要水分和养料，为了生存它会想尽办法地播种、生根、开花、结果等等。注意——是它需要，而非其他事物强加于它。在自然界中，看起来颇为安静的植物为了生存所体现的积极甚至具有侵略性的态度其实是非常显而易见的。如果说植物拥有如人类一般复杂思维的意识能力似乎难以想象，但是考虑到这是比人类意识降低两个层级的版本，继续使用“对世界的主动反馈”这一标尺来衡量，我们应当能够感受到大自然的进取心。

在人类世界，意识作为力（行为）的驱动力是从精神层面到自然层面的集合；扩展至生物界，精神力量因主体从人转换为动物、植物而逐渐式微。在这一过程中，意识通过力（行为）在与物质构成的交互关系中变得愈加模糊，其内在的精神性逐渐淡化而使意识的驱动作用更为内敛和原始，这就使得外在的力（行为）施予物质的表现显得更加贴近自然。

从人的精神意识到动物的本能意识再到植物的自然意识，意识的复杂程度虽在不断弱化，但即便如植物的生根发芽依然能够明确地体现其对世界主动反馈的欲求。然而，自然意识所体现的这种主动性还不是意识的最基本形式。

意识的最基本形式

藤类植物依附高墙或岩壁而不断伸展的事实体现了它的自然意识，但我们似乎无法说高墙和岩壁也具有类似的属性。最直观的比较使我们认识到生物因**生长**而体现意识能力，物质似乎从不生长，所以我们通俗地称它们为“死物”。

一株小草，在人类眼中会比一只小鸟更接近于死物，这是由于小草所具有的意识已非常偏向于自然层面，只是它执着的“草根精神”还在不断提示着我们它是个活物。生物与非生物似乎在这一点上划出一道难以逾越的鸿沟。具有了意识的事物，哪怕一株仙人球都显得生机勃勃，而无论达·芬奇的《蒙娜丽莎》多么惟妙惟肖，我们都无法说“她”是活着的。但是，在广阔的物质世界，所谓的死物却并非完全的死气沉沉，相反它们异常地活跃。从浩瀚苍穹中的巨大星团到微观世界的基本粒子，**运动**是这个世界的主旋律。如果我们用运动来衡量一切事物的活力，如果我们用对世界的主动反馈来衡量意识，那么运动不息的物质对这世界的反馈同样显而易见。

我们不是说“意识总是体现为一种对世界主动反馈的倾向，而物质则总是体现出一种被动承受的倾向”吗？没错，但当我们如此说时，那里的意识指的是狭义的意识。现在，说物质具有意识并不是说那只杯子又具有了能够主动跳进我们手中的意志力，而是指杯子或在其内部所具有的运动倾向体现出的对世界主动反馈的冲动。跳起的运动是由我的意识决定的，但我回落到地面却并不是由我的意识所决定的。地球对于物体的重力（或者严格地说——相互之间的引力）是否体现了某种主动的反馈性呢？无论它是时空的弯曲还是引力子的传递，万有引力所体现的正是物质间**主动原发**的相互作用，无论它们多大或多小。我们说人的意识中自然层面的部分与植物生长的自然意识所体现的是不可避免地出于生命最原始生存欲望的冲动。自从种子钻入泥土以来就从未放弃过求生的念头——再说一遍——这是由它内在的自然意识所决定的。那么，引力同样体现了大自然对这世界发自“内心”的诸如自然意识般的反馈冲动。

但疑问紧接着就来了。植物的自然意识毕竟体现了它作为生物的原始求生本能，也正因为如此我们才说它是活的（有意识的）。但万有引力的主体是宇宙中的万千事物，这其中的绝大部分是我们通俗地称其为死物的物质体。物质体何谈求生冲动呢？没有求生的冲动何来意识呢？

在本章第一节，我曾给出了一个狭义意识的定义——包括认知、意志、联想、情感、记忆等词汇的精神思想范畴。当我们从人的精神意识扩展至动物的本能意识，再到植物的自然意识之后，狭义的意识概念便崩塌了，衡量意识的新标尺是“对世界的主动反馈”倾向。人的思考是原发主动的，动物的求生是原发主动的，植物要生长是原发主动的，物质间的引力作用也是原发主动的。就好像所有生物的呼吸是一种不需提示的自然本能一样，引力也表现出一种*无法关闭*的物质本能。

二十世纪物理学的发展，尤其是爱因斯坦的相对论、量子物理以及基于理论的科学实验的进步，使人类对宇宙的理解在空间上深入至普朗克长度（约10^{-33}厘米），在时间上回溯到普朗克时刻（约10^{-43}秒）。在量子力学的标准模型中，由基本粒子的生灭所演示的宇宙的历史进程愈加完善。与此同时，物理学家们逐渐总结出自然界最为基本的四种力：引力、电磁力、弱相互作用力、强相互作用力。相对于引力在大尺度下明显作用于大质量的物体，电磁力则在相对较小的尺度下作用于带电粒子。在现代生活中我们对电磁力的应用已非常广泛，但——如同引力效应一样——即便我们能够通过机器设备激发出电磁效应，却绝不是电磁力的创造者。在微观尺度下，带负电的电子与带正电的原子核之间的力效应是自然的、主动的相互作用行为。以此类推，弱相互作用力使得如中子这样的物质粒子衰变，而强相互作用力能在最小尺度下使夸克紧紧地束缚在一起。这些宇宙最基本的相互作用不是其他事物强加的，而是自然原发的。在基本力的作用下，构成物质最小单元的夸克紧密地结合生成原子核中的质子与中子，质子与中子的结合形成原子核，原子核通过与电子的相互作用组成原子，原子之间的不断结合形成分子……最终，一个多姿多彩的物质世界才被构筑起来。

四种基本力体现了物质对世界的主动反馈，从而体现了一切物质体（同时包括死物与活物）**最基本的**意识形式。当然四种基本力并不是意识本身，其与人体的各项反应一样，只是意识的一种传递。一个带负电的电子会被一个带正电的质子束缚，这个过程反映了最基本的电磁相互作用。虽然电磁相互作用很普遍，但它只作用于带电粒子。在物理学中，质子与电子带电荷的这种性质被称作其**内禀属性**。强相互作用力的原理与之类似，夸克因强力紧紧束缚在一起形成质子等强子。为什么夸克之间能够形成不可抵抗的强相互作用？因为它们具有被称作“色荷”的内禀属性。因此，基本相互作用来源于物质的内禀属性。正是这种物质天然的属性——电荷的“同性相斥、异性相吸”，色荷的“色禁闭”——才使其表现出主动的反馈性。我们可以将内禀属性看作是人类对意识基本形式的一种物理学诠释，而且随着科学探索的推进，这种诠释仍在不断变化着。

许久以来，物理学家一直在寻找四种基本力的联系和统一。如同电和磁曾被认为是两种事物，经由麦克斯韦将二者统一一样，电磁力与弱力也在萨拉姆与温伯格的论证下得以统一，被合并称为“电弱力”。物理学家还认为在宇宙最初的大约10^{-43}秒以前，引力、强力、弱力与电磁力都是一种力，但随着宇宙温度的降低，对称性不断被打破（对称性破缺），原先统一的力才分化为不同的作用形式[6]。直到弦理论提出了一个极具想象力的理论模型——那些我们认为构成物质的基本单元并非粒子，而是纤细弯曲能够振动的能量线，这就是弦。弦理论家认为，弦的不同振动模式使之表现为不同的粒子，从而决定了粒子的质量和力荷，决定了不同的力作用。举例来说，夸克与电子就是两种处于不同振动模式中的弦，因而强相互作用力与电磁力也就源于弦的不同振动模式。此后，基于广义相对论、量子力学以及弦理论的多种理论都在试图统一各种力，但至今仍未有重大突破。弦理论距离被实验验证还很遥远，许多问题还有待科学的进一步发展。在这里我们只需要知道，二十世纪至今人类对自然的知识成就已经足够令我们更加清楚地认识到，宇宙从它诞生的那一刻至今，从微小的基本粒子到壮丽的银河，都体现了如四种基本力所反映的物质世界无处不在的主动性。

意识的统一

广义意识在根本上表现为一种能够令主体对世界进行主动反馈的倾向，而这种反馈的实质是物质与物质间的相互作用。人的意识活动能够使人体（物质的）主动地原发出某种行为，从而与另一个或一些物质产生相互作用。跳起就是人体与地面之间的相互作用，写作就是手指与键盘之间的相互作用，聆听就是听觉系统与声波之间的相互作用，呼吸就是呼吸系统与氧的相互作用，等等。动物、植物以及物质无不如此行事。

有人可能提出疑问："我在思考时不一定会采取行动，我只是想想。"的确，在某一个时段，你发达的思维器官会制造出成千上万个古怪想法，但是或许没有一个会明确你的行动。在这些想法中很多是自相矛盾的，即"左思右想"，从而相互抵消；另一些则完全无法实施，例如你想象着登上火星的情形。在这里需要格外留意，意识是能够萌发人体的某种行为的能力或属性，但它未必一定在每一刻都激发行为。借用物理学的名词"势能"来形容意识思而不发的情形似乎更形象——所有想法在当下未有触发人体行为，累积的意识势能却有可能在将来某一条件的触发下成为行动的诱因。正如置于天花板下的吸顶灯不会因重力而落下，但也有可能因为螺丝的老化加之楼板的偶然震动出现释放势能的结果。是有可能，而非一定；是一种倾向或冲动，而非现实行动本身。"信念""愿望"等词汇正是对意识势能的一种美好表达。当然，无论一个人的内心是如何汹涌澎湃的，如果没有意识所原发的行为产生，我们就感觉不到意识的在场。这就是为什么我们会认为一个正常的人总是比一个植物人更具有活力，而一个植物人一定会比一个死人更具有活力。人死后无论是去了哪里，死后的内部状态是怎样的，我们于外部感知不到死者的任何主动反馈性——他缺失了最基本的行为特征（例如呼吸）——因此通常而言我们不会认为死人是具有意识的。当然，这仅是就人所具有的意识层面而言。归根结底，人的行为可以被看作是物质运动的一种特例。而正是由于一切物质体都在永恒的运动中，我们才能感受到意识的在场。

总结而言，广义的意识概念即为：**物质能够主动原发某种与其他物质产生相互作用的倾向性**。主动原发、相互作用、倾向性，这是广义意识的关键词。

那么既然这个概念的外延已经被扩大到如此地步，为什么还称其为意识呢？的确，这里所谓的意识已经同认知、记忆、联想等内容存在不小的差距，但广义意识不是偏离而是高度概括了这些内容。正因为从精神思想、认知能力、大脑的潜意识活动到生存本能，再到自然界物质的内禀属性都能够体现出“对世界的主动反馈”“物质间的相互作用”这些共同特征，我们才可以将它们最终统一起来——称其为意识。

物质、植物、动物，直到人，四个层面的意识不是相互割裂的，而是层层递进的关系：

1. 最下面一层是一切物质体都具备的基本意识。单纯的物质世界连控制呼吸那样的自然意识都找不到，但由四种基本力所体现的对世界的主动反馈依然能让我们强烈地感受到大自然的活力。

2. 在基本意识上面一层的是植物的自然意识，它是一切生物被认为具有生命的原因。植物不具备人或动物一样的思考能力，却同样具有适应环境努力生长的主动性。

3. 再往上一层则是动物所具备的本能意识。动物或许没有人那样复杂的思想，但仍然具有和人相似的知觉与判断的本能，这些本能主动地引导着动物的行为，使其存活。

4. 最上面一层是人的意识，它体现为一种主动的精神思想，其活跃与丰富程度使我们得以坐在这里思考诸如存在是什么这样的问题。

不难看出，基本意识代表了意识最一般的形式，因而处于最基底的层面；而人的意识建基于其他三个层面的意识之上，表明其综合了从人类到物质的所有意识属性；同时，也只有人拥有这么复杂的意识体系，因而它处于意识层级的顶端位置。

到这里，我们将广义意识的概念基本交代清楚了，将意识与物质的关系也做了一个界定——意识是物质体普遍具有的一种对世界主动反馈的倾向性。但说人的意识处于意识的最高层次，必须说明一点，这是基于我们习惯的思维模式——以人为中心和出发点的立场。由人的意识出发，用“对世界的主动反馈”这一标准对其他事物进行衡量比较，从而得出了一个逐步广义化的意识概念。由于人无法逃脱其主观囚禁，因此我们无法真正客观地认识动物或植物的一切意识活动。复杂与简单、高级与低级都是以人的意识为最高标准而做出的主观设定。现在，意识被我们描述为一个具有普适性的概念（万物皆有），这已是一个相对传统观念的不小跨越。但是为了减少我们在思考中的障碍，我们不必彻底摧毁人类既有的常识，因此才有这样一个层级结构。

而说意识是物质的倾向性，这是由于我们将主体设定为那个能够产生意识的事物——从人、动物、植物到物质。我们的思维理路是从各类主体的意识所表现出的共性——对世界的主动反馈——而得到对意识概念的统一。这种从属关系仅仅因为我们预设了物质本位的立场，即以物质体为中心寻找它们显现出的某种相似点。因此，当我们说意识是物质内在的倾向性时，只是把物质放在了主体的地位上，并且强调意识之于物质的普遍性（这同时隐含了意识与物质不可分割的关系）。而当我们说意识与物质是对立的关系时，是突出了它们之间的互动性。另一方面，广义意识的提出并不是要建构一个“意识世界”的概念，或从意识驱动物质的现象推导出意识凌驾于物质的结论。意识与物质密不可分，它们并不存在于两个世界中。从物质的立场而言，意识的主动性恰恰基于物质基础，表现为物质所天然具有的某种属性。如果失去了物质载体，意识的主动性将无从体现。相反，从意识的角度来看，恰恰因意识的主动反馈性才使得物质间的相互作用成为可能，使复杂的物质形态得以存在。物质与其意识的内部纠缠关系延伸至外部世界中二者的被动与主动关系，从而丰富了整个世界的内容，推动世界的发展。

注 释

[1] 虽然，2019年4月10日事件视界望远镜（EHT）合作组织公布了人类首张位于巨椭圆星系M87中心的黑洞“照片”，但严格讲这并不是黑洞自身的成像，而是围绕在事件视界周围的辐射物所形成的图像，黑洞自身仍是不可见的。当然这已足以在“视觉”上证实它的存在。

[2] 特别需要指明的是：在本书相应讨论中，当我们说“是否占有空间”是特指“占有公共空间”的意思。

[3] 说意识总是体现为一种对世界主动反馈的倾向与行为主义的解释很相似，但本质上又不相同。行为主义是要将意识活动**还原为**行为或者行为的倾向，而在这里我们只是从外在表现的层面言说——意识的被感知是**通过**行为实现的。换句话说——行为不是意识本身，只是意识的表征。我们的确——也如同行为主义者那样——忽略了对内在的精神活动的考察，但绝非是说它们是不存在的，只是这类问题不是我们在此要讨论的内容，因此我将其悬置起来。至少，由行为对意识的表征使我们能够认识到意识使得主体具有了难以被掩饰的活力。

[4] 比如在心理学中，人们受这一思路影响继续将意识活动划分为高级意识、低级意识、意识改变状态、潜意识、无意识等不同层次。

[5] 我们应当反思：复杂的社会、先进的技术就是“高等物种”的标签吗？这恐怕只是**我们**这样认为而已。因为我们站在食物链

的顶端，因而优越吗？这很可能是迎合了传统神学的物种等级说以及随之而来的人类中心论的观念，即这仅仅是一种唯人类视角的观点。如果我们采用另一种视角，或许食物链本身只是一种循环的关系，没有谁高于谁。因为自然界中的物种都是相互依存的，即便人类拥有生杀大权，但离开其他一切物种我们无法生存。况且，人类的优势主要体现于社会性和协作性上，即人类是社会动物、群居动物。在单纯的自然环境中，人类个体面对丛林并没有什么优势可言。更何况，新近的研究越来越表明我们恐怕严重低估了动物的智商。

[6] 简单地说，对称性就是指相应的不变性。物理学定律不随时间和地点而改变，这就是自然的对称性。例如：我们在北半球扔出一个皮球所遵循的物理学定律与在南半球是一样的，我们在今天扔出一个皮球与明天扔出所遵循的物理学定律也是一样的。在几何图形中，如果我们转动一个圆，无论转动角度有多大，它的状态都没有改变；一个正方形，每当我们转动90度，它的状态与之前也没有改变，这些都是基本对称性的体现。四种基本力都与对称性相联系，而对称性又与守恒性相联系。例如，能量守恒意味着时间平移的对称性，动量守恒意味着空间平移的对称性，等等。对称性破缺则指物理系统失去某种对称性的情形。比如，当液态水因温度过低而凝结成冰时——我们称其为一次相变过程——其系统的对称性便大大减少。此例也被人们用来类比宇宙诞生之初时的自发对称性破缺——随着大爆炸之后温度的降低，整个宇宙经历了至少两次相变过程，从而一次次打破系统的对称性。

第三章　和合现象

以对人的意识活动的现象直观为起点，我们发现物质世界普遍具有广义意识。由于这种不可抑制的倾向与冲动，“对世界的主动反馈”必然体现为某种形式的力（行为），从而在事物间产生某种联系，这就是广义意识定义中所强调的相互作用关系。在不断的相互作用下物质与物质结合生成新的物质，宇宙得以形成、发展而成为今天的样子。没有什么物质是孤立的、不与他物产生相互作用的存在物，因而那种对世界主动反馈的倾向就是普遍具有的。换句话说，我们对广义意识的认识正是通过处于永恒的运动中的物质与物质之间的相互作用关系而直观到的。

和合即条件的聚合

一直以来，人们总是以略微不同的表述形式反复地在人类思想共同的“花园小径”中肯定着这样一种能被直观认识到的现象——事物在永恒的相互作用中不断地结合与生成着。这种思想在今天更是再自然不过的观念了——电子与原子核在电荷这一内禀属性的驱动下结合生成原子；宇宙碎片和能量沉淀在引力的作用下不断结合形成了星系、太阳和地球；受精卵细胞在生命意志的驱动下分裂又结合形成组织、器官、系统，最终构筑了一个完整的躯体；人在主观能动性的驱使下将一些物质通过化学反应或物理变形结合为另一些物质。由于广义意识的普遍存在，这种结合生成的戏剧无时无刻地不在宇宙的各个角落上演着。然而，一切事物都只是在不断地结合与生成中吗？

一方面，纸张与油墨结合生成书本，泥沙与砖瓦结合生成房屋，显像管与显示屏结合生成显示器，肌肉与骨骼结合为身体；另一方面，每一天世界同样处在解体之中——一只杯子落地摔得粉碎，花瓣凋零撒满街道，一场电影结束人们四散而去。杯子摔成碎片不是物理的结合而是分解的过程，但是我们完全可以将这种物质的分解过程理解为事物的结合过程。

如果我们把杯子看作是组成这个复杂的世界体系的条件之一，那么我不小心碰撞到桌角，从而使桌子摇晃，从而使杯子翻倒坠落的行为也是组成这个世界体系的若干条件之一——或许世界的某一角落正如实地上演着这一幕。换句话说，在一个更为广义的层面，作为物质的杯子和作为行为的碰撞便是同等的属于组成世界的诸条件。在两千多年前创立佛学的乔达摩·悉达多便因此主张世间万物都是由如此这般的两个以上条件结合而成。与其他思想者关于这类问题的洞见不尽相同，悉达多所意谓的“结合”的意思是——比如——木头与锤子结合产生桌椅，爆破与危房结合产生废墟，树林与烟蒂结合产生火灾，亲人与死亡结合产生悲伤——这不是简单的物质与物质的结合，不是物理学意义上的相互作用关系。在佛学中这种不同条件相结合、相互作用而产生新的事物的思想被称作“因缘和合”，它强调的是事物之间的相生相依。

何谓因缘？《佛说大乘稻秆经》中如是说：“有因有缘，名为因缘。此因缘法，以其二种而得生起。云何为二？所谓因相应，缘相应。”佛陀举例说：一株植物想要开花结果，首先要有一棵植物的种子，这就是因；但只有种子是不行的，还需要浇灌、日照、施肥等，这些就是缘。因缘具足，植物才可以开花结果。杯子摔在地上的因是有一只杯子，缘则是杯子处于桌子之上以及或许某人不小心地一挥手，最终促使一地碎片的结果[1]。

因和缘似乎区分了事物构成条件之间的内外、主次关系，但这仅仅是受我们的认知及表述习惯的影响。当我们说种子是因时，是将种子生芽、芽生花、花生果这一事件链条摆在了某个中心位置——在包括所有相关条件在内的整个事件系统中，我们是就种子的生长过程来言说的。因而在这一描述中，种子是因就隐含了种子在整个系统中的主体地位，而土、风、水等都只是相对于因的缘。究竟而言，既然佛法强调一切事物皆无自性——事物皆是相互依存的存在——那么从整个世界而非某个独立主体的立场来看，就无所谓什么是亲生的因，而什么是疏助的缘，我们便不应将因与缘相对起来作孰轻孰重或者内外有别的解读。当我们——作为生存活动中的主体——强调内在的因对生存活动的决定作用时，其实是因为我们并不能把握外在的缘。而如果我们站在更一般的立场来看整个世界的和合过程，便不应前设哪一个具象为主体，则因与缘对于事物生成的必要程度本没有区别。于是，为了强调任何因或缘对于事物的成立都同样重要，我用**条件**一词来替换因缘，那么**和合**即为**条件的聚合**，而相互作用在这里的意义指的就是条件的在场与聚合过程。一株植物能够结出果实，除了要有种子、水、阳光和肥料，还需要许多条件的具足（如合适的位置、气候）才可以不出意外地成立；与之相对，如果这其中任何一个条件不在场或条件不够完备，或者如果出现了新的条件使得这株植物本身无法继续成立（如不小心打翻了花盆），那么即便有种子这一条件的存在，我们仍得不到一个结果的结果。所以，任何一个条件对于结果的形成都至关重要。

一个房间里有桌子、椅子、家具、电脑和人，显然这是一幅展示和合现象的简单图景。房间里每一个事物都是一些事物聚合的结果，同时它们也是另一些事物成立的条件之一。例如，一台电脑是显示屏与主板等条件聚合的结果，同时它也是一篇文稿成立的条件之一。因此，在一个连续、系统的世界图景中，每一事物既是某种可能的条件，又是某种可能的结果。再者，从物质的结合到条件的聚合是一个概念扬弃的过程。和合现象不仅仅局限于客观世界，条件聚合的表述同样适用于主观事物或抽象事物。比如，认知神经学家们认为人的自我意识体验可能源于大脑各个局部神经活动的综合，那么自我意识的产生（涌现）就可以被看作是各个脑区神经活动等条件聚合的结果。再比如，一种观念的形成可能是源于另一些观念的联想，那么这另一些观念就是新观念成立的条件。此外，人脑中所形成的一些图像——例如对火星人形象的建立——往往是基于客观世界中不同生物的特征，通过大脑的想象活动进行奇妙的组合而形成的。在这个例子中，客观世界不同的生物特征以及人脑的联想都是火星人形象成立的条件。总而言之，和合现象中的聚合条件既可以是物质体、意识活动，也可以是事件或抽象概念——即任何一种存在（存在者及存在者的存在活动）都可以成为和合现象的条件。

事物的和合需要至少两个以上的条件在场，如此和合的过程也就体现为事物（条件）与事物（条件）之间的相互作用。在这里，1. 事物不同于物质，不只是指那个占据空间的存在物，事物包含了物质，它是一切存在形式的总和；2. 同样的，相互作用不只是客观世界物质与物质之间的力作用，它是条件的在场和聚合的过程；3. 事物既是一些事物成立的条件，也是另一些事物聚合的结果，条件的聚合将一切事物编织在一起。

和合现象中的两个对立趋势

正如我们在前面说到的，事物和合的过程似乎存在着两个基本的趋势——生成与毁灭（拆解）。每天都有一些事物生成着，每天也有一些事物毁灭了。精子与卵子的和合生成了新生命，黏土与制作工艺的和合生成了泥塑，愤怒与争吵的和合生成了一场悲剧；衰老与疾病的和合毁灭了生命，火与汽油桶的和合毁灭了建筑，新思想与革命者的和合毁灭了旧秩序。然而，革命者借助新思想对抗旧秩序从而使其毁灭的过程难道不正意味着一种无序状态或新秩序的生成吗？而一尊泥塑通过捏制等制作工艺成型的过程难道不正意味着生成它的原始材料（黏土）的毁灭吗？因而，那些被认为是毁灭的和合过程实际上总可以被看作是另一种意义上的生成过程，而那些被认为是生成的和合过程总是意味着另一种意义上的毁灭。那么，当我们说一座建筑在大火中被毁灭了时，我们究竟是想表达什么？我们是想表达它不存在了、消失了吗？既然存在（有）与虚无（无）相对，那么说一座建筑被毁灭了就是说它从绝对的有转化为绝对的无了吗？若如此——相对而言——一座建筑的生成是否可以理解为是从绝对的无转化为绝对的有呢？这显然是错误的。一座建筑不是从无中生有的，而是各种已有的人力物力相和合的结果。同样的，当一座建筑被毁灭时，或许组成房舍的一砖一瓦以及房屋内部的所有物品都已化为灰烬，但与其说它们彻底不存在了（从绝对的有转化为绝对的无），毋宁说是从一种形式和状态的存在转化为另一种形式和状态的存在。也正因为如此，我们才会认为在这种意义上的毁灭是在另一种意义上的生成。因而，所谓生成与毁灭就只是一种表象。同时，这暗示了事物和合的思想拒斥那种从绝对的有（无）到绝对的无（有）的可能。

于是人们会说：“生成或毁灭的本原是永恒的运动与流变。”但这只说对了一半。运动总是指某物的运动，而当我们说什么东西变化了，这其中首先预设了一个未变的“什么”。未变不意味着不变，它是变化的潜在；而变化本身就隐含着是由不变而变的意思。但即便不变是暂存的，只要它曾存在过，就成为我们可以言说的“什么”。当我们说一支雪糕融化了，这就预设了有这样一支雪糕的形象——它尚未融化的形象。我们之所以能够说出“什么”变化了，是因为有一个“什么”的持续存在。同样的，当我们说一个生命被毁灭了，这首先隐含着有（过）这样一个生命；而且当我们说有这样一个生命时，我们的意思是说这个被认为是生命的事物已经存在在那里（一段时间）了。我把这样一种存在状态称为*持存*——它将进一步形成一事物在我们心中倾向于连续且不变的那个图像（概念）。但是当我们说它被毁灭了时，意思是指有一种或多种条件的在场使得这个持存被*重构*了——即那个在先存在着的“什么”不存在了。但重构不仅仅是对持存的否定，而是由存在（是）到非存在（不是）再到存在'（是'）的重新构造过程。这样，当我们说某个建筑被毁灭了时，我们实际上表达的是那个作为建筑的持存性被毁灭了；而毁灭的过程又将重新构造出一个新的持存状态。因而，在一切生成与毁灭的表象之下，孕育了万物永恒流变的是持存与重构的较量[2]。

我们需要注意区分事物的持存性与知觉同一性的不同，后者是感知主体主观地将一些相似且接续的感觉印象联系起来，通过联想而生成的观念，而前者不是。第二天清晨的太阳在何种意义上与第一天的太阳是同一的？难道那剧烈燃烧着的火球在每个刹那不都是不断变化着的吗？唯一合理的解释不正是感知主体为了适应环境和理解世界而主观地建构了诸如同一性这样的信念吗？主体的感官能力是有限的，因而主体的知觉能力是有限的。比如我们看不到太细致的纹理，仅凭感官我们也无法感知到事物的深层次或微妙的变化过程，因此在直观层面我们会遗漏和忽略大量的信息。虽然在今天这些信息可以通过机器设备被采集到，但这些手段并不是人类先天就具有的，也就无助于人类在漫长的演化过程中形成相应的观念和认知习惯。或者正因为这种有限的感知能力，或者环境使我们需要具备这样的感知能力，使得我们在看一棵现在被称作“树”的名词所指称的——或者在人类建立概念图景的早期由相应的符号所指代的——那一系列现象的集合时察觉不到，因而也就忽略了那些微妙的变化，只留下了关于这一现象集合的强烈的、不变的感觉印象。当然，从另一方面而言，构成我们所谓“某一事物”的现象集合毕竟具有着某种相对的稳定性和连续性，以使我们认为那些彼此关联的并在时空中接续变化的现象所体现出的差异是不明显的。我们不会看到一棵树这一刹那是绿色的、扎根于土壤中的，另一刹那它就变成了红色并飘浮在空中。因此，正是由于这种相对的稳定性与连续性的客观存在，才使我们有限的感知能力得以在彼此关联的现象间建立起因果链条，同一性和不变性的观念由此得以形成。以此类推，符号化的概念体系才被建立起来。

但即便连这种稳定性和连续性也要被怀疑——或许所谓稳定也只是现象杂多被我们先天的认识结构处理后的表象——我们至少不能怀疑这些“不稳定”及“不连续”的现象是*存在的*。换句话说，现象并非是虚无的。不存在同一个太阳，“那剧烈燃烧着的火球在每个刹那都是不断变化着的”，“太阳”只是我们赋予一系列瞬息万变的现象的一个可被识别的符号，其符号化的过程是约定而成的。但这个约定的达成源自于存在这样一种状态——我们之所以说它是持存，是因为在我们认为它变化了的那一刹那之前，组成它的各项属性的集合必定是以某个确定的形式存在着——无论它多么短暂，它都是有而不是无——否则我们何以言说它。因此太阳是持存的，同时它也在不断地被重构着。只是在太阳毁灭以前，其重构的力量不足以引起人类感知能力的足够注意——这不是太阳的问题，而是人类先天认识结构的要求——因而直观的，我们仅仅关注到它连续的且极为相似的持存的那一面，才使我们形成同一性的观念，我们才能够赋予它一个名称（“太阳”）及一个意义。因此，知觉的同一性源自于事物本具的持存性。同理，一棵树每天都在成长，当一棵树苗长成一棵参天大树时，树苗的持存显然是被重构了，但是树苗的概念依然存在着。这个过程还可以无限地细分下去，但无论如何当我们说某物甚至某物的某个细节部分被重构了，就总是隐含着某物或某物的某个细节部分的持存。换句话说，持存—重构是一对对立统一、相互依存的概念。“变化总是指某物的变化”——我们在这里突出强调了某物（持存），但不要忘记这同时意味着某物（持存）正在经历着某种性质的变化（重构）。是持存被重构了，是持存被重构了，持存与重构是不可被分割的概念。所以我们说事物在和合过程中充满了持存与重构的较量。

此外，我们可以说杯子是持存的，同样可以说生成杯子的那些原始材料也（曾）是持存的，但二者不在同一个时空中。只不过相对于生成杯子的那些原始材料，我们更关注杯子的那个完整连续的概念图像。从人的脑力分配而言，由于我们的大脑容量是有限的，精力分配自然也要受到限制。在同一时刻，我们会优先注意那些最需要关注的信息——显然这是经过在漫长的演化过程中的一种合理的适配。在整个生存活动中，我们会将更多的注意放在那些对我们的生存活动以及相关的精神活动最有价值的事物上。对世界的这样的而非那样的理解便被写进基因中，形成人世代以来前反思的认知习惯。对那些不必要的概念，比如玻璃碎片的概念或泥塑的原始材料的概念，我们可以知觉到，但是我们会自动用奥卡姆剃刀原则剃掉那些并无必要的认知过程，只专注于对我们的生存活动有益的概念的建立与相应认知习惯的养成。相似的，既然说生成与毁灭都是表象，在不同的理解中二者又都是同时可以成立的，那么为什么我们总是在一种情形下强调某物的生成，而在另一种情形下强调某物被毁灭了呢？似乎什么情形被认为是生成而什么情形则应该属于毁灭是一种前反思的认知过程。没有人在杯子被打碎时会本能地说出“你看，你创造了新的玻璃碎片”，而只会说“瞧！你把杯子打碎了！”。为什么同样是毁灭，我们会更看重泥塑的毁灭而不看重生成泥塑的那些原始材料的毁灭呢？这同样是因为对生成与毁灭的判断要符合人认知事物的习惯。

总之，持存与重构是事物和合过程中普遍且同时存在着的两个对立状态或者趋势。重构需要以持存为基础，反之亦然。换句话说，条件的聚合过程既包含了持存，也包含了重构。

事物和合的不同类型与条件

两种粒子之间的碰撞是和合的过程，而两种情绪之间的对抗也是和合的过程，可见条件聚合的形式是多样的。

先来看一个例子。一部汽车是由发动机、变速箱、底盘、车身等部件组合而成的。像车子一样由其他事物组合而成的事物在现实生活中比比皆是，而组成车子的那些事物就是车子之所以能够成立的（部分）条件。再往下，这些条件本身又是由其他条件构成的。比如发动机，它又由发动机缸体、缸盖、凸轮轴、火花塞等条件共同构成。有些零部件还能继续拆解下去，直至像螺丝一样的基本零件。一颗螺丝不再是另外两个零件的组合，它是单独完整的一个。但如果我们简单地将事物和合理解为各个零件的相加就曲解了和合的意思。按照条件聚合的定义，螺丝仍可以继续拆解下去。

螺丝的聚合条件都有哪些呢？一台搓丝机、操作机器的工人、原材料以及制造螺丝的意愿等。在针对一颗具体的螺丝时，考虑它与另一颗螺丝的细微差别，可能还要加上特殊的时间、地点、工人操作的误差等条件。当这颗螺丝因使用的磨损或偶然故障导致生锈、滑丝、断裂时，我们可以说这颗螺丝的寿命结束了，这颗螺丝的意义随之消散。当然，这同样是一个体现条件聚合的过程。但将螺丝拆解为搓丝机与原材料同将发动机拆解为螺丝和其他零件的性质似乎是不同的；而即便同是螺丝被拆解的条件，搓丝机与工人的操作的性质似乎也是不同的。因此这就意味着事物和合的过程由于条件属性的不同而存在着不同的类型。

从传统的认知习惯出发，我们可将一切和合现象划分为三种不同的类型：客观的和合现象、主观的和合现象以及主客观的和合现象。由此，我们又可以将不同的条件划分为五种类型：物质条件、事件条件、观念条件、意向条件、符号条件。其中事件条件和意向条件是基本的，其他三个是派生的。

首先，一棵大树可以被看作是树干、树枝、树叶及树根的组合，而所有这些都是更为细小的植物细胞的组合。从这个层面而言，我们无法想象世界上有哪些物质不是以这种方式构成的。一座房舍由砖瓦、水泥、木材等组合而成；一部手机由外壳、芯片、电路板等组合而成；一块蛋糕由奶油、面包、樱桃等组合而成；一副身躯也是由骨骼、肌肉、血管及内脏等组合而成。这是我们最易于理解和接受的和合现象。在这些例子中，那些聚合而成为某种新物质的条件——比如结合为一块蛋糕的奶油、面包等——无论它们有多小，有多少，是什么形态，都是客观存在的物质。因此物质条件之间的聚合就是最基本的客观的和合现象。

但客观的和合现象不止于此。一棵小树苗如何能够长成参天大树呢？如果是在山林之中，它要靠天然的肥料和雨水的滋润。一棵大树得以成立不仅仅要具备树干、树叶的条件，还要具备充足的给养条件。雨水和肥料也是客观的存在，它们虽不像树枝、树叶那样直观地构成大树本身，却不可或缺。相反，如果是在常年干旱、土壤缺乏营养的严酷地带，树苗恐怕难以存活。那么，这棵树不可存活的条件就包括恶劣的气候和贫瘠的土壤等。然而，与基本的由物质条件构成的客观和合现象不同的是，树苗成长为大树不是一个纯粹的物质条件聚合的现象。因为树木的成长需要一个过程——一系列事件过程。所谓事件，我们可以一般理解为就是物质的运动。树木不是事件，但树木的成长（运动）可以被看作是一系列事件。那么从条件聚合的角度来看，要得到一个“参天大树”的结果，不仅需要物质条件（如树苗）的在场，同样需要一系列事件条件的在场。比如，雨水在这里就不是一个单纯的静态的物质条件，它不是指那个氢与氧化合而成的液态物质，而是这一物质的一系列浇灌滋润的动态过程。正是诸如此类的动态的事件条件的在场，才保证了树苗最终长成了参天大树。同理，山峰的形成，除了组成山体的石块与沙土外，一次偶然而猛烈的地壳运动可能会是重要的事件条件；相反，一次猛烈的地壳运动还可能使地面塌陷形成盆地或湖泊。一件拼装玩具得以完成，除了玩具的各个零件外，还需要拼装的过程；相反，这件玩具的解体同样是各个零件与拆卸过程的聚合。一个明星的走红，除了她的天赋（如一幅好嗓子），还需要经历一系列事件的炒作；相反，一个明星的陨落，同样可能是在经历了一些事件之后。打下一座江山，不仅需要有资粮和军队，还需要若干次关键战役的胜利；相反，一个国家的覆灭，同样可能来自一系列战事的失败。

既然事件就是物质的运动，那么物理世界的物质运动是事件，生活世界中的人的行为活动当然也是事件。苹果是物质，苹果落地是一个事件，牛顿捡起这个苹果是另一个事件。可见事件条件同物质条件一样是极为丰富的，甚至更为丰富。因为在现实世界，无物不在运动之中，那么无物不可以被看作是一个事件条件；世界是流变的，那么同一物质在不同情形下又转化为不同的事件。再者，苹果落地的过程（运动的过程）实际上又可以翻译为一个被称作“苹果”的物质对象经历了时空。时空是时间与空间的和合，这样，我们就在其中找到了物质与事件的交叉点。在第二章我们说所谓物质就是占有宇宙空间的存在物，这就意味着在物质概念中本就意涵了空间——物是在空间中的物。事件也在空间中，任一事件的发生都是客观的。但事件又不只是在空间中，因为事件是物的运动或流变。物的广延性由空间展现，而物的运动性则通过时间彰显。换句话说，事件既意涵了物质，又意涵了运动（变化），而运动（变化）又总是指物质的运动（变化）——根据上一节——那么事件就体现了客观和合现象中持存与重构的统一。既然在现实中物质总是指运动（变化）中的物质，那么事件就是最真实的客观存在，物质不是。形象地说物是“死的”，事件是“活的”。当我们说树木可以还原为枝叶、树根甚至细胞、分子、原子等物质条件的聚合时，这些条件没有不在时空中流变着的。

其次，一如我们在第二章开始部分做的那些比较，在你脑中浮现出的一棵树的影像与现实中的一棵树是不同的，前者仅被你私人所“占有”——因而称其为主观存在；而后者则在一个公共空间中被共同“占有”——因而称其为客观存在。当然，相较现实中的那棵树，我们脑中所浮现的那个关于树的影像可能是极其模糊和不稳定的，后者是前者的摹本——一个观念。而树的观念又可以被分解为其他一些观念的综合，在这个意义上而言，如同物质条件聚合为物质，观念条件也聚合为观念；物质条件之间的聚合是客观的和合现象，那么观念条件之间的聚合就是主观的和合现象。但物质总是事件化的物质，同样的，观念也总是意向化的观念。试想我们是如何在脑中呈现出一棵树的影像的？通过回忆或想象。在这里，回忆和想象不是任何一种聚合为树的观念的那些观念条件，而是促成观念的涌现、连接、合并、转化和消逝的方式。当然，我们也可以形成关于“回忆”和“想象”的观念，但这些观念的涌现本身也需要回忆、想象或者反思的作用。对某个观念的回忆或想象的过程就是意向过程。不存在不被意向着的观念，反过来说，意向总是对某个观念的意向。

与呈现于客观世界中的草木、山川、大地以及大地之上的各类物种之间的和合现象不同，思考人生的意义是一种典型的主观和合现象。“人之为人在于自我价值的实现吗”“价值又指什么，如何去实现”“面包与爱情哪一个更是人生所不可或缺的”“假如我们不仅知道自己的生辰，也知道自己的死期，人生会有什么不同”“假如明天我就要死去，我是否真正清楚自己当下最想实现的愿望是什么”“人生的意义是否就在于对这意义的无限追寻的过程，还是说这一问题本身毫无意义”——一个人生的体悟者很可能在这几种甚至更多的思绪之间徘徊串联，从而经由它们的和合形成一个个暂时的结论。在某一时刻，我们回忆起与爱人相关的种种经历，那些画面一幅幅交错地闪现，不由得使我们升起思念之情；在另一时刻，我们由对苏格拉底和孔子形象的回忆，进一步借助联想而形成一幅极其有趣的“苏格拉底与孔子唇枪舌剑”的画面；在另一时刻，我们被某种极端情绪所占据，险些要酿成大祸，但我们本具的反省意识将自己分割成“两个自我”，通过内部对话理性的“我”平复了感性的“我”；在另一时刻，我们受某种新的现象的启发，回顾、质疑并反思以往知识的确定性，再经由想象的协助形成一个全新的观念。无论是通过回忆、想象还是反思，意向活动总是表现为观念或观念之间的流动（涌现、转化、消逝）。而观念的流动又可以翻译为某个观念经历了时间，换句话说，意向活动的这种流动性由时间彰显。那么，相似于客观世界事件与物质之间的关系，意向活动既意涵了观念，也意涵其流动，它体现了主观和合现象中持存与重构的统一。此外，既然观念总是指流动着的观念，即不存在不在意向活动中的观念——就像物质总是运动中的物质，所以事件是最真实的客观存在——那么意向活动就是最真实的主观存在。因而，同样可以形象地说观念是“死的”，意向是“活的”。

再次，与原始森林不同，人类城市中的树木需要人工栽种。当然，人的栽种与养护行为可以被看作一系列事件。但人去栽种树木必然意味着人有栽种树木的意愿，于是才有了栽种的行为，结合树苗与栽种的工具，在一个合适的时间、合适的地点等条件的聚合下，一棵树被栽种的结果才能够成立。同样的，在人的意愿的驱动下树木的养护才得以成立，树木的健康生长才具备可能的条件（之一）。相反，如果是种树人或者决定栽种的人由于主观意愿的变化，那么或者树木会因疏于养护而难以存活，或者因用途改变而被连根拔起。可见所谓客观事物的成立——在很多情形下——都少不了主观的意向条件的参与。与之相对，当我们升起欢喜的情绪，或许是因为刚刚获悉了婴儿的降生；当我们陷入痛苦中，可能是目睹了亲人的过世。因而，所谓主观事物的成立条件中也不乏客观事物的在场。类似这样的由事件条件与意向条件共同参与的和合现象可以被称为主客观的和合现象。往往，在有人参与的活动中我们很难说怎样的和合现象是纯粹主观的或纯粹客观的，主观与客观的界限在复杂的人与世界的交互中变得模糊起来。

一场完美的大型音乐会是如何成立的呢？显然，首先需要一支优秀的乐队。一支乐队是所有演奏者、指挥家及乐器、乐谱等条件的聚合，而这些条件又是由诸如细胞组织或金属零件聚合而成。乐队能够呈现一场精彩的音乐会，则需要他们演奏的行为及默契的配合。此外，所有人思想集中不受任何干扰也是不可或缺的条件。在如此众多的（可能还有遗漏）条件具足的情况下，这支乐队才能完成他们的使命。其次，只有乐队的精彩演出并不一定决定这是一场完美的音乐会。演出的宣传、会场的组织、幕后工作人员的到位以及与之相关的所有机器设备的良好运转等条件的聚合也必不可少。当然，对于工作人员而言他们必须在正确的时间做出正确的判断。再次，即便已具足了所有能够呈现一场精彩演出的条件，我们仍不能说这是一场完美的音乐会，因为一场音乐会还必须有观众的在场。具体而言，需要观众以及他们来到音乐会欣赏演出的行为。如何堪称完美？当然少不了观众的感受。最后，在所有这些条件聚合的情况下，我们还需要选择一个正确的时间，同时没有任何意外事件的干扰等条件的存在。

总而言之，一场完美的音乐会究竟是什么？它是在一个正确的时间、所有演奏者、指挥家及所需乐器、他们的演奏意愿与行为、幕后工作人员的服务态度与行动、所有机器设备的运转、观众的到场和对演出的欣赏行为与内心感受等条件的聚合——一句话，它是诸多事件条件与意向条件的聚合。以上条件中若缺少一样它将不成为一场音乐会，比如没有观众、没有会场或没有演奏者；如果有一样出现偏差它便不是一场完美的音乐会，比如演奏者的失误、工作人员的疏忽、观众不满意。这些条件的不具备或者偏差并不意味着将不会成立任何事物——没有观众可能是一次彩排，观众不满意则意味着这是一场不太成功的音乐会。因此，由于诸条件的不确定性，事物发展的可能趋势便会千变万化，从结果上来看它便呈现出由各种不同条件聚合的不同现象。

音乐会是公共的、客观的，但它的聚合条件可能包括主观的成分；我脑中的一个关于音乐会的想法是私人的、主观的，当然在它的聚合条件中也可能包括客观的部分。所以当我们说这些事物属于“主客观”的和合现象时，是从聚合为它们的诸条件的性质而言的。还有一些事物与此有所不同，不仅其聚合条件可能是主客观都有的，而且作为一类和合现象其呈现的类型也难说是纯粹主观的或纯粹客观的。

卡尔·波普尔在其著作《客观知识》中曾提出这样一种观点，他认为除了物质对象所在的物理世界（世界1）以及意识活动所在的精神世界（世界2）外，还存在第三个世界——思想内容或者知识的世界（世界3）。科学理论或艺术作品都属于世界3，并且它们都是客观的存在。波普尔的主张是有道理的。既然客观的就是公共占有的，那么似乎没有哪种公共思想不符合这一条件。但说——比如——某种科学理论是客观存在究竟是什么意思呢？它在某处吗（占据空间）？当然，我们可以通过实验过程证明和呈现某种理论，我们也可以将某种思想通过文本的形式表达出来，而这些都与私人化的意向活动不同，是可在公共空间中被普遍共享的。然而光线在太阳周围的弯曲本身并不等于广义相对论，印有密密麻麻的油墨符号的印刷品本身也不等于爱因斯坦的思想，离开了人的主观理解和诠释，知识就无法被表征。我们的确可以指着墙上挂着的那些木质相框中浓墨重彩的颜色说："你看，这些都是艺术品。"但如果没有意识的读取和内部加工，它们也只不过是一些挂在墙上的颜料。因而，科学或艺术本身的内涵不在某处。

此外，说知识是客观的往往隐含着它是必然的意思。换句话说，知识是必然的，因而它是客观的。某个个体的突发奇想不是知识，因而它是偶然的且主观的。但我们究竟在何种意义上能够保证知识的必然性呢？难道人类思想不是在历史的长河中不断变化着的吗？在每个阶段人们都宣称发现了真理，却又无数次地被新的阶段的新的真理所推翻。即便是在同一个历史时期，不同社会群体之间也未必会就何谓知识达成普遍的一致。你很难说服一个虔诚的基督徒接受唯物主义的宗教观，也很难改变一个神秘学爱好者对星相学的看法，更不必说让非洲大陆那些隐秘的原始部落放弃"愚昧"的传统习俗了。当然，这倒未必就一定会倒向知识论的相对主义。一种知识没有被最大限度地接纳也可能不是知识本身的问题，而是人的问题；很可能各个历史阶段各种"真理"间的内核是一致的，只是诠释这一内核的语言、手段以及角度有所不同。而这恰恰说明所谓"客观的知识"离不开人的主观性的强烈支撑。

我们之所以会将知识的必然与否同客观与否联系起来，显然是与那些更为典型的客观存在进行比较的结果。物理对象正是因着其必然的继续存在而被认为是独立的客观存在，因而通过类比与联想，我们就认为知识的必然性也使其具有了客观性。当然，如前所述，一种理论必须通过语言或文本被表征，一种技术必须通过发明创造被实现，一种艺术也必须通过作品被展示出来，因此仅在这个意义上我们认同它们具有客观性，但这种客观性不能等同于本体论意义上的客观存在。说思想内容或知识是一种客观存在，而物理世界中的物质也是客观存在，那么这两种“客观存在”在本质上是相同还是不同呢？假如是不同的，那这里面就存在概念含混的可能；假如是相同的，那为何存在于两个世界？显然这是自相矛盾的。因此，并不存在三个世界，知识是一种主客观的和合现象，主观与客观的界限通过知识的思想性纽带融合起来。实质上也不存在两个世界，主观与客观只是同一个世界的两面，它们之间只存在语言学上的差异，而不存在本质的不同。

明确了思想这类和合现象的类型，我们最后来考察一下它的聚合条件。某种思想的成立必然需要意向条件的参与，因为任何一种思想都是人的主观能动性的产物，是人类丰富的意识活动的成果。但只有意向条件的参与是不够的，一个人脑子里的想法要想成为某种思想就必须通过表达被释放到公共空间中。如通过文本的形式、图画的形式、声响的形式甚至行为的形式等等。而所有这些表达当然都是事件条件。同时，以任何形式被表达出来的想法能够被看作是某种思想甚至成为某种知识，必须得到人们广泛的认同与接纳，那么这又是意向条件的参与。

一般而言，一种思想在根本上总是通过意向条件与事件条件的聚合而成立的，但且让我们再从另一个熟悉的视角去重新审视一下作为思想存在物的和合现象。正如同我们可以将一棵树看作是树干与枝叶等物质条件的聚合，将一个脑中关于飞马的观念看作是马与翅膀的观念条件的聚合那样，我们也可以将某个思想体系看作是各部分思想观点的和合——例如可以将康德批判哲学看作是三大批判的和合，将爱因斯坦相对论看作是狭义与广义相对论的和合。当我们继续分解下去，便会发现——

正如同树木可以最终被分解为基本粒子那样——无论是康德批判哲学还是爱因斯坦的相对论都可以分解为一些更基本的概念组合。概念源自人们对简单事物的认识所达成的共同约定，从而构成了一切思想与知识的本原——最基础的知识。不难理解，概念是任何一种思想成立的基本条件，没有对概念的确认也就无所谓对思想的认识。实体、理性、先验、重力是概念，骏马、画布、焦土、游戏、美梦、幻觉也是概念。不严格地说概念是对现实的抽象，但抽象的不仅只有语词概念。数同样也是抽象的，数学就是关于抽象的数的知识——例如乘法口诀表就是关于十以下的自然数之间两两相乘的知识。但虽说是抽象的，我们却又可以十分具体地使用它们，这是由于语词概念或者数都是符号化的存在物。广义而言，符号就是具有意义的记号、标识或印记。换句话说只是图画或者声响还不是符号，顶多可以被看作是潜在的某种符号的形式（能指），只有当这些符号形式与某些符号内容（所指）相结合时才能被看作是一个完整的符号。这样，我们通过将抽象的符号内容赋予具体的符号形式来构建、理解、传递思想。因此，现在我们可以说任何一种思想或知识都可以被看作是一些诸如数或语词概念这类抽象符号的和合，我就把出现于这类和合现象中的此种条件称为符号条件。

事实上，只要是有人参与的和合现象就不乏符号条件的在场，因为人是符号的动物。由于人正是通过符号来认识和解释世界的，因此原则上只要是能被人类所感知的事物就都是可被符号化的事物。换句话说，符号可以以任何一种可被感知的形式出现在任何能被感知到的场所。由此，稍作比对我们就会发现聚合为思想事物的符号条件与聚合为主观事物的观念条件以及聚合为客观事物的物质条件之间存在着非常密切的关系。实际上，在客观世界我们称之为“物质”的东西就是符号的意义与指称的统一，而在主观世界任何观念都是符号化的观念。

无论是太阳还是银河都在一刻不停地运动着，但我们称其为“太阳”或“银河”，认为它们在自身内部具有着某种不同于他物的同一性，其实就是给这些流变的现象赋予了一个不变的意义，并用某个符号来指称和表达它们。从本体论的层面而言，现实中并不真实存在着“树”这个“物质”，存在的只是一系列相关联的流变现象，当然这些流变的现象是相对稳定且连续的。而我们之所以称其为“树”，是因为我们将一个描述这一系列现象的意义赋予了某个符号形式（比如“树”或“tree”），我们就把这个符号“贴在了”属于这个符号内容所意指的对象“身上”，以使我们易于认识和理解这些现象。因此，我们所言说的物质其实就是符号，物质条件就是符号条件。

同理，关于太阳或银河的内在的观念影像也是在不断流变中的，但我们又似乎认为相同的观念总是能反复地涌现，这同样是因为我们将某个暂且不变的意义赋予了一系列与之相关的意向活动，并用某个符号来指代那个变化着的意向对象。说观念也不是不变的似乎是有违直觉的。请回想一下，当我们在不同时间回忆或想象一个关于杯子的影像（观念）时，在何种意义上我们能说两次或更多次被意向着的影像（观念）是一模一样的？不能。但无论多少次，我们似乎的确是在回忆或想象同一个“杯子”，这里所谓的同一性只是我们赋予这个观念的意义，并以观念自身为符号参与到意向活动中。与此同时，当我们在脑中回忆一个关于树的观念时——无论它是以图像还是字符的形式出现——它与我们指称的一个客观存在着的树具有相同的意义，也即是说我们只是回忆起了那个关于树的符号（具有意义的印记）。因而，在这个意义上而言，物质条件与其相应的观念条件就是同一的（都是同一个符号）。此外，一个在现实中不存在而只有通过想象才能被建构的观念——比如飞马——也必然是一个具有某种意义的印记，否则我们就难以认识和把握这一图像。因而一切观念条件也都是符号条件。

概言之，任何物质（条件）和观念（条件）都是符号（条件），任何物质（条件）与其相应观念（条件）也都是同一的——即主体为作为对象的那些现象赋予的同一符号。客观世界不存在不变的物质，存在的只是事件化的现象；主观世界也不存在不变的观念，存在的只是意向性的现象。事件与意向活动均体现了和合现象中持存与重构的统一，但由于人先天的认识结构，我们更善于在万千变化之中把握事物的持存性——实际上这也是我们一切认识活动的前提——因而事物同一性的观念就建立起来，符号就替代了其所指代的现象成为我们所认识的世界的表象。当然，任何符号都需要一个载体，符号的意义总是要黏着在某个对象的身上，没有无对象（载体）的符号，因此符号必须是一个对象化的主体存在物。换句话说，物质（条件）与观念（条件）正是符号的对象化实现，只有如此符号（条件）才可以被使用——我们指着一棵“树”，或者在说一棵“树”，或者在想一棵“树”，我们只不过是在使用一个符号而已。符号是思想或知识的基本单元，而思想或知识是由事件条件与意向条件聚合而成的存在物，可见符号自身也必然是由事件条件和意向条件聚合而成的。因此，本质上一切和合现象中最基本的条件就是事件条件与意向条件。但为了言说的方便（更多是受制于人的认知习惯），我们依然可能在表达上保留对符号条件（以及物质条件、观念条件）的使用。最后，我们或许可以单独地把某个和合现象的切片拿出来，去考察它的聚合条件是纯粹的事件条件，还是纯粹的意向条件，但真实的世界既不是由纯粹的事件条件，也不是由纯粹的意向条件聚合而成的，而是两种条件共同作用的结果。

宇宙中的一切事物都在一刻不停的运动中呈现出千变

万化的和合现象，正如同一场音乐会，但比之更为复杂和庞大——它是无数条件不断聚合产生无数新的条件，继而再持续聚合的过程。每一刻每一个事物都是和合的现象，而下一刻它又将参与到新的排列组合中。和合即条件的聚合，条件的聚合的意思是几种条件在场并发生联系而构成一个事物的过程，这意味着事物总是依存于其他事物，事物因事物之间的关联而存在着。仅仅通过直观，我们就能认识到这一点。维特根斯坦曾这样感慨道："事物中于我们最重要的方面都由于它们的简单和熟悉而隐蔽不见。（人们无法注意某些东西——因为它们始终都在我们眼前。）他们的探求的真正基础根本不能使人注目，除非那个事实有时使他们注意到了。——而这意味着：最令人注目和最有力的东西（一旦看见），事前没有引起我们的注意。"[3] 和合显然是这个世界上最普遍的现象，但却也是最容易被人忽视的现象。

和合的时空观

空间与时间一直被看作是构建宇宙大厦的基础坐标。早在古希腊哲学的宇宙论时期，德谟克利特就认为宇宙是由原子和虚空共同构成的，原子构成存在，而虚空是相对于原子的非存在，是运动的场所。这大概是西方哲学史上对空间概念最早的论述了。这样一种空间观进一步通过柏拉图、亚里士多德以及中世纪的经院哲学家不尽相同的表述传递下去，甚至一直到文艺复兴后自然科学兴起的时代，经典力学所建立的时空观也深受其影响。牛顿认为空间是一个不变的、绝对的标尺，正如同时间也是独立于事物的绝对尺度。在他看来空间与时间都是实体性的存在。然而，随着我们对宇宙的认识进一步深入，这种绝对的时空观受到了严重挑战。

在与牛顿力学针锋相对的科学理论到来以前，哲学家们就已经对绝对时空观提出了质疑。按照牛顿的观点，如果空间真的是一个能够容纳一切的“大玻璃缸”，那么这实际上就是说空间也是物质实体；但按照物质的定义描述空间则出现了“空间就是占据空间的存在物”这一循环谬误。即便空间不是物质，当我们说“物质就是占据空间的存在物”时似乎至少隐含了空间是某种独立存在的意思，则空间就是不同于物质的某种实体。然而牛顿著名的论敌莱布尼茨不认同这种观点，他认为空间并非什么独立实体，而不过是各种物体之间的关系构成的集合。休谟则认为空间（也包括时间）观念并不反映任何个别的、独立的具体对象，而是从那些可被感知到的对象的排列方式中得到的一种秩序的观念。康德显然是受了休谟的启发，并将这种经验的观念论改造为先验的观念论，因而康德说空间（也包括时间）不过是感性直观的纯形式。当然，无论是休谟抑或康德都是在认识论的意义上谈论时空，在科学世界中对牛顿绝对时空观提出空前挑战的是爱因斯坦的狭义相对论。

考虑有一辆高速行驶的跑车匀速通过一座高架桥，相对高架桥上的测量者而言，车上的时钟会比高架桥上的时钟走得稍慢些，这是爱因斯坦狭义相对论可推出的“钟慢效应”，或者说运动使时间膨胀。它为一个相对的而非绝对的时空观打下了基础。由于运动的相对性，处于相对运动中的观察者（驾驶者与高架桥上的测量者）对某一事件是否同时发生会有不同结论，即**同时性的相对性**；同理，位于高架桥上的测量者在测量飞速驶过的车子的长度时会比在静止测量时（或车子中的人所认为的）稍短一些，即**长度的相对性**。运动是相对的，牛顿也同意这一点，只不过他同时认为存在着一个绝对的参照系——绝对的空间、绝对的时间——因而相对于绝对的参照系的运动又是绝对的。而狭义相对论则试图告诉我们不存在绝对的参照系，即时空是相对而言的。按照事物和合的思想，这种相对性产生的原因是相对的两个参照系条件的差异（如一个是跑车，一个是高架桥）。

我们具体通过一个长度相对性的例子来考察这种条件的差异所导致的不同时空观的结果。在停车状态下，假设车子的长度为 L，那么无论是将要开车的人，还是将在高架桥上进行测量的人，他们此时测量的车身长度都应是 L。现在，车子将以匀速直线运动穿越高架桥，高架桥上的测量者将用时钟测量车身首尾通过测量点的时长 T，这样，如果车子的运行速度是 V，那么即可通过 V 与 T 的乘积测出车身长度 L'。对于驾驶者而言，车身是相对静止的——如车子停止时的状态一样。对于高架桥上的测量者而言，车子是飞速疾驰的。而由于运动是相对的，在驾驶者看来高架桥以及测量者才是运动的。那么，可以想象当车子疾驰而过时——换句话说，当高架桥疾驰而过时——在驾驶者看来测量者的时钟相对车子中的时钟走得会更慢一些（钟慢效应），由此对车身首尾的测量长度将比静止状态下的要短，即 $L'<L$。反之亦然，在测量者看来车子中的时钟比高架桥上的时钟更慢一些，由此如果驾驶者对桥身进行同种方式的测量，则桥身缩短了。

在这个典型的例子中，我们可以发现对于同一事件处于不同立场（参照系）的人会得出不同的结论（车身长度）。同一事件（跑车穿越高架桥）组成它的条件应该是相同的（跑车、驾驶者、高架桥、测量者等），那么为什么会有两种不同的结论呢？因为在这里，结论是相对于事件双方而言的。对于不同的主体而言，实际上构成该事件的条件是不一样的。对于测量者而言存在着一个相对于他运动的车子的条件，而对于驾驶者这一条件则换成相对运动的高架桥了。主观上，条件的差异体现在主体参照系的不同；客观上，条件的差异体现在相对的运动。因而，在整个事件系统外看起来是同一的时空，实际上由于不同的参照系和相对的运动而形成不同的聚合条件，便蕴含了不同的结果。

如果说时空是一个绝对不变的舞台，那么无论其中的物体如何运动，无论测量者的视角有何不同都不应该改变它的性质，而狭义相对论则告诉我们时空是相对的。换句话说，时空不是什么绝对的、独立的实体。

进一步而言，时空既不是实体，也不是实在。

实体是指不依赖于他物而自在的事物，而实在即真实的存在。一般来说，是实体就一定是实在，但是实在并不一定就是实体。在某种意义上我们或许可以说个别事物既是实体也是实在的，而个别事物之间的关系（如位置关系）虽然是实在的，却并不是实体。时空——假如是在关系论的前提下——会不会是后一种情况？我们是不是可以说——无论其存在要依赖于或参照于什么——空间是真实存在的，因为每一个人都能直观地感知到那伸向远方的视域；时间是真实存在的，因为所有人都在感慨光阴似箭、日月如梭。但无论是眼前的建筑与远处的喷泉之间的空隙，还是太阳东升西落的变化都不足以使我们能够断言“这”就是空间或时间，我的意思是我们并没有直接地感知到某个可以被称为“空间”或“时间”的对象。

我们是如何建立起空间概念的？通过建筑物之间的距离，通过街道的延伸、远处天与地相接的图景等，即是通过物体与物体之间的位置关系直观建立的。而即使我们把眼前所能看见的房屋、道路、蓝天、白云，甚至整个地球、太阳等一切大小物体都拿掉，即便是在所谓的真空中也并非空无一物，在极其微观的尺度仍存在着不可消除的量子涟漪。因而空间不是那个所有物体都填充在其中的处所，所谓对空间的直观不过是不同性状的物体断续连接的绵延感。换句话说，不存在什么都没有的处所，只存在或“稀薄”或“稠密”的物质的和合现象。而空间概念的建立正是源于在“稠密”物质与“稀薄”物质之间存在着直观差异，因而人们就在如房屋与房屋这样的“稠密”物质之间直观地建立起“空旷”的认知，而完全忽略了实际上充斥于其间的那些“稀薄”物质（如空气）的存在，空间便由此而表象为“稠密”物质之间的相对位置关系。因而在很大程度上这有赖于人的感知能力的有限性。而当宇宙回溯至大爆炸开始之时，那种由“稠密”物质之间相对位置关系而体现的空间消失了，因为在那一刻不存在物质之间的“稠密”与“稀疏”。这再次表明空间只是我们对这种位置关系的有限直观所形成的感知的综合——一个派生的概念。时间也是如此。

在空间与时间的关系中，时间是更基本的，因为一切都在时间中存在，而并不都在空间中存在。比如事件与意向活动都要经历时间，但并不都占据空间。如同对空间的考察那样，我们来看看人类是如何感知时间的流逝的。现代人通过手表指针的移动来计算时间，当然手表不是时间；而早在四五千年以前的上古文明时期，人类便已经编制了历法来计算时间，当然历法也不是时间；在最原始的状况下，我们通过观察日升日落、月亮的盈亏变幻以及气候的规律交替来计算时间，但这些都不是时间。稍经反思便会意识到没有哪个对象是可以被我们指认为“时间”的那一个。在上一节我们说“物的广延性由空间展现，而物的运动性则通过时间彰显”，这即是说我们对时间流逝的感知是通过物体的运动（相对运动）而获得的。但这还并不全面，因为即便把我们放进空无一物四面漆黑的房间中，我们可能直观不到任何物体、物体的运动以及空间的存在，但依然能感知到时间的流逝，因为人内在的意向性活动还在持续不断地涌现着。因此，运动并非只是位置的移动，也包括状态的改变。当我们静静地坐下享受午后的阳光时，相对而言我们没有发生位置上的变化，但小憩的行为和一个舒适的沙发等条件的聚合会让我们此刻的身体与精神完全不同于此前的状态，这种前后状态的对比让我们感知到了变化的存在。变化就是从一种暂存的和合现象转化为另一种暂存的和合现象的过程，变化的本原是持存与重构的较量。因这永恒的较量而形成一种运动绵延的表象，人就通过感知的综合形成了时间的流逝感。

但如果时间的流逝感仅仅源于运动绵延的表象似乎并不能完全地解释时间的某些特殊之处——比如时间的指向性。相较于空间而言，时间是不对称的，我们可以在空间的两点之间往返，但我们无法在时间的两点之间往返，时间似乎像一支射出的箭一去不回头。物理学家们试图用热力学第二定律来解释这一点——一个系统内部的无序度（熵）总是向着更高的趋势发展，至少不会减少。因此玻璃杯会摔成碎片（无序度增加了），而相反的情况似乎永远不会发生。因而熵增的方向就是时间之箭的方向。在宇宙学中这一点也能够得到佐证，因为在宇宙最初始的阶段熵是非常小的，而随着宇宙的演化，熵不断地增加着，可见熵增的方向与时间的方向是相吻合的。但无论是热力学还是宇宙学，与其说它们揭示了时间之箭的本质，毋宁说只是描述了时间之箭所反映的现象。而当我们有了这样的描述语时，我们就不再需要时间之箭这个概念了。因为所谓时间之箭无非就是表达了某个系统中对象的运动总是遵循着热力学第二定律这一断言，时间本身并不需要在该断言中出现[4]。

对时间非实在性的论断还可以从另一个子概念中去考察——现在。当我们说“现在”时其实是指两种情况：1. 现在是指已经过去的；2. 现在是指将要进行的。严格地说，一个事物并不存在于现在这个时态中。考虑一个“现在”正在步行的人，他的每一步不是已经走过的，就是尚未迈出的，即便将所有连贯动作细分至无限小，我们也找不出一个恰好是“现在”的行为片断。在此，我们需澄清这个词在日常语言中的使用情况。当你说“现在，我坐上了火车”时，实际是指在某一刻已经发生过（完成）的事情；当你说“现在，我们来跳一支舞”时，实际上是指尚未发生的事情。然而，当我们说“现在，我坐在火车上”或者“现在，我们在跳一支舞”时不是指正在发生着的事情吗？但这似乎是说“现在”指的是“某一段时间”，而不是“某一个时刻”，这就与这个词的应有之意产生了矛盾。其实，这仅仅是人们为了表述的方便而将一系列尚未发生—将要发生的事件链简化归纳了而已。在某一段时间间隔里，“我们坐在火车上”的事件链可以被看作是被无限细分的每一个关联事件片断的和合，而这些细微的事件片断严格地按照一定的逻辑顺序发生—结束，并没有哪一刻是停留于“现在”的。“我们正在做这样一件事情”实质是无数个细分事件的已经发生和尚未发生的动态总括，因而“现在”之存在只在于语言中，而不在现实中。进一步而言，“过去”或者“未来”也是非实在的，过去的已然不在，未来的尚未发生。但无论是“已经”或者“尚未”又似乎总是隐含着一条时间之链，让我们迷失在文字游戏中。我们可以这样推理：无论是过去的还是未来的某个时刻总被认为是“曾经的现在”或“即将到来的现在”，而既然“现在”不是真实的存在，那么“曾经的现在”或“即将到来的现在”也就不是真实的。当然，我们似乎的确可以这样表达——“过去一段时间”或“将来一段时间”（相较于我们无法将“现在”和“一段时间”联系起来），而这也无非是对另一些绵延关系的概括描述。但如同“现在”所要面临的问题一样，无论如何我们也无法找到“过去的某一刻”或者“将来的某一刻”——这是问题的关键。因为如果时间是实在的，我们总应该在时间的历史长河中抓住些什么——如果时间是由每一个刹那组成的，正如同一条珍珠项链是由每一颗珍珠串起来那样——而实际上我们没有抓住过关于时间的任何一个刹那，那么时间又在哪里呢？

正因为这种并不真实的性质，“现在”对于不同的主体而言意谓不同。你在这一刻（现在）正在看这本书，与此同时你的邻居刚刚进入家门，一千公里外的某位足球运动员一脚踢出了皮球，世界的另一端正硝烟弥漫——所有这些此刻同时发生的事情构成时空中的一个片段。这样，如果时空是实体并且是实在的，不同的主体在每一刻都应该得到相同的时空片段。但是根据狭义相对论，由于运动中的主体之间具有着同时性的相对性，当距离足够远时这种相对性会大大改变不同主体间对“现在正在发生的事情”的看法。例如，假如有一艘距离我们几百万光年远的宇宙飞船正在进行着漫长的星际旅行，当它与地球背道而驰时，同一时刻它的时空片断会与地球上的我们有不小偏差。准确地说，对宇宙飞船上的船员而言他们认为的地球上的现在已是相对于我们而言很久以前的事情了。相对运动不可避免，因而相对的时空观不可避免。对于不同的主体“现在”意味着不尽相同的和合现象，这也说明了不存在一个严格统一的“现在”这一时刻。那么时间就不具有普遍必然性，它只是主体在面对和合现象中不断表象出来的运动绵延的过程而通过感知的综合所形成的一个派生概念。

在唯物主义者看来石头无疑是实在的，这块石头的自由落体运动也是实在的。即使我们要质疑这种客观实在性的明证性，我们也无法质疑至少在现象的层面上存在着这样一个对象，毕竟那个被我们称为“处在自由落体运动中的石头”的绵延着的和合现象体现了这个命题的所指，因而我们至少可以说其在现象的层面上是实在的。但什么体现了空间或时间的实在性呢？我们依靠什么就能说“这个”就是空间或时间，而非其他呢？即便我们说两个物体之间的关系是实在的——而我们恰恰是通过这种（位置）关系形成了对空间的认知，或者说形成了对空间的定义——但我们并不能由此认为（或者也不需要认为）空间就是实在的。后者能够被前者替代，但前者却不能被后者替代，关系较之于空间是更基本的。关于时间同样如此。朝花夕拾、韶华易逝，时间好像是度量这些流变现象的一杆标尺，但其实我们完全可以换一种方式来描述这些现象。比如我们可以将容颜的衰老过程与植物的生长过程直接对应起来，用脉搏来计算跑步的速率，等等。这其中没有哪一种现象体现为时间本身。因而时间只是一种换算或计量的工具（类似于货币），以方便我们去理解和表述不断变化着的现象之间的关系。既然只是一种换算工具，那么时间就与空间一样可被替代。

虽然空间与时间是非实在的，但作为实在的派生物它们的存在仍是有意义的。我们的确可以更直接地去把握那些个别事物之间或事物自身不同状态之间的关系，但人具有这样一种更有效率的认知模式——无论它是先天的还是经验性的——它能够将一个可被感知的系统内所有和合现象的绵延关系抽象为更加具有整体性和连续性的符号去使用。进一步而言，运动总是指某物的运动，某物总是运动中的某物，我们可知物质—运动是不可分割的整体，由此形成的空间—时间概念也应是不可分割的整体。因而与其说是物质的绵延关系形成了空间概念、运动的绵延关系形成了时间概念，不如说是事件的绵延关系形成了时空的整体概念。时空不是实体，绵延不是一种空洞的伸展，当我们说“时空”时，实际就是在用这一语词符号指代所有在该语境中存在着的事件条件之间，或事件条件与意向条件之间不断聚合的绵延关系，它形成了我们对一切存在认知的大背景。这就是时空的意义。由于事件的真实性，时空就比空间与时间更接近实在，而当我们将空间与时间分开来表述时，我们只是在表达一个整体概念的两个分量（类似对于空间我们会有三个维度的分量），正如同我们将物质与（广义）意识作为两个看似独立的概念进行使用一样。

而说到物质—意识、空间—时间这两对概念：1. 既然空间总括了物质的绵延关系，时间总括了运动的绵延关系；2. 通过第二章，运动又恰恰是广义意识的体现；3. 因而是否可以说空间是物质总体的表象，时间是意识总体的表象；4. 则又由于时—空本是一个整体性概念，就佐证了物质—意识也是一个整体的观点；5. 而既然时空的概念源自于事件（的绵延），时空的统一如果与物质—意识的统一是一个本质的两种表述，那么也即是说事件就是物质—意识统一的真实表现。

和合的宇宙观

带电粒子之间之所以能够产生相互作用是因为其带有电荷，电荷是带电粒子的内禀属性。但这内禀属性是从何而来的呢？弦理论认为是弦的不同振动模式决定了粒子的质量、电荷、自旋及色荷等属性。那么我们不禁要进一步追问：弦的振动又是因何而起的？敏锐的人会发现这似乎要成为一个可无限追问下去的难题。对创世论怀有敬意的人们会说，弦的振动是上帝的杰作，正如同宇宙的创生一样。这的确是问题的一种答案，但并不是连环问题的终极答案。即便我们承认这个宇宙、我们所生活的世界、这个世界中的一切事物都是由上帝所开创，无论他是东西方传统神学中人格化的天主，还是自然神论中的世界理性，他又由谁或什么而决定？你可以说上帝就是一切之始，我们既无法验证又无从反驳，同时这也是你的难题。

但是通过这一章有关事物和合思想的阐述，我们可以换一种思路来看待关于宇宙创生的无穷后退难题。

既然从微观世界到宏观世界、从自然界到人类社会，和合现象普遍地存在于宇宙的各个角落，那么我们能否将宇宙的创生本身也看作是一种和合现象呢？既然和合是指两个以上条件之间的聚合而产生新事物的过程，那么如果上帝是一位巧夺天工的工匠，他将一些质料捏合起来创造了宇宙，这个过程本身就是诸多条件聚合的显现。即便上帝从无中生有，也需要有他的创生意志和创生行为的和合。以此类推，上帝的由来以及上帝由来的由来都可以被看作是一种和合现象。如果宇宙不是上帝创造的，它的诞生是一个物理过程——如大爆炸理论所描述的——在大爆炸发生的那一瞬间同样至少需要一个触发条件及被触发条件的聚合，而自普朗克时间之后的宇宙历史则显而易见地表现为各种条件聚合的现象。同样的，弦为什么会振动？为什么会缠绕于空间维上？无论下一阶段的答案是什么，它最终都指向某个和合过程。

如果恰如我们所设想的那样，利用事物和合的思想就可以解释宇宙创生的逻辑难题，那么和合就不仅仅具有普遍性，而且具有了必然性，它便不仅仅是一种现象，更是一种自然法则。但这是否只是将问题转换为和合法则是如何而来的呢？宇宙为什么呈现为一种无处不在的和合现象？和合法则是不是由凌驾于其上的设计者制定的？比如其实仍是上帝的意志决定了事物（条件）必将关联在一起而聚合为其他事物。如果真的存在这样一位伟大的设计师，只能说他深谙事物和合的思想，但绝非和合法则的创造者，因为他制定这一规则本身就是遵从和合律的结果。无论我们如何联想和提出类似的问题，和合都会将我们拉回到它的规则中，万物都逃不出和合的影子。

和合本身即是和合的。它不需要一个绝对意义上的初始条件，或者说一个这样的初始条件的存在就是和合的结果，从而被和合法则包裹其中而失去初始条件的意义。没有那个唯一的、孤立的初始，这意味着事物和合的思想蕴含了这样一种宇宙观——1. 宇宙处于某种形式的自我满足中；2. 所以，从根本上而言宇宙没有开始，也不会结束；3. 在这样一个系统中，宇宙于循环往复中运动。运动就是事物和合的过程，而事物就是和合过程的暂存结果，二者一起构成了一个充溢着和合现象的宇宙自身。那么，我们所在的宇宙从很久远的过去，从一个极其微小的空间疯狂的量子涨落中演化而来的过程就只是无限循环的一个阶段而已。

实际上，认为宇宙是从一个绝对意义上的起点生成并终将走向毁灭的思想是与人类自身的生死观密不可分的。但若依照事物和合的外延意义——和合既包括事物的生成，也包括拆解及消散——那么，从人的出生到死亡及其后都只不过是在和合法则中安然行事。我们的出生不过是一些已经存在的条件聚合的结果，而绝非从无中生有；我们的死亡也绝不是有什么东西彻底地消失了，而是以另一些条件聚合的形式继续在世界中轮回往复。宇宙并不因我们的出生和死亡多出或损失了什么。同理，宇宙的所谓诞生只不过是一些条件的聚合，一个循环过程的延续。

认为宇宙处在某种形式的循环往复中，这倒也并不是什么新奇的观点了。古希腊哲学家阿那克西曼德就提出过这样一种思想：宇宙在创生和毁灭间不断地交替着，毁灭并不是消失，而是一种回归。赫拉克利特以及后来的斯多亚学派则认为世界在“火”中覆灭，继而重生于“火”，新生的世界重复着先前世界的故事，直到它再次覆灭。我们从佛教思想中也能找到类似的观点，《阿含经》中有这样的描述："世间转合，世间转散。世间转散已而复还合，世间转合已而安住。"今天，宇宙学中也有相应的动力学模型。简单而言，这种模型指出宇宙在一个膨胀、收缩继而反弹、再膨胀的循环中不断往复[5]。当然，所谓循环不一定是一个平滑的发展过程，也不一定真的是要回到过去从头再来，宇宙自我满足的内在逻辑并不需要建立在一个时空化的体系之上。

我们从"基本粒子的属性是因弦的振动产生的，什么又是弦振动的原因；上帝从无中生有创造了宇宙，什么又是上帝的原因"这样的连环疑问中得到一个无限延续下去的命题集合。无限的形式可以是射线型的，正如人类站在地球上仰望星空一连发出的如上提问。由于人类主观性的原因，一直以来我们看世界的思路就像一条从自我出发的射线。按照这一理路，在我们用事物和合的语言解释世界时也将得出这样的结论：一个宇宙的成立是诸条件聚合的结果，而这些条件又是其他条件聚合的结果，其他条件又是更多条件聚合的结果……由于事物总是和合而成的，以此类推，没有穷尽。

但是无限的形式还可以是一个圆。当我们沿着一个圆型闭合系统行动，无论我们处于其中任何一个位置都不会走到路的尽头。同理，探寻宇宙的原因不会有尽头，或者条件之上的条件无法穷尽，是因为这原因或这些条件就包含在这体系之中，而我们只是一直在重复着绕着圈子。如果换一种思路，抛开人类的线性世界观，也即放弃射线型的绝对起始理念，则有可能理解一个圆型的、自我满足的宇宙逻辑。那么，重新用事物和合的语言来描述这一宇宙观：1. 一方面，必然存在这样一些条件，它们的聚合使得宇宙本身得以成立，这些条件便是我们自以为的初始条件；2. 另一方面，宇宙的成立对应着若干涵盖其中的条件集合的成立，这其中就包含着宇宙自身得以成立的条件。简言之，宇宙成立的聚合条件隐含于宇宙之中，一个自我满足的宇宙模型避免了连环追问的困境。这里要强调的是，成立并非指开始。宇宙的开始以及或许它的结束只是相对观察者意义上的开始或结束；没有开始，也没有结束，并不是指某个阶段的宇宙，而是指广义的、终极意义上的宇宙。

如果我们要用一个简单的数学命题来类比这一宇宙模型，可以是如下的例子：

我们以整数集合类比宇宙总体，同时以数字1类比某个条件（事物）；数字1在整数集合中，正如某个条件（事物）在宇宙中。1与1通过加法运算生成2，通过减法运算生成0，1与2又通过加法运算生成3，通过减法运算生成 -1，以此类推，通过不断的加减法过程得到完整的整数集合；而相应的，这意味着数字1所类比的那个条件（事物）也可以被看作是聚合为整个宇宙的“初始条件”——虽然它就在这个宇宙之中。这有些类似于道家与毕达格拉斯学派的宇宙观——一生二，二生三，三生万物。在毕达格拉斯学派那里，由于“1”的特殊性（通过此例也可以看出，其他整数都始于数字1），它便被看作是一切事物的本原。但是，由数字1是如何得到其他整数的呢？换句话说，整数集合的成立是如何实现的呢？通过加减的运算过程。因此宇宙（整数集合）生成的总原理不能仅仅归因于所谓的事物本原——1。老子说“道生一”，是道生一切数乃至整个宇宙。道是什么？道就是条件聚合的普遍必然性，就是和合法则（在此例中就是加减运算法则）[6]。

此外，我们知道宇宙服从能量守恒——能量既不会凭空产生，也不会凭空消失，它只会从一种形式转化为另一种形式，或者从一个物体转移到另一个物体，在转化或转移的过程中其总量不变。在本章第三节，我们已经谈到这也符合事物和合的思想——任何事物的成立都是一些条件聚合的结果，任何事物也是其他事物得以成立的条件；我们所看到的新的事物只不过是另一些条件的聚合现象，随时，新事物又将汇入条件聚合的江河中不断流变，在这一过程中并没有什么从无中生有，也就不存在产生与消亡。需提示的是，和合现象中的事物不仅仅指客观事物，也同样包括主观事物，因而和合法则不只满足于客观事物的守恒成立，它必须满足一切形式的事物转化过程中的守恒成立。这一刻当我们的脑海里因诸条件的聚合形成某个观念，下一刻这一观念并不会消逝，而是转化为另一事物成立的条件（比如另一个观念或者行动），这期间没有丝毫的损耗。在一个自我满足的宇宙系统中，事物总体在不增不减中运动不息。

至于这样一种符合和合律的精细的宇宙模型具体应该是什么样子，这不是哲学应该或者能够探讨的话题，而是有待自然科学去发现并验证的问题。这不是说和合的宇宙观是一个含混的概念，而是说我们只需认识到无论宇宙真实的物理结构是什么样子，最终它都归因于和合法则之下。所以，我们大可以认为一个自我满足的宇宙并不一定等同于我们所在宇宙的视域，和合的宇宙图景是一个开放的、包容的体系。

遵从和合律的广义宇宙可以是如下一些情形。首先，在我们可观测的宇宙（狭义宇宙）之外还可能存在着大量类似的宇宙区域。这就像最早人类认为世界就是脚下的大地和头顶的天空，后来发现地球只不过是太阳系中的一颗普通的行星，太阳系之上是浩瀚璀璨的银河，而银河系不过是茫茫宇宙众多星系中的一个。于是，狭义的宇宙或许也只不过是更大尺度的宇宙集合中很不起眼的一个而已。其次，我们可以猜想生成如此众多宇宙区域的那些条件很有可能来自更上层的宇宙——如林德的“泡沫宇宙”论。这一模型实际与宇宙大爆炸理论中的暴胀模型紧密相关——在大爆炸后10^{-36}秒到10^{-34}秒的极短暂时间里宇宙膨胀了至少10^{30}倍（比光速快得多），就像是一个迅速吹大的泡泡。根据这一理论，林德进一步认为迅速暴胀的子宇宙可能是因母宇宙在某处出现高强度的能量起伏而被“吹起来”的。可以想象这样的泡泡不止一个，因此有可能形成众多的宇宙区域，而我们所在的宇宙可能在某一处也在孕育着类似的泡沫宇宙。又或者，我们可以选择斯莫林的宇宙模型，他从所谓宇宙诞生的奇点与黑洞中心奇点的相似性得到启发，提出在每一个黑洞的背后都隐藏着一个新的宇宙。那么，黑洞所在的宇宙与黑洞所生成的宇宙之间也是一种“母子宇宙”的关系。此外，我们忽略并不需要的推导及解释过程，只需了解在弦理论中还有这样一种玄妙的宇宙模型——一对半径互为倒数的宇宙（当然这里指的是狭义的宇宙）在物理学上是完全一致的。比如今天观测到的我们所在的宇宙半径约为450亿光年，那么一个半径是其倒数——一个尺度约百亿亿亿分之一米（约10^{-26}米）——的宇宙与我们的宇宙并没有什么不同！佛教《华严经》中也有类似描述：“小世界即是大世界，大世界即是小世界；广世界即是狭世界，狭世界即是广世界。”而我们的倒数宇宙实在比恒河里的一粒沙还要渺小太多。或许我们的宇宙在别人眼中就是这个比原子还要小亿亿倍的世界；又或者，另一个宇宙空间正是由于过于狭小而尚不能被人类察觉。总而言之，宇宙或许并非多重宇宙模型所描绘的那样令人头疼的浩瀚。在同一个宇宙空间或许可以同时包容许多个从另一种视角看来如我们所在的宇宙一样宽广的世界；相反，在那样一群观察者眼中，我们的宇宙也只不过是无数尘埃中的一粒罢了。

但无论是哪种宇宙模型，有多少个宇宙区域或多重宇宙的结构，从最广义宇宙的层面而言，它都必将符合和合的宇宙观——宇宙的成立条件不在其外而在其中，宇宙在一个自我满足的系统中循环往复。当然，我们仍可以坚持狭义宇宙来自上帝的创生——或许这就是我们所在的宇宙的真实情况。甚至，当我们放开想象——结合多重宇宙论的思想——这所谓上帝或许就是更上层宇宙中的高等生命，而我们的世界只是微小培养皿中的一个实验罢了。但事物和合的思想告诉我们，即便是如此令人生畏的高等生命也逃脱不了和合律的束缚。无论是更多的宇宙区域，还是连环的母子宇宙系统，在这复杂庞大到难以想象的时空背后的只是一个简洁的、超越时空的和合法则。宇宙需要和合，如此才可以成立。

注 释

[1] 缘起理论是佛教思想本体论、认识论的基石，佛教各派对因缘的理解要比我们在这里描述的细致得多，包括四缘、六因、十因等说法。《中论·观因缘品》中说“一切所有缘，皆摄在四缘，以是四缘，万物得生”，可见四缘是一切因缘的根本。所谓四缘即因缘、等无间缘、所缘缘、增上缘。由是，在《佛说大乘稻秆经》的例子中，种子即四缘中的因缘（正文中所谓的因），而日照、施肥等则是四缘中的增上缘（正文中所谓的缘）。

[2] 人的一生就是一场持存与重构的较量。在这一刻，人降生了，昭示着某种独一无二的持存的开始。少年时，哭着或笑了，美好童真的持存在时间的打磨中一次次被重构——天真的欢笑逐渐被冰冷的泪水所打破，于是人成长了。直至死亡的那一天到来，那个“某种独一无二的持存”也被重构了。

[3] 维特根斯坦：《哲学研究》，汤潮、范光棣译，第 70 页。

[4] 但为什么运动总是指向熵增的方向？为什么我们看不到玻璃碎片复原的情形？一种解释是，可以想象杯子被打碎的状态有无

数种可能——断成两半，只是摔坏了把手或杯盖，完全碎裂，完全碎裂的碎片形状又各有不同；但完好的杯子的状态只有一个。因而相较于前者，碎片复原为一个完整的杯子的可能在统计学上就可以忽略不计了。那么系统总是向着高熵状态演化的趋势不过是由于这种状态的数量实在太多了，因而更容易实现。

[5] 两种被认为可能的万有理论——圈量子引力论及弦理论——都认为大爆炸不一定是那个绝对初始，而其实是一次大反弹的过程。反弹那一刻之前，宇宙是在迅速坍缩着的，这就为循环的宇宙观提供了理论模板。当然，这一切还须通过科学实验进一步验证。值得注意的是最近科学家已经成功地探测到了引力波的存在，这对通过引力波进一步检验各种循环宇宙的理论模型带来了希望。

[6] 但加减运算法则在整数集合中吗？是的。10这个数字就蕴含了它可以是——比如——10个1的累加，或者3与7的相加，又或者19与9的相减。换句话说，数字与数字之间的关系是先天地隐含在它们的概念之中的，因而也就并不独立于集合之外。同理，事物与事物之间本具的和合性也是先天地内在于它们之中的，而并不独立于整个宇宙之外。

第四章　和合的动力机制

通过对人的意识现象的直观使我们发现狭义意识具有这样一种基本共性——对世界的主动反馈性。唯有当个体具有某种主动反馈的倾向，我们才可能感知到个体的意识。更进一步，动物、植物乃至一切物质体同样具有着某种主动反馈的倾向性，于是广义的意识概念成立了。意识是物质普遍具有的内在属性，物质与物质之间因意识的能动而通过各种形式的相互作用联系起来。同样通过直观我们就能认识到宇宙中普遍存在着事物和合的现象——事物因一些条件（无论是事件还是意向活动）之间的聚合而成立。此时相互作用被广义化为条件的在场，而物质与物质之间的结合也被一切事物之间的和合所扬弃。换句话说，由意识能动所促成的物质之间的相互作用过程（也即事件过程）只是事物和合过程的一种类型。既然意识是物质对世界主动反馈的原发主动性，而和合总是表现为各种条件的在场与聚合（相互作用），那么一切类型的和合现象是否也具有着如意识一般的内在动力呢？更进一步，既然和合不仅仅是一种普遍的存在，更是一种必然的存在，那么它就脱离了一般的现象层面而成为一种规律或法则。如果一切现象甚至宇宙自身皆因和合法则而成立，那么这一法则的运行机制是什么？为了回答这一问题，在本章我们将暂时离开对和合现象自身的考察，通过揭示现实世界本具的某些特性而回到问题的主旨。

微观世界的不确定性

在上一章“和合的时空观”一节，我们说时空就是对一切和合现象的绵延关系的指代，这个结论也表明宇宙中不存在空无一物的处所。根据量子力学，所谓真空并非完全的空无，在某些局部总会出现难以消除的量子涨落——微弱的能量从某处突然地出现，又迅速湮灭，就像是平静的爱琴海微波荡漾。真空的能量起伏活跃在每一个细节之处，并且空间（也包括时间）越小量子涨落的效应就越剧烈。

真空也具有能量，甚至有一个不错的名字——零点能。那么这意味着什么？物理学家根据真空量子涨落的特征发现，当把处于真空中的两片中性（不带电）金属板相互靠近到10纳米左右的距离时，会出现明显的相互吸引的现象。这被称为“卡西米效应”。结合第二章关于广义意识的阐述：1. 对世界的主动反馈是广义意识的体现；2. 卡西米效应反映了真空自身具有这种主动的反馈性，具体表现为使得两块金属板相互靠近；3. 这就是说真空中也存在广义意识。由此可印证意识充满了宇宙的各个角落，它是客观世界无处不在的主动性。

那么为什么真空会存在能量起伏呢？凡是物质就普遍地具有意识，而真空中普遍地存在着广义意识，因而这是说那个空荡荡的“虚无”本身是物质的吗？如果采信量子场论的观点，我们的确可以说真空具有物理实在性，因而真空是充满物质的。什么是场？简略而言，场是分布在一定区域中的事物，而非像粒子一样被描述为某一个质点。场并不是什么稀有物，在现实生活中就充满了各种类型的场——如音乐会中乐器鸣奏所形成的声场，由暖湿气流交会叠加所形成的温度场，等等。而**量子场**是经典物理中的场概念与量子力学的结合。如对电磁场的量子化那样，量子场论需要我们理解物理世界实际就是不同量子场的集合。因此，真空存在能量起伏是因为真空中“弥漫”着量子场。在场强强大的区域我们能够侦测到粒子，而真空是场的最低能量状态，这种状态被称为量子场的“基态”。虽然在这一能级下通常侦测不到实在的粒子，但粒子潜藏于其中。当能量聚集于某处时（即相互作用发生时），粒子便一跃而出。

量子世界的奇妙归根结底是因微观粒子的本性决定的。在双缝干涉实验中，当一束电子从一支可能由发热的金属丝制成的“电子枪”中发射出来，通过一块中间有两条细缝的障碍板打到后面的显示屏上，最终会呈现出明暗交替的条纹。联想桥洞下水波荡漾的情形，我们知道这是波的干涉现象。然而，微观世界的干涉现象并非是因大量粒子聚集在一起——如水流那样——相互涌动的结果。在实验中当我们逐步减少电子发射的频率，直到每一间隔期内只发射一个电子通过双缝（就像射出的子弹那样），如此累积发射的电子最终打在显示屏上的光点集合仍会排列成明暗相间的干涉条纹（而射出的子弹则不会），这意味着波动性是微观粒子内在的性质，即我们可以将粒子看作是一种波。那么这是一种什么波呢？物理学家们认为粒子这种奇怪的性质可以用概率波的形式来解释。一个经典力学意义上的粒子应当位于某个确定的位置，而量子力学意义上的粒子却是在空间上的一个分布——我们用波函数来描述它。为此，薛定谔找到了一个方程用以计算粒子的运动演化过程。当然，我们只能得到粒子出现在某处的概率（概率密度为波函数绝对值的平方），而不能预言它一定出现在某处。粒子的波函数是全空间定义的，理论上而言粒子可以出现在宇宙中的任何位置，不同能量的波函数叠加在一起所形成的量子场便因此“弥漫”于整个宇宙中。根据不确定性原理，场的基态能量不为零（零意味着是确定的），由此而解释真空为何存在能量的起伏。

在双缝干涉实验中，我们不知道电子从电子枪发射出来到打在显示屏上形成干涉条纹的这段路径中发生了什么，这是完全不同于经典物理的情形（一颗子弹从射出枪膛到命中靶心的路径是确定可知的）。但难道我们不能通过某种观察手段去搞清楚电子究竟是如何通过缝隙从而产生干涉条纹的吗？观察即意味着相互作用的发生，比如当我们看到一棵树，实际是打在这棵树上的无数光子折射入我们的眼睛——即光子与树，继而光子与我们的眼睛相互作用的结果。观察或测量电子的运动轨迹是同样的道理。粗略地说，假如我们用光源去照射双缝，当电子穿越缝隙并被光子打到时，我们就可以利用光子探测器检测到电子究竟是如何通过缝隙的。而如此设计的实验结果是，我们的确捕捉到了电子的行踪——它或者经过一道缝隙，或者经过另一道缝隙，并且干涉条纹消失了！由此出现在显示屏上的痕迹就与宏观物体（如子弹）的实验结果是一样的。当我们减弱光强——即减少光子的数量时——则会出现可能有一些电子被光子捕获到，而另一些则没有。结论是被捕获的——跟前面一样——我们能够确认这类电子经过了哪道缝隙，同时干涉条纹消失；而没有被捕获的——一如正常的干涉实验——我们依旧不知道它们是如何通过缝隙的，并会在显示屏上出现部分干涉图案。这似乎是说，恰恰是由于测量行为（相互作用）的发生导致了粒子失去了波动性，而成为一个经典力学中的点粒子。

会不会是因为光子的碰撞影响了电子的运动，从而使其失去波动性呢？测量对观察对象状态的扰动是不可避免的，只是相较而言，光的照射对宏观物体的状态影响是微乎其微的。一束打在猫身上的光子对于猫而言毫无影响，但是对微观粒子则有所不同——一束打到电子的光子会很大地改变电子的“性情”。具体而言，如果我们用高频光子束去测量电子，由于其较窄的波长范围，的确能够使我们得到电子更为准确的位置信息（即可知电子通过了哪道缝隙），但显然高频光子会显著地改变电子的运动状态，从而使我们无法获得电子准确的动量信息（同时这也将极大地破坏电子的波动特征）。那么为了减少这种影响，我们是不是可以用尽可能柔弱的光（更低频率的光）去照射电子，从而尽可能地减少对电子运动的扰动，同时获得更准确的位置信息呢？遗憾的是我们做不到这一点。当我们用低频光子去测量电子时的确能够减小对电子动量的干扰（从而尽可能地保留电子的波动特征），但是低频意味着较长的波长，而具有较长波长的光子对电子位置信息的测量也将变得极不准确（我们将无法知道电子经过了哪道缝隙）。结果是，当我们获得准确的动量时，则无法获得准确的位置；当我们获得准确的位置时，则无法获得准确的动量。粒子的位置与动量不可同时获得，这就是量子力学的不确定性原理。

在经典力学中，我们用坐标系（x，y，z）中的某一点来描述物体在某一时刻（t）的位置，并同时可获得其在该时刻的瞬时速度（v）。显然，这是一个有规可循的物理实在。而不确定性原理告诉我们微观粒子的行为就像一个古怪淘气的精灵，我们永远无法同时获得它的准确位置和动量。粒子的动量信息越确定，我们越无从知道它究竟在哪里；反之，如果我们把粒子囚禁在一个盒子里，并通过不断压缩盒子的体积以获得更加准确的位置信息，粒子将“愤怒地”四处冲撞，疯狂地想要逃离囚禁，其动量则越来越难以预料。除了动量—位置的不确定性关系，能量—时间、角动量—角度等也符合这种不确定性关系。海森堡告诉我们，无论我们如何调整实验设计或装置，我们也无法在理论上消除测量的扰动。在经历了甚为激烈的争辩后，通过阿斯帕克特等人对贝尔不等式的检验，人们更加确信量子力学是完备的，不确定性是微观粒子的本性。此外，已经有实验证明中子、原子甚至如分子这样的大尺度物质都能够在双缝实验中生成干涉条纹，这意味着——根据量子力学——从微观世界到宏观世界，一切物质都可以被波函数所诠释，那么我们必须用概率的方式来重新描述和认识宇宙。

宏观世界的不确定性

微观世界是一个个概率现象的集合，是充满不确定性的，这是组成宏观物质的微观粒子的本性。然而，我们的感官经验似乎告诉我们宏观世界是确定的。一只猫懒洋洋地卧在客厅沙发的一角，以我们的常识，它就在那里，并没有迹象表明它会同时出现在其他位置。如何解释？粗略地说，大尺度物质没有出现明显的波动性是因为物质质量越大，组成它的粒子数就越多（约10^{23}个数量级）；而粒子的波动性就好像它所具有的个性，在大尺度物质中大家七嘴八舌，没办法产生合力。于是不同的粒子波长杂乱叠加的结果使波动性彼此抵消，它们的集合——那只猫便待在某个相对确定的位置。更准确地说，微观粒子之所以能够呈现波动性——比如形成屏幕上的干涉条纹——是因其系统内波函数相位的相干性所致。相位是指波的某一点在波的循环中的位置，相位差导致出现干涉条纹。假如有两列波，它们之间有固定的相位差，我们就说这两列波是相干的。然而，现实情况是当量子系统面临环境的任何扰动，其相干性会部分或全部丧失，此一效应被称为“退相干”。即便我们不去测量粒子，在任一量子系统所处的环境中都不可避免地潜在着扰动粒子的因素，随着时间的推移，退相干现象总会出现。换句话说，粒子的不确定性总会因外部条件的存在而被“掩饰”。观察、测量及任何环境微扰都意味着相互作用，于是对于大尺度物质而言，整个系统复杂的相互干扰与作用抵消了，或者说不允许其具有明显的波动特征，物质便呈现出经典确定的状态。

宏观物质不具有明显的波动性还可以用德布罗意关系来解释。我们之所以看不到大尺度物质的波动效应，是因为物质的德布罗意波长 = 普朗克常数 / 动量。普朗克常数的量级是非常非常小的，因而大尺度物质的波长就更小了。除非我们有非常精密的实验装置，否则像一只猫这样大的物质的干涉现象是无法被观测到的。

对双缝干涉实验的理解是理解量子力学及其世界观的关键，为此我们再来简单地介绍一下理查德・费曼是如何通过路径积分的方法来解释粒子的行为的。

依赖经典力学的直觉，我们通常认为粒子只会通过障碍板上的某一道缝隙，而不应该受到另一道缝隙的影响（如同子弹穿过某个缝隙一样）。实验结果却表明粒子似乎的确是受了存在两道缝隙的影响，从而产生干涉现象。费曼认为实际上粒子同时穿越了两道缝隙。更一般的，我们可以设想在没有障碍板的情况下粒子从起点至终点的过程经历了所有可能的路径。它可能径直地打在显示屏上，也可能向上或向下有所偏转地走过一条弯曲的路径，甚至可能飞往银河的中心或宇宙的边缘再掉头回来。最终，粒子到达显示屏某一点的概率幅依赖于所有可能路径的概率幅的求和。实际上这个道理很容易理解。在常规的双缝干涉实验中，我们知道粒子从起点到终点有两种可能的路径选择（因为有两道缝隙）；现在假设我们再增加一块有四道缝隙的障碍板，那么总路径数就增加为八种；以此类推，如果无限地增加障碍板及缝隙数，可以想象最终的结果就与没有障碍一样了，则粒子将经过无数条路径。

让我们来做一个类比。想象当一个人处于一条大河的岸边，这是他的起点，终点被设定在河对岸的某一点，他要想办法过河。这是现实世界的一个非常普通的事件，正如粒子从某一起点至终点的演化过程。可以说，理论上存在无数条可能的路径。他可以走过一座桥，而这一选择本身也是若干条更细致的可能路径的集合；他可以坐船渡河，这是另一些可能路径的集合；他可以顺着河道绕过此处，寻找其他办法渡河等等。他同时拥有一切渡河的可能路径。当然，对路径的选择多少会有些倾向，在桥、船、绕道而行等路径中，直接通过桥到达对岸当然是最快捷的路径。最终，所有可能的选择勾勒出一个路径集合。从这个意义上而言，我们可以说过河人处于所有可能路径选择的叠加状态。通过桥过河的路径概率显然是最大的，而其他路径选择的概率则要小很多。当然，过河人很快就会做出确定的选择——因为面前的确有一座桥。于是，过河人这一“量子系统”迅速地被桥这一环境因素干扰（“相互作用”的发生），结果不出意料，他会沿着一条显而易见的经典路径抵达终点。

虽然宏观世界表现出与微观世界不同的特征，但这并不是说我们不可以用看待微观世界的方式去衡量宏观世界，因为毕竟后者是由前者构成的。当然，上面的例子或许不是一个好的类比。因为在宏观世界处处存在着相互作用的可能因素，即环境中充斥着可聚合的条件。在这一事件的起点处，这个庞大的量子系统的行动轨迹就因桥的干扰（相聚合）而迅速退相干成一条经典路径了。虽然如此，我们仍可以说在一个宏观系统中多种可能路径的叠加状态是**潜存的**。未来将要发生什么是由一个个潜存的概率集合串联起来的，而非必然地指向某个唯一路径，只是显现出来的现象并不直观地表达这种潜存性。加之人心对确定性追求的在先性，而我们的大脑又极其擅长于化繁为简地给予既定事实一个合理的解释（符号化过程），因而宏观世界的经典确定性似乎就变得理所当然了。

人们通常认为微观世界的那种非决定论的世界观不能推广至宏观世界——宏观世界是决定论的，因为经典力学是决定论的，这其实是一种错误的认识。既然宏观世界是由微观世界组成的——二者并非两个相对独立的世界——那么微观世界所具有的内禀属性必然也是宏观世界的内禀属性。只不过，或许表征的方式不尽相同。

然而，先入为主的经典世界观恐怕是根深蒂固的。即便人们不得不承认微观世界的不确定性是粒子的本性，但似乎仍难以接受宏观世界也具有某种内在的不确定性。比如，他们会说我们之所以不能准确地预测某些宏观随机事件是由于存在着一些外在的不可知变量，而假如我们能够对所有初始条件有绝对的把握，就能准确地预测随机事件的发展。例如投掷硬币的情况。假如我们能够极其准确地掌握硬币的材质、抛掷硬币的角度与力度、空气阻力等因素，我们就能准确地预测硬币的正反面。问题是我们能吗？对以上任何一个信息的测量（掌握）都不可能无限的精准，而只要存在一点点的偏差就不能保证预测的必然准确。因而对宏观随机现象，我们只能给予概率诠释。

但是人们仍然会说对于我们要面对的绝大多数宏观事件而言，经典决定论依然是有效的，因为并不是所有的宏观事件都是掷硬币这样的情况。比如，只要我们掌握了炮弹射出的动量与初始位置的信息，我们就能相当准确地预测它的运行轨迹。的确如此，但“相当准确”依然不是“绝对准确”，精确度总是有限的。虽然现代战争依赖于非常精密的军事装备，以使我们能够胸有成竹地做出精准打击，但炮弹的落点总是存在着一个狭小的误差范围（即便或许不影响军事打击的效果）。换句话说，我们还不能绝对准确地预言炮弹必定落在某个点上，而必须附以某个误差区间。但在效用上这样的结果已是相当实用了，所以往往那一点点的误差就被忽略不计，以使人们错误地认为对运动轨迹的预测是绝对确定的。无论经典力学对宏观世界的描述多么有效，它毕竟还没有与实在同一，而只是一种近似。认识到这一点很重要，这意味着经典力学其实已经埋藏了非决定论的种子。

进一步而言，从更为系统性的视角来看，我们说事物总是在不断和合的过程中运动变化着，这就使得即便我们能够在有限的步骤内相当准确地预测某些简单事件的发展，但随着和合过程的推进，那一点点的初始误差就会迅速地演化为更大的误差，以至整个复杂系统陷入完全无法预测的混沌之中。复杂系统总是比简单系统更加难以预测，这是显而易见的。在前面提到的投掷硬币的例子中，我们知道硬币任何一面朝上的概率是1/2，如果换成更为复杂的骰子，则获得每一点数的概率变成1/6，再增加一个骰子，情况又变得更复杂一些。以此类推，每一种可能的概率将不断被“稀释”，对于结果的预测则变得更加困难。现实世界比掷骰子的游戏复杂得多，因而在本质上是更加难以预测的。但任何一个混沌系统都是从极其简单的（从而看似确定的）系统演化而来的，因而混沌的本质是由系统本具的非决定性而非系统的复杂性所致。宇宙的各个角落都在不断孕育着由各种简单系统向复杂系统演化的过程，无论初始条件如何精确，误差总是不可避免，随着系统的复杂化，不可预测性也将迅速地增大，从而呈现为不同类型的混沌现象，则决定论是不可能的。广义而言，混沌无处不在。这才是真实的世界，而非世界的表象或符号化的世界图景。

在前面的阐述中我们更多地讨论了物理世界的不确定性，而现实世界不仅仅是单纯的物理学意义上的。毋庸多言，与人类密切相关的心灵和生活世界更是充满了不确定性，因而反映在心理学、社会学、经济学等学科中的不精确性较之物理学则更为显著。总而言之，与微观世界一样，宏观世界并非我们过去所认为的那样确定无疑，不确定性是现实世界的一种普遍特征。

确定性与不确定性

由于事物普遍具有的不确定性使得世界的发展充满了偶然性，这便要求我们必须重新审视对于必然性的信念。或许只有在全然静止的世界中，我们才有可能从容不迫地罗列出组成事物的所有已知条件和可预知的潜在条件。而在一个变动不居的世界里，任何已知的条件集合都无法稳妥地形成一条排列于时间轴上的惯性链条，以确保事物的发展一定按照这些条件所投射的规律演化。因此，在现实世界中并不存在什么绝对的必然性。

我们从经验中一次次得到同样的结果，于是总结出一个规律，并归结为某种必然性——它必定永远如此。但是，正如经验主义的怀疑论所提出的疑问：无论如何我们知道的只是已经发生的事情，它发生过一百次、一千次、一万次，我们从这些经验的比较中可以断定过去所发生的一致性，但我们如何从经验中得出它必定永远发生呢？何种经验能够使我们确信这种绝对必然性的存在呢？或许就像休谟所说的："在相似的例证屡见不鲜以后，人心就受了习惯的影响，在看到一件事情出现以后，就来期待它的恒常的伴随（规律），并且相信那种伴随（规律）将要存在。"[1] 并不是经验给予了我们绝对必然性，而是我们对认识事物的需要创造了绝对必然性，因此我们并不能证明这种必然性是真实的。或许古典理性主义者可接过经验主义无法回答"人是如何获得必然性洞见"的命题，得出它正源自上帝的启示。但是，上帝的存在与否既不可证明也不可证伪，那么说“我们从上帝那里获得绝对必然性”就只是一种抉择主义的体现。由于这个结论的前提本身是未知的，因而其结论也是不确定的。

我们的确总结出一些自然规律，但请注意这些规律如同一切经验主义不可回避的问题一样，都不必然指向永久性和完备性。我们实际得到的——哪怕是那些最显而易见的规律——都仅仅是对实在的某种近似，而非其本身。往往，在对这些规律的运用当中，我们不得不小心翼翼地为其划出一个个限定范围。而当我们对世界的了解进一步加深，那个限定范围的适用性就将受到质疑，直至理论的彻底崩溃。如果认为概率的产生是因为我们不能全面地获知所有信息，那么从另一种意义上而言，绝对必然性信念的产生倒更像是因为我们不能全面地获知信息。当我们最初断言大地是平直的时候，是因为我们并不知道地球整体的情况；当我们说地球是宇宙中心的时候，是因为我们并不十分了解地球之外的世界；当我们采信经典物理学时，我们忽略了许多现实中实际存在的影响因素；即便是在量子物理学中，我们也很好地利用了近似的原则来剪掉各种理论上需要面对的冗长问题。因此，我们并没有百分之百地描述世界，而只是得到一种近似描述。即便这种近似愈加逼真，但最终我们不得不接受的事实是：任何理论体系总存在例外，因为永远存在不可知的变数。这种不可知的变数在社会学家那里应有更深刻的体会。正如我们在上一节最后所说的，即便在今天社会学家提出了关于社会运行及演化的各种理论模型，但无论从哪一个维度而言，社会科学较之自然科学都更缺乏对必然性的把握。总而言之，无论在自然（客观世界）还是社会（主客观世界）中，我们都既无法得到绝对必然性，也无法摆脱事物的不确定性。

不确定性并不是主体对世界信息掌握的不充分所致，它是现实世界固有的基本属性。实际上，如果没有不确定性，我们今天可能就无法坐在这里思考这个问题了。且不说自由意志与不确定性之间的联系，至少基因突变是没有的，那么人类乃至生物演化过程中的跳跃性便无法出现。如果没有不确定性，地球、太阳以及银河系恐怕都难以形成。因为在狭义宇宙诞生的早期，假如没有不确定的量子起伏就不会出现局部相对于整体的密度不均衡，也就不会出现那些密度高于平均密度的区域通过自身较强的引力吸引周边的物质，从而结合成为星云，继而成为恒星、行星的现实，那么当整个宇宙彻底展开时，只会形成一锅均匀的物质汤（有可能连这也实现不了）。如果不是电子本具的不确定性，那么它的必然归宿将是与原子核的相撞，则组成一切物质的原子就不会是稳定的存在物了。甚至，假如在上一章最后提到的多重宇宙是存在的，那么如果没有不确定性，狭义宇宙的成立本身也是个问题——如泡沫宇宙理论认为，我们所在的宇宙源自于母宇宙某个区域的剧烈且偶然的量子涨落。因此，恰恰是不确定性为世界创造了稳定的可持续性。

但是，回过头来我们却要问：这是说世界上根本不存在确定性吗？一切现象都必然是偶然的呈现吗？若如此说，我们便陷入逻辑矛盾中——必然的偶然性难道不是必然的吗？我们无法前后一致地把握这一准则。不确定性的确是事物普遍具有的内禀属性，但问题的关键是这并不意味着确定性就要遭到彻底的否定，二者是相容的。

在现实中，我们用概率来预测一些事件。比如扔出一枚硬币，猜测究竟哪一面朝上，而我们始终无法断言下一次一定出现的是哪一面，这是不确定的。但是我们却可以十分确定地指出正反面出现的平均概率是1/2，即便这是一个概率诠释，但却是明确的概率诠释。同样的道理也适用于描述微观世界的量子力学。即便我们无法同时确定粒子的位置与动量信息，但是我们仍然可以通过一个确定的波动方程来得到它在演化过程中每一时刻的波函数。虽然对混沌现象的不可预测性揭示了系统内在的随机性，但这种随机性却源始于一个确定的动力学系统。概言之，即便任何物理系统测量的误差是不可避免的，不确定性总是潜存的，但是这并不影响我们在合理的范围内获得相对确定的结论。此外，显而易见的是人的一生充满了偶然性，但是人生总要面临必然的归宿。人类社会是复杂多变的，但是我们仍然能在这千差万别中找到某些相对的不变性。人类在追求真理的道路上总要经历不断扬弃的过程，任何理论的确都不具有永久性或完备性，但任何一种理论之所以又能够建立起来，如果不是因为世界本具的某种现实的连续性和相对的确定性，只依赖于人心对必然性的追求恐怕是难以成立的。（更进一步，我们还可以追问：人心为什么总是涌动着对必然性的不懈追求呢？）

总而言之，偶然性的背后存在着必然性，必然性的背后也存在着偶然性（但这绝不意味着偶然性就是必然性，必然性就是偶然性）；同理，在事物的不确定性中总能找到相应的确定性，而在事物的确定性中又总是伴随着无法消除的不确定性。因此，在这两个概念对子中都存在着某种对立统一的关系。

物质性与意识性

说世界是确定性与不确定性的对立统一，这样一种观点并不新奇，但我们的目的也并不止于此。我们要追问：为什么宇宙中总存在着这样一种对立统一的关系？这就联系到本章最初要阐明的问题。

首先，直观的，相对于物质的存在状态，与之相关的意识活动总是表现出更多的不确定性。我们通常认为物质是客观存在、实体存在、真实存在，因为物质不像意识那样具有私人性、隐秘性，让人捉摸不定的特点。一个人脑中所呈现的杯子的图像是不确定的，因为每个人对杯子的感知与认识是不尽相同的，同一个人不同时刻对杯子的想象也是不尽相同的；但是眼前的那只杯子却是确定的、唯一的。这一刻我们脑海里的杯子可以是纯蓝色的马克杯形象，下一刻又可以变成透明的玻璃杯形象。只要是显现于意识活动中的图像，它就是时刻可变的，而且这种变化往往不是自我能够完全把握的，因而它是不确定的。而一个桌子上客观存在的蓝色马克杯，无论是这一分钟还是下一分钟都将以这样一种形式存在着。于是，物质相对于意识表现为确定性，而意识相对于物质表现为不确定性。当然，意识活动寄托于物质载体，物质存在有赖于意识活动。杯子的形象在脑中的建立基于意识对客观事物感知的综合，杯子客观形式的成立是物质条件在意识意志行动下的产物，物质与意识是不可分离的。

其次，根据广义意识的定义，意识总是表现为使得物质主动原发某种与其他物质产生相互作用的倾向。因而意识的本质是一种主动反馈性，一种能动性，而正是因为这种能动性才使得不确定性成为可能。可以想象，没有意识的物质是没有变化的，因为没有意识就没有相互作用的可能，也就不存在能够改变现存状态的条件。换言之，没有变化我们就感知不到意识的能动性，而恰恰因为变化的普遍存在，才使得我们能够发现广义意识的存在。那么也就是说，正是意识的能动性促成了变化的必然存在，而正是这种变化的必然存在才使得确定性被打破，不确定性成为可能[2]。反之，物质的本质是一种被动的承受。没有意识的物质是没有变化的，而没有变化就意味着绝对的确定性，因而正是这种相对于意识能动的物质的“惰性”才使得确定性成为可能。所以，正是由于物质的存在才有确定性的普遍存在，也正是由于意识的存在才有不确定性的普遍存在。但是物质与意识是不可分离的，物质与意识本身是一对辩证统一体，其结果就是事件的成立。因而客观世界就总是表现为确定性与不确定性、必然性与偶然性的对立统一。

和合现象最基本的聚合条件除了事件条件还有意向条件，也就是说除了客观的和合现象外还存在主观的和合现象。但是事件——作为物质与意识辩证统一的真实存在——只能用来解释客观世界的确定性与不确定性的对立统一关系。那么在纯粹的意向活动（也就是主观和合现象）中是否也普遍地存在着确定性与不确定性的对立统一关系？如果存在又当如何解释？

作为客观存在（事件）的能动性，广义意识为客观世界提供了不确定性的可能，而为客观世界提供确定性的是事件中物质的一面。由于在我们通常的理解里，狭义的意识活动是纯粹的主观存在（不含有客观的物质成分），那么我们就有理由相信由纯粹的狭义意识所产生的意向活动相较于与之相关的客观事物具有更大的不确定性——比如我们脑中的一个关于杯子的观念与客观存在的杯子相比较——但是这并不意味着意向活动就全然不具有确定性。如同变化总是指某物的变化那样，意向活动也总是指某个观念的流动过程。我们头脑中的一个关于杯子的观念的确不如桌子上的一只杯子那样具有更为清晰、确定的形式，但在意向活动中观念所扮演的角色正如同物质在事件中所扮演的角色那样——为确定性提供了可能性。当我们在意指一个“杯子”或者思维一个“杯子”时，那个关于“杯子”的图像或者观念是相对确定的、可把握的——相对于意向活动中思的过程的流动性而言。试想如果没有任何观念的持存，那么思的对象是什么？就像如果没有物的存在，什么在运动？要有所思，就必须有所思的对象，而这个对象能够被意向、被思维就意味着在意识中存在着一系列连续且稳定的可被认识、可被描述的观念，这就是意向活动的确定性的体现。反之，意向活动的流动性（涌现、连接、合并、转化和消逝）正像广义意识在事件中所扮演的角色那样——为不确定性提供了可能性。杯子的图像不是永恒地存在于我们的意识中的，它是通过回忆或想象的过程涌现出来的。一个观念或者是从暂时的无到暂时的有，或者是从暂时的有到暂时的无，又或者与一些观念相连接而转化生成新的观念，一个意向活动的过程、思的过程是不断变化的过程。相较于客观事物的运动变化，人的思绪可以在瞬间跨越时空的两端，可以在刹那间生出许多念头。即便在这一刻我们在反思着某个观念，但是下一刻很可能就跳跃到另一个毫不相关的观念中去了。人的心理活动令他人甚至自己都难以捉摸，这正是意向活动的不确定性的体现。总之，回忆、联想和反思体现了狭义意识活动中的能动性，而回忆、联想和反思的那些观念则是这一过程中的被动承受者。因而这就极其类似于客观世界物质与意识相辩证的情况，只不过在这里好像是观念与思的流动之间的辩证过程——二者的辩证运动形成了持续不断的意向活动。

因此，无论是事件还是意向活动，其内部都潜存着确定性与不确定性这一对矛盾体。换句话说，意向活动既相对于事件是一种不确定性，其自身内部也孕育着不确定性与确定性的对立统一关系；事件既相对于意向活动是一种确定性，其自身内部也孕育着确定性与不确定性的对立统一关系。那么这样一来，我们就有理由认为客观世界与主观世界共同存在的这种极为相似的辩证运动——从而导致确定性与不确定性的对立统一——不可能只是一种巧合，这其中一定存在着某种更为本质的联系。

实际上在第三章我们就已得到一个结论：物质与其相应观念是同一的，它们不是真实的存在，而是主体为作为对象的那些现象赋予的同一符号。那些现象是真实存在的，但却不属于实体的范畴（是实体，必是实在；而是实在，未必是实体）。本质而言，由物质及其相应观念所指代的那些现象反映的是事物的同一种属性。观念在主观的意向活动中所起的作用正如同物质在客观事件的发展中所起的作用一样使事物展现出确定性的一面，换句话说观念在意向活动中所反映的那种属性等同于物质在事件中所反映的那种属性。既然在直观的认识里已经有物质相较于观念更趋于确定性的印象，**我就把凡是使得事物倾向于确定的那种属性称为物质性**。反之，更容易理解的是，无论是事件的运动性还是意向活动的流动性也都反映了事物的同一种属性。事件的运动性是由（广义）意识所原发的，意向活动所展现的也正是（狭义）意识的流动过程，而二者又都使得事物的不确定性成为可能，**因此我就把凡是使得事物倾向于不确定的那种属性称为意识性**。总之，无论事件还是意向活动都具有物质性的根本属性，从而导致一切事物的确定性的原因正是世界的物质性；而无论事件还是意向活动也都具有意识性的根本属性，从而导致一切事物的不确定性的原因正是世界的意识性。因而世界总体——无论主观的还是客观的——因物质性与意识性的辩证而总是表现为确定性与不确定性的对立统一。

我们从对客观世界的直观出发，在物质与意识相依存的关系中发现了意识普遍具有的一种对世界主动反馈的倾向性，从而得到了广义意识的概念。广义意识的意义在于为物质之间的相互作用提供一种能动性。但对和合现象的直观使我们认识到，这种物质之间的相互作用仅仅是更一般的事物之间的相互作用的特殊情况。和合即条件的聚合，条件不只是客观事物（事件），也包括主观事物（意向活动），因而物质的结合被扬弃为事物的和合。世界普遍的存在着不确定性，导致这种不确定性的原因是事物的意识性。因而，如果说广义意识是物质相结合的能动性，那么意识性就是事物和合的能动性，即和合的内在动力。至此，广义的意识概念也可以被扬弃了。但是，只有能动是不够的。能动需要一个载体，在客观世界我们称之为物质，在主观世界我们称之为观念。而无论是物质还是观念其本质都是事物的物质性，表现为使得事物倾向于确定性的一面。物质性与意识性是对物质与意识关系的提炼，在一个更为广义的层面物质性与意识性的辩证关系替代了物质与意识的辩证关系，**则一切事物都是物质性与意识性的辩证统一体**。

我们说在和合现象中总是存在着两种相互对立的状态——持存与重构（参见第三章第二节）。持存使得事物倾向于不变的状态，而重构则总是倾向于改变这种状态。显而易见，我们立刻就能将它们与物质性—意识性的概念联系起来。实际上前者正是后者于现象层面的表现——物质性表现为持存，意识性表现为重构。物质性与意识性的辩证过程就是持存与重构较量的过程。作为和合现象中的两种基本的聚合条件，事件及意向活动都体现了持存与重构的统一。持存与重构的较量存在于一切和合现象中，换句话说物质性与意识性的辩证存在于一切和合现象中。通过和合的宇宙观，我们进一步认识到和合现象不仅是普遍的存在，更是必然的存在，和合是宇宙的自然法则。于是我们的结论是：和合法则之所以能够有效地运行，正是由于事物内在的物质性与意识性的辩证运动——这就是和合法则的运行机制。

我们不要把物质性与意识性的辩证统一仅仅局限于去描

述某个个体事物的成立上，也不要依旧把对这种辩证关系的理解停留在物质与意识相辩证的直观世界的层面。世界不是一系列孤立个体的堆砌，而是系统化的有机整体。因此任何一种系统化的存在或者存在系统都内生着物质性与意识性的辩证运动。

投掷硬币，每一面朝上的平均概率必然为1/2，在这里我们说概率为1/2是投掷硬币这一事件系统的物质性，因为这一定论如同物质一样倾向于一种连续的存在，即概率总是1/2；但每一次投掷的结果仍不确定，每一次投掷是投掷硬币这一命题的意识性，即一次次重构的过程。于是，由概率必然为1/2（物质性）与每一次投掷（意识性）的辩证运动形成了投掷硬币这一事件系统的动态图景。在人类的死亡这一命题中，人类必然会死去是这一命题的物质性，因为这一定论与物质一样倾向于一种连续的事实；人类如何死去成为这一命题的意识性，因为它一如意识一样充满变数。于是，人类的必然死去与人类如何死去的合题构建了我们对人类的死亡这一命题系统的认识。当一滴墨水被滴入一杯水中，它必然会扩散开来，但是整个扩散的过程是无规可循的。墨水必然扩散的过程正如同我们看待某一物质时的感觉一样具有在时空中的连续性，但其系统内小分子的无序运动就好似具有不确定的意识一般“随心而动”。墨水的必然扩散与无序运动构建了大自然中这一普遍存在的系统的完整画面。因此，物质性与意识性的辩证关系不仅仅存在于个体事物的和合中，也存在于任何系统的和合过程中；不仅仅存在于客观和合现象中，也存在于主观和合现象以及主客观的和合现象中。

对于任何所谓确定的事物（系统）都潜存着偶然的变化，对于任何所谓不确定的事物（系统）都潜存着必然性的归宿。由此在规律之外总存在变数，使得宇宙局部潜存突变的可能；

在变数之上总能建立新的规则，使得世界总体维持相对平稳的状态。宇宙在物质性与意识性的辩证中有机地持续运动，具体执行了和合所要求的事物（系统）在条件的聚合中不断流变的宇宙法则。既然无论是客观世界还是主观世界都是物质性与意识性的辩证统一体，那么两种世界在本质上就是一个世界，和合的聚合条件——事件与意向活动在本质上也应是一种性质的事物。当然，现实中的事物与心灵中的事物毕竟存在着直观上的差异，这种差异的存在就使我们无法轻易地摆脱认识论上的二元论，我们需要在一个更一般的层面将对这两种在直观上看似不同性质的现象的认识统一起来——而不是只在现象的层面简单地将其中一种归为另一种，甚至无视或取消某一种现象的存在性。

最后，既然本章的内容是从对微观世界的考察开始的，那就让我们再回到微观世界。我们知道，在量子力学中微观粒子具有波粒二象性的性质，即在经典力学中那些所谓的质心粒子——例如电子——实际上存在类似波的特性，因此会出现干涉现象；而那些原本认为只是波动的存在——例如光波——也存在粒子（量子）的特性，因此会出现光电效应。由此得出结论，微观粒子既具有类波性又具有粒子性[3]。我们发现，粒子的类波性导致其趋向量子力学的不确定性，而粒子的粒子性导致其趋向经典力学的确定性。结合前文的论述，现在可以说粒子的类波性正是其意识性的体现，而粒子的粒子性正是其物质性的体现！这的确是一个有意思的结论，从微观粒子的“波粒二象性”，我们再次看到了物质性（确定性）与意识性（不确定性）相统一的例子。需再次提示的是，不仅仅电子这样的基本粒子，而且原子、分子这样大尺度的物质粒子同样具有类波性，那么也就同样具有波粒二象性；进一步而言，在本章第二节我们说过，理论上宏观物质（大量微观粒子的集合体）也应具有波动性质，只是其呈现不出微观物质那样明显的波动特征。因此，从粒子性—类波性到确定性—不确定性，再到物质性—意识性的对应关系，我们也从另一个侧面再次印证了从微观世界到宏观世界普遍具有的这一辩证统一关系。

注　释

[1] 休谟：《人类理解研究》，关文运译，商务印书馆，1981年，第69页。

[2] 这并不是说变化就等于不确定性，而是说唯有变化才使得不确定性存在可能性。不变的事物如何孕育不确定性呢，又何以称其为偶然发生的呢？变化或许有规可循，但只要有变化的存在就总有偶然性的可能。意识与变化之间也是相似的情况。所以这里的几个概念之间的关系是——意识是变化的可能性，但有意识未必一定导致变化；变化是不确定性的可能性，但是有变化未必就一定是不确定的。反之，有变化就意味着一定有意识，不确定性的存在必然意味着变化的存在。前者总是后者的充分条件，后者总是前者的必要条件。

[3] 即便得到了“波粒二象性”的结论，我们仍习惯将这些微观事物称作“粒子”。这就是认知习惯的强大之处！显然，这样一种符号的使用必然会对我们的认知产生潜移默化的影响——即便是无意识的。或许应该给它换一个更恰当的名称。

第五章　和合本质

仅仅凭借直观认识，我们就能发现事物与事物之间因相互作用而构成新事物的和合现象。稍经反思——通过一种新的宇宙观的建立过程——我们又能认识到这种现象不仅是普遍的存在，更是必然的存在。因此，宇宙中的任何事物都是另一些事物的和合——事物总要依赖于两个以上条件的聚合而存在，这是和合法则的必然要求。那么我们就要追问：有没有不依赖于他物而独立自存的事物？更进一步，无论和合是普遍的还是必然的存在，它所直观表象给我们的是一种现象，虽然我们找到了推动这一现象不断生成的内在动力，但我们依然要问：这一动力机制的根源是什么？支撑这一切现象存在的本质是什么？

实体是不存在的

在导论与第一章，我们说过实体、实在与本质这三个概念有着密切的渊源，那么从对实体与实在的考察又如何能够通达对本质的揭示，这是本章我们要力图回答的问题。因此，首先我们就来考察一下实体这个概念。

实体是独立自存之物，它不依赖于他物，他物却要依赖于它而存在。于此我们在导论中通过对哲学史的考察已有过简要的论述，我们的结论是——独立自存的实体是一种幻象。现在，根据事物和合的思想，既然事物总是由一些条件聚合而成，那么这也就意味着事物总要依赖于他物才能够存在。一只时空中的杯子（我们称其为一个事件）——从它的非存在到存在再至非存在——实际上是一个与它相关的诸元素、诸条件无时无刻相互关联、不断聚合的过程。但我们毕竟又可以如此表达——“一只杯子”，言外之意，它是某个独立的个体。这不过是因为我们更善于把握世界物质性的一面，继而用一个符号来指代那一系列相互关联且持续变化着的物象罢了，而对世界符号化的能力是由我们感知器官的构造决定的。我们已不止一次地描述过这样的事例以表明任何事物总是可以被拆解为另一些事物的和合，也就是说事物总是建基于、依存于他物的。世界是一个系统化的有机整体，事物因和合而相互关联是普遍且必然的，正是由于在世界之内诸条件的相互关联才使得世界整体得以成立。组成世界的诸条件也不是独立不可分的——无论是在时空意义上，还是逻辑意义上。在现实世界中，我们想象不到有任何一种事物不是如此这般的存在，那么哪里存在着不依赖于他物而独立自存的实体呢？

但还原论的思想依然是根深蒂固的，人们不禁仍要去想象，会不会存在着某种不可分的简单事物是构成一切复杂事物的那个不变的实体。假如有什么是独立自存的，它就是没有生灭变化的。因为如果它是有生灭的或是有变化的，则意味着它要么受到他物的影响（变化的外因），要么受到自身内部的影响（变化的内因）。如果是受到他物的影响，那说明它不是实体，因为实体不依赖于他物。如果是受到自身内部的影响，则意味着它仍是可分的，仍然具有内部结构。但如果它仍然具有着内部结构，那它就不是实体，因为它的存在要依赖于它的内部结构。因此，实体必然是不可再分的。显然，这就将实体与事物本原的概念联系了起来——一切存在的支撑物正是那不可再分的初始之物，这听起来也是很合理的。我们承认宏观事物似乎都可以被看作是其他事物的和合，但宏观世界毕竟是由微观世界组成的，既然和合现象的类型是多样的，这其中又必然地包括了物理意义或者时空意义上的结合，那么我们就有理由设想微观世界存在着某个独立自存的实体，而它正是生成一切和合现象的本原。虽然事物本原不是世界的本质，但如果说事物都可以还原为某种本原，而世界的本质是一切事物都必然具有的本质，那么它也就首先应是事物本原所具有的本质。可见，对事物本原的考察与揭示世界的本质之间也存在着密切的联系。

毋庸置疑，今天——在由科学所主宰的世界观下——关于事物本原最成熟的理论是粒子物理学所给出的基本粒子的标准模型。与德谟克利特的原子论模型相比，现代物理学的标准模型则要复杂得多，它包括了三个大类（夸克、轻子和规范玻色子）共计六十二种基本粒子。在这种认识里，原子是由原子核和电子组成的，原子核又由质子和中子组成，质子和中子又分别由夸克组成。夸克和电子是不可再分的基本粒子，那么能不能说类似夸克或电子这样的基本粒子就是哲学家苦苦找寻的独立自存的本原和实体呢?

虽然基本粒子的标准模型是非常成熟的理论，实验结果也符合其对电磁相互作用、弱相互作用和强相互作用的理论描述，但它仍然存在着不少缺陷，其中最重要的是它并不能很好地描述引力。于是一些物理学家就开始怀疑基本粒子是不是构成物质的最小元素。他们提出了一些替代方案，比如弦理论。形象地说，弦是一种不停振荡的能量线，而粒子及其相互作用都不过是由弦的不同振动模式所派生的结果。当然，距离弦理论被证实恐怕还很遥远，而一如我们在第三章就提出过的疑问，弦的振动又因何而来？第一推动究竟是什么？这恐怕将成为一个无限倒退的难题。

就算夸克是组成物质世界的最小元素，我们也无法在自然界中得到独立存在的自由夸克，这由被称为“夸克禁闭”的性质所解释——在强力的作用下，夸克们被紧紧地束缚在一起，无法从重子（如质子、中子）中分离出来。那么，我们又是如何验证夸克理论的呢？简言之，物理学家们利用粒子加速器进行深度非弹性散射实验，通过粒子碰撞后的散射轨迹间接证实了理论推导的正确。但我们实际直观到的不过是一些粒子条件（如强子）与实验设备条件的聚合所呈现出的和合现象（散射轨迹），而非作为理论假设的夸克自身。

在标准模型中还有一种神秘的粒子被称作希格斯玻色子，不同于夸克，希格斯玻色子并没有被囚禁在其他粒子中，但它在标准模型中的作用却显得极为特殊。在宇宙大爆炸之后很短暂的时间里希格斯场通过与费米场的耦合（即条件的聚合），使得物质粒子（如电子）产生质量效应，这一过程被称作“希格斯机制”[1]。耦合的意思并不是说物质粒子与希格斯场相加构成某种复合粒子，从而使自身变重产生质量。一个非常有趣的比喻类似于这样：在一次明星见面会上，物质粒子就像是某位炙手可热的明星，而希格斯场就是这位明星狂热的粉丝团，将其团团围住；这样，明星想要移动就必须穿过拥挤的人群，客观上造成其移动的缓慢，这就是质量效应的体现。在这个例子中，希格斯场的作用准确地体现了条件的在场。以往我们认为质量是物质实体的内在属性，自然也就应当是由物质实体自身所决定的，而现在这个属性却应当被看作是各条件的聚合所产生的一种现象，这是与我们对实体—属性的传统认识相悖的。

或许夸克禁闭和希格斯机制不具有普遍的代表性，因为并不是所有的粒子都被囚禁在复合粒子中，也并不是所有粒子（场）在宇宙诞生之初就消融在量子场的涟漪中，它们只反映了夸克或希格斯玻色子（场）自己的特性。然而即便是像电子这种最“常见”的粒子也并非完全像我们脑海中的经典图像所描绘的那样——是某种独立的质心点粒子。

在经典力学的语境中，电子就如同行星围绕着恒星那样沿着某个轨道围绕着原子核做圆周运动，但实际情况恐怕并非如此。在上一章我们已经简略地介绍过，量子力学要求我们必须用概率的方式去认识世界，这源于不确定性原理使我们无法同时准确地获得粒子的位置和动量信息，因而也就不可能准确描绘粒子的运动轨迹。经典力学能够给出某个物体处在时空中的某种具体状态的测量值，而量子力学只能给出粒子处于某种状态的概率密度。因而，在原子内部我们就不能用经典物理的语言去描述原子核与电子的关系，而只能说在原子核附近找到电子的概率分布是怎样的。物理学家将这种概率密度的分布形象地称作“电子云”，这绝不是说电子真实地在原子核周围形成了一种弥漫着的云雾，而只是一种数学模型。正如同在描述微观粒子演化的波动方程中，波函数（概率波）也并非如水波那样的真实波动，它本身不是可观察的物理量，而只是一种数学图像。当然，对微观世界的概率诠释既是量子力学的理论要求，更是微观粒子的本性使然。那么像电子这样的基本粒子就绝非经典力学所描述的质心点粒子了，我们无法再以经典思维去直观理解粒子波函数的本性。

或许“粒子”这个语词符号所给予我们的直观形象对于我们理解微观世界具有误导性，而“量子场”就更贴切一些。实际上粒子物理学的标准模型就建基于量子场论。我们可以理解为在微观世界更基本的存在形式是量子场，它是“弥漫于”全空间的概率分布——形象地说真空中布满了所有粒子的场（基态）——而所谓的粒子不过是量子场在某处强烈起伏的表现。比如，当我们侦测到两个光子时就意味着电磁场从粒子数为0的态跃迁至粒子数为2的态。而相互作用的发生——不再像宏观世界中两个质心小球之间通过碰撞传导动量和能量——是借助不同的量子场（费米场与规范场）之间的耦合完成的。由此，物理学家们通过量子电动力学（QED）以及量子色动力学（QCD）非常成功地将对电磁相互作用、弱相互作用以及强相互作用的描述统一纳入量子场论的体系中。

量子场论修正了早期量子力学的一些比较粗糙和欠考虑的部分（当然，并非完美的），它也使我们更易于理解基本粒子的全同性。在经典物理学的图景中我们不可能找到两个完全无法区分的对象，无论多么相似，差异总是存在的（比如质量或形状），因而在经典图景中粒子理应具有个体性。而场量子化的意义在于归根结底粒子就是量子场，比如光子就是电磁场。而电磁场只有一个，它是全空间定义的，因此无论我们侦测到电磁场的光子数是多少，光子与光子之间都是没有区别的。粒子的数目只反映了相应量子场的不同存在方式或状态，而它们本质上都是一个东西，物理学家就称这样的粒子为“全同粒子”。那么波函数所描述的实质上是同类个体构成的整个系综的整体性质，而不是单个粒子，我们就不能再像看待具有个体性的经典实体那样看待微观粒子了。

既然量子场是全空间分布的，那么相互作用就是无处不在的，微观世界的真实图景就展现为构成世界的不同量子场之间通过耦合的方式彼此相依存，而所谓的粒子就在这种不可避免的依存性中不断地相互生成与湮灭。真实的量子系统不存在独立粒子，独立粒子只是在不考虑粒子间的相互作用时的一种近似表达，但实际中相互作用又是不可避免的，因而独立粒子只是一种理论假设。换句话说，在标准模型中并不存在不依赖于他物而独立自存的粒子，还原论在亚原子粒子层面失效了。总而言之，微观世界并不是由我们所能想象的那种实体粒子构筑的。

当然量子场也不是什么实体，我们已不止一次地说过它不是经典的物质场，而是一种概率分布。但这并不等同于说量子物理学所描述的微观世界就是没有客观物理意义的。回顾双缝干涉实验，当粒子最后打在显示屏上时会形成一个光点，更多的粒子累加的结果就会形成干涉图样，这当然是可观测的物理量，只是在从起点至终点的过程中我们不知道粒子在哪里。通过干涉图样我们能够推断出粒子具有波的性质，而这种波又是无法被直观的。观察或测量即意味着相互作用的发生，对于宏观物体而言测量并不会改变什么，但在微观世界则意味着对量子系统相干性的破坏，以致波函数的坍缩，最终也就破坏了微观对象的固有属性。因此，在根本上粒子的波动是无法被观察的，通过波动方程我们最终得到的只是各可能物理状态的统计学意义上的概率分布，而不是什么具体的测量值。

我们根本没有直接观察到粒子，也没有观察到量子场；换句话说，我们不可能观察到描述粒子或场的那些概率振幅。当然，我们也的确真实地观察到了——如同双缝干涉实验中打在显示屏上的光点——大型强子对撞机中的散射轨迹以及实验设备中的各种读数。通过对这些可观察现象的分析，物理学家们调整理论模型，通过实验再进行验证。或许从现有的成果来看实验结论与理论预言是比较契合的（然而这种契合还远谈不上完美），但并没有任何实验能够让我们真正直观到一个独立自存的“夸克”或“光子”。回想所有亚原子粒子的“发现”过程，实际情况似乎更像是我们在实验中看到一些现象，为了解释这些现象而建构了某个理论实体——它以某个符号的形式被表征。继而围绕着一系列相关的现象和数学推导，一整套理论实体的符号体系被搭建起来。虽然没有可观察的独立夸克的存在，但是这并不妨碍我们通过一系列相关的实验现象建构一个被称为“夸克”的实体。于是，新的可观察现象又间接地印证了理论上假设的实体概念以及与之相关的概念，当理论推导与实验印证循环交织在一起时，我们便不再能分清理论构想与现实存在的区别。实际上，我们印证的并不是理论实体（如夸克）本身，而是由理论实体所指代的各种现象之间的关联。因此，不管是“粒子”“量子场”还是“弦”，都是我们对假想的实在的符号表达。

然而，实体主义者们仍可以说：“即便我们无法观察理论实体，这也并不意味着它就是不存在的。”在科学哲学中认识论的结构实在论者就持这样一种主张——科学理论能够给出的，也即我们所能够认识到的是不可观察实体的结构（以数学形式呈现），而非实体自身；实体还是存在的，只不过我们无法直观地认识它而已。显然这样一种思想可以追溯到康德那里，因为康德说：“凭借外感官能够给予我们的无非是纯然的关系表象，外感官在其表象中也只能包含一个对象与主体的关系，而不能包含属于客体自身的内在的东西。”[2]我们所能直观认识到的只是由现象所表象的各种纯然的关系，是否存在着某种独立自存的实体支撑着一切可被我们感知的现象呢？既然我们的感官无法超越现象，我们也就无法证实这一点。即便如此，康德还是保留了对不可直观的实体（物自体）的悬设。那么我们是不是要回到康德那里呢？

我们直观认识到的只是现象——无论是在微观世界还是宏观世界——这是无可置疑的。但我们是凭借着什么就能够断言在那现象的背后存在着一个实体呢？似乎在一种固有的观念中，我们需要这样一种被悬设的概念作为认识世界的某种“最后的承担者”（这一点与在哲学史上人们对柏拉图的理念世界的执着是异曲同工的）。当然，知识能够成为可能是建立在主体对对象的认识的基础上的，但不可观察的对象就一定是不可观察的实体吗？既然并不是物自身告诉我们它是独立自存的实体，那么我们又是如何认识到它具有这样的属性的？无论我们能够从现象中知觉并推断出什么，也绝没有确切的证据证明这些属性的存在。显然，这只是我们主观意志的产物。因为一种习惯性的思维告诉我们任何关系或者结构似乎都需要一个承担者，正如同我们说运动总是指某物的运动那样，关系也总是指什么与什么的关系。但问题是当我们说运动总是指某物的运动时，我们更加强调运动与某物是不可分离的——运动总是指某物的运动，且某物总是运动的某物，其真实的存在形式是事件。因而我们得出结论说独立不变的物质实体是不存在的，“物质”只是因我们对确定性的追求而赋予事件的一部分属性（物质性）以符号化的表征。同理，关系自然是指什么与什么的关系，但无论是什么也总是处于相互依存的关系中而绝无独立自存的属性，这至少是我们从普遍的和合现象中所能够直观认识到的。换句话说，如果我们试图剥离一切关系而直指什么，这就是一个符号化的过程了。当然我们之所以能够意指某个什么，是我们先天的感知形式所赋予的能力，但“什么”只是符号化的结果，却并非世界的真相。因此，正如同“物质”那样，“实体”并不指称任何实在之物。

我们原本试图从事物本原那里找寻实体的踪迹，但我们对微观世界的认识却告诉我们那里不存在不依赖于他物而独立自存的事物。而虽然我们在前面也提到“经典实体”的概念，但实际上经典物理只是对宏观世界的近似描述，经典实体也不过是一种理论假设。我们之所以将一个宏观对象看作是某种实体（例如一个金属球），只是假设存在着某个不变的物象（对现象的符号化），以便于我们对其做统一的物理学描述。任何宏观物体在本质上都是事件（“金属球”作为一个物象并非实在），而任何事件都可以被拆解为其他条件的聚合；换句话说，任何所谓的宏观物体都依存于其他一些事物的和合。这一点我们通过对和合现象的认识应该已经很清楚了。

通过以上论述，我们只是为了消除固有观念中的顽疾而在物理学意义上阐明物理现象并不支撑实体概念的实在性。而物理现象也只是和合现象中的一种类型，通过事物和合的思想我们知道任何客观的、主观的以及主客观的事物都可以被拆解为各种条件的聚合，都因依存于其他事物而得以成立，那么在任何一种意义上都不应该存在独立自存的实体。但如果我们只是从对和合现象的直观认识出发来拒斥实体的实在性，毕竟还是停留在现象的层面，我们又缘何能够确信在这现象的背后并不藏着一个实体呢？

在上一章，事物和合的动力机制揭示了世界具有这样两种对立统一的内在属性——物质性与意识性——和合现象的不断生成源自二者的辩证运动。物质性与意识性是事物的一体两面性——事物既是存在（持存），又是非存在（重构）。说它是存在，因为在任何一个刹那，事物总是倾向于以某个暂存的物象而在场；说它是非存在，因为任何一个刹那之后，事物的那个暂存的物象便消逝了；但非存在不是不存在，在先的物象的消逝就意味着当下物象的在场。持存总是被重构的，而重构即意味着新的持存，事物就在这样的矛盾中存在着。既然彰显事物存在的是物质性（持存），那么在人类对事物的认识过程中，物质性（持存）就总是站在台前，处于凸显的状态；而意识性

（重构）则总是隐藏在幕后，处于遮蔽的状态。因而，在对事物一体两面性的认识上就存在着不对称性，物质性是现实的，而意识性是潜存的。当我们看到桌面上放置着一只杯子时，我们直观到的总是它持存的那一面，而不是重构的那一面。即便是明显的运动变化，例如杯子从桌面掉落的过程，我们也只是建立起类似“一只杯子正在掉落”这样的认识，这本身也只是一种持存的表象——假如这个过程是无限延续下去的，我们就能更清楚地理解这一点。

但我们说非存在不是不存在，潜存的也不是无法认知的。如果事物只具有物质性的一面，即事物总是在某种状态中永恒持存，那么显然就不存在任何变化的可能。不存在任何变化即意味着是完全确定的，也就意味着任何形式的不确定性都是不可能成立的。这显然与我们对世界的认识是不一致的。在上一章的最后，我们谈到物质性—意识性的辩证统一与波粒二象性的关系。在双缝干涉试验中，我们能够观察到的是粒子打在显示屏上的痕迹，但从发射枪到显示屏的过程我们不知道它走过了怎样的路径。结合上面对物质性与意识性的认识，当粒子打在显示屏上时是一个确定的现实呈现，但在此之前则是处于某种不确定的潜存状态。概率振幅不是经典物体，不可被直接观察，但我们通过可观察的干涉现象又可以推断出这种潜存性的存在。既然物质性与意识性是事物的一体两面性，那么粒子性与类波性也反映了量子系统的一体两面性（所以波粒二象性的意思不是说量子系统有时是粒子有时是波，而是既是粒子又是波）。一个完整的量子系统是这二者的统一，在量子力学的语言体系中它由波函数所表达——因为波函数既反映了系统（在相互作用发生后）确定的概率分布，也反映了系统（在相互作用发生前）潜在的可能性。

在更一般的层面，世界的意识性虽然是被遮蔽的，但是通过和合现象我们仍然能够间接地知觉到它的存在。如果事物只倾向于持存的状态，那么就不会有条件聚合的任何可能；而事实是我们不仅直观地感受到了事物的持存，也同样感受到了这种持存并不恒常。没有什么是永恒不变的，这就意味着事物并不仅仅具有物质性。而通过对意识活动的直观，我们认识到打破这种持存并使得事物因与其他事物发生相互作用而不断被重构的正是像意识所凸显的那种主动反馈性。它为事物与事物之间的和合提供潜在的可能性，也就使事物的演化具有了不确定性。这种对立于事物物质性的属性，我们称其为意识性。因而，正如我们无法直观到意识活动却依然可以断定它的存在一样，虽然我们无法直观到意识性，但我们依然能够确信它也是存在的。而正是由于意识性的存在，我们更能够确信没有事物是实体。因为如果一物是实体就必然倾向于永恒的持存，实体是独立自存之物，则它不依存于他物，不受他物的影响，不因他物而改变自性，那么也就必然不会被重构。而事物不仅具有倾向于持存的物质性，也具有倾向于重构的意识性，则事物既是持存的又是不断被重构的，反映在现象的层面就是事物与事物之间无处不在的相互作用与相互依存。

最后，正如我们在前面已经提到过的，无论是宏观世界还是微观世界，我们认为存在着某种独立自存的实体是由于事物的物质性在我们的认知中具有优先性。人是符号动物，符号化的过程就是提炼意义的过程，而任何一种意义的产生都是事物物质性的主观现实化，也正因为如此，我们就把对事物物质性的表征看作是某种真实的存在物了。总而言之，一种所谓的独立自存的、作为一切存在的最后承担者或支撑物的实体却是无法被认识的理论悬设，那这样一种实体概念存在的意义是什么呢？就像有些人会说我们所能够感知到的一切都只是一场梦幻，在这梦幻之外的才是现实，但是无论如何我们又跳不出这场梦幻，那么在这场“梦幻”之外的那个所谓“现实”的存在意义又是什么呢？在我看来，这样的“实体”如同那样的“现实”一样，无论在本体论上确证什么是存在的，还是在认识论上对于我们如何认识世界而言都毫无意义，在实际中不存在，在理论上也勿须有，则完全可以用奥卡姆剃刀剔除掉了。[3]

本质与实在

就实体与本质的关系而言，由于历史的原因，哲学家们对这两个概念的使用颇多混同之处。那么现在我们证明实体是不存在的，这是否是说本质也是不存在的呢？

首先，我们在这里所讨论的实体是指独立自存之物，而本质则是指使得事物成为其自身的那个规定性。其次，根据实体—属性观念，属性似乎总是要依附于某个实体才能够被言说，但这实际上是基于我们在先地预设了属性存在着一个承担者，并且这个承担者是所谓独立自存之物的结果。不可观察的对象一定是不可观察的实体吗？答案可以是否定的。通过对不可观察对象的非直观认识，我们可以得到它的本质属性——如不确定性——而正是这样一种属性的存在才使我们能够质疑实体概念的合理性。那么实体与本质又有何联系呢？我们说实体不依赖于他物，他物却要依赖于它而成立，而作为事物能够成为其自身的那个规定性，本质自然也是事物得以成立的依据；作为最后的承担者的那个实体可以是万物的本原，而世界的本质也自然是一切事物之所以如此的本原。可见，实体与本质具有着相似的形而上学地位。但作为独立自存之物的实体，无论在理论上还是实际中都找不出它能够存在的理由，因此应当被剔除掉；而作为事物所共有的本质，在理论上是感知主体能够追问事物是什么的逻辑前提，在实际中则普遍地被经验知识所佐证，则无论如何也无法被剔除掉。所以在二者的逻辑关系上，并非实体先于本质，而是本质先于实体。恰恰是因为本质之所是才决定了实体之有无，实体是不存在的仅仅意味着事物本不具有独立自存的属性，而并不意味着事物的本质也是不存在的。

相似的，在实体与实在这两个概念之间也经常出现混同的情况。但在本书中——就实体与实在的关系而言——我们说（某物）是实体就一定是实在，但是实在未必就是实体。因此，没有实体并不能推得没有实在；虽然实体这个概念可以被剔除，但实在这个概念是无法被剔除的。

在本体论的意义上，实在就是真实的存在，但常识告诉我们并不是所有东西都是真实存在。飞马可以作为一种艺术形象而存在于银幕中，但现实中并没有它的真实对应物，因而飞马只是派生性的存在。它派生于人们借助想象将现实存在着的两种事物（马与翅膀）结合在一起，因此相对而言，马是比飞马更真实的存在；但马本身也并不是根本上实在的，因为马作为一种物质形式只是对与之相关的一系列事件的物质性的表征，真实存在的是事件；但事件或意向活动的这种实在性也只是相对其与物质或观念之间的比较而言的，这种实在仍是一种有限的实在，既然无论是客观世界还是主观世界在本质上都是一个世界——假如主客观世界是相分离的，我们就无法解释二者之间又是如何建立紧密联系的——那么事件与意向活动归根结底只是一种事物的两种存在形式，因此本质上它们也是派生的。既然我们能够不断地追问什么是更实在的，那么在认识论的意义上实在就是使得知识成为可能的对象，甚至就是知识本身。由此看来，实在与实体的不同之处在于前者既是一个形而上学概念又是一个认识论概念，而后者只能是一个形而上学概念。

人们要理解世界就要进行甄别和判断，我们认为什么是不真实的，基于我们认为什么是真实的。如果我们说没有什么是真实存在的，那么这样一个断言本身是真实的吗？能够得出这样一个断言，必定要基于某种我们认为是真实可靠的东西，那么这种真实可靠的东西不是实在吗？可见，对何谓实在的确立是我们认识世界的逻辑前提，否则我们将陷入自我指涉的泥潭。无论是唯物主义者还是唯心主义者，无论是何种立场，只要人们追求真理就必然要建基于某种形式的实在观。

那么本质与实在之间的关系又是怎样的呢？从我们对实体与本质、实体与实在的比较中可以找到一个关于本质与实在的相似处——二者都是知识能够成为可能的逻辑前提，显然这并非巧合。因为二者都可说是某种意义上的本原——本质是使得事物成为其自身的本原，实在是使得一切存在得以存在的本原（一切派生性的存在都源始于实在）。因而，知识也就当以追问本质与实在为前提。更进一步而言，在导论与第一章我们说存在具有着最高的普遍性，因而世界的本质就是存在之本质，而既然本质是使得事物成为其自身的本原，那么存在之本质就是使得存在得以存在（成为其自身）的本原。这便与对实在的描述是同一的了。

对于个别事物而言，本质是其有别于他物的内在规定性，因而事物才能成为其自身。当我们在更一般的意义上追问一切事物的本质时，就是在追问存在之本质。虽然它似乎并不像一般的概念那样具有种差，从而使我们无法通过属加种差定义法界定其本质，但我们却可以追问一切存在能够成立的根源是什么。盛开的鲜花自然是一种存在，而它吐露的芬芳也是一种存在；绝大多数情况下感知主体对芬芳的感知都是真实的，但这样的真实是相对而言的——我们会说芬芳只是一种主观的感受——因而其存在是派生性的；鲜花是更真实的存在，但其实在性依然是有限的——我们会说“鲜花”也只是各种观念的集合——因而它自身不能够成为其有限实在性的根源。总而言之，当我们谈及存在时，我们总可以追问什么是根本上真实存在的，那么缘何说外部世界是真实的而内部世界就是虚幻的（或与之相反），这在于我们是如何解释存在的实在性的。世界归根结底是由实在构建的，在那些作为表象的存在之下的是组成这个世界的最根本的存在。既然本质就是剥离了那些偶性之外的余留物，而实在正是剥离了一切派生性存在的那个余下的存在，那么追问存在之本质其实就是在问在最根本的意义上什么是实在的。

独立自存的实体是勿须有的概念，它虽与本质和实在同源，但只有后两者才是我们在追求真理的道路上最终的目标。并且后两者在最一般的层次上是同一的——即当我们追问的是存在之本质时，我们实际上就是在追问一切存在的根本实在性。换句话说，**那个在最根本的意义上的实在就是世界的本质**。

什么是实在的

在今天，关于实在所形成的一类常识性的认识使绝大部分人更倾向于唯物主义的观念。一物若是实在的，则无论是否被主体所感知到都应是存在的，实在不以人的意志为转移。桌子或椅子不是虚构的，而是实在之物，即便我们当下没有形成任何感知也绝不影响它们的实在性。换句话说，常识告诉我们实在在先，被感知在后。但通过上一章以及本章第一节有关量子力学对世界的描述，这种经典的实在观就要遭到质疑。

回顾双缝干涉实验，当电子被发射枪发射出来以后，到打在显示屏上形成干涉条纹之前，我们不知道它在哪里。假如为了一探究竟，我们试图通过在缝隙后面设置一个光子探测器，然后用光源去照射缝隙来观察电子的诡秘行踪，则正如在第四章已说明的，测量行为将改变量子系统的存在状态。在显示屏上波的干涉条纹消失了，所呈现出的是如子弹这样的经典物体穿过缝隙后的图案，仿佛测量将概率波变成了经典粒子。这就使得测量在量子力学中扮演了极为特殊的角色，而当我们要考察粒子的实在性时就要遇到一些困惑。

在经典实在观中一颗子弹是客观实在的，因为其存在状态与人是否感知到它没有关系。子弹在任何时刻都必然存在于某个确定的位置，其运动轨迹也是唯一的。但对于微观粒子而言，在测量发生前不存在经典唯一的运动轨迹，它处于多种可能状态的叠加态中，对其行踪的预测只服从统计诠释——即在某一时刻粒子出现在某处的概率是多少——这显然与我们能够直观感知到的经典实在不同。而当测量的发生导致波函数坍缩，促使粒子的运动呈现经典物理的轨迹时，我们才得到一个确定的物理量。从主体与客体的关系而言，测量的过程就是观察与被观察、感知与被感知的过程。那么，如果我们说实在是那些无论是否被感知都存在的事物，而现在一个客观实在的成立本身却是一个被感知的结果——当测量发生时，由波函数描述的抽象时空的粒子才投射为一个客观时空的物理量——仿佛是测量也即主体的感知“创造”了一个现实的粒子，也就是说被感知成了客观实在成立的前提，这就与“实在在前，被感知在后”的经典实在观产生了矛盾。

更有违常理的是所谓“延迟选择”实验。其大概意思是说通过调节实验条件我们可以在粒子到达终点前的瞬间再决定是否对其进行测量，简化的结果是：1. 如果不进行测量，屏幕上将呈现干涉条纹；2. 如果进行测量，屏幕上就不会出现干涉条纹。这似乎与标准的双缝干涉实验没什么差别，但问题是在延迟选择实验中是否进行测量是在粒子经过双缝之后“很久”才决定的，那么粒子是如何在它通过双缝前预见到这一决定，从而表现为当我们现在（粒子打在屏幕前的瞬间）决定测量时，它在过去（粒子通过双缝时）发生坍缩，并以点粒子的形式而非波的形式穿过某一道缝隙到达终点的？从粒子的角度而言，延迟选择实验似乎说明粒子具有预见性；从观察者的角度而言，这似乎说明我们的测量行为可以改变历史（甚至极其久远的历史）。在这个过程中因果关系的时间秩序也就自然被打破了[4]。

原本我们认为客观实在与我们的主观感知是无关的，客观事物的存在性不受主观感知的任何影响，但微观对象的现实存在却离不开主体的感知。那么，从唯心主义者的主张出发，我们能不能因此就得出结论说正是人的意识决定了客观世界的存在呢？测量自然是指人在测量，也就是说人的意识决定了测量什么、何时测量、怎样测量，从而决定了微观粒子的存在状态。而既然宏观世界是由微观粒子构成的，则宏观世界也就不可能独立于人的意识而存在。进一步而言，既然主体的感知先于客观事物的成立，那么所谓客观实在就不是根本意义上的实在了；根本实在是心灵或主观性，而客观事物只是心灵的派生物而已。

但这样的实在观也是成问题的。测量在量子力学中的作用固然极为关键，但测量行为并不等同于人的意识活动。人的意识是极其个人化的，如果世界是人的个体意识所决定的，那么原则上不同的人对量子系统的测量就应该产生不同的结果，但实际情况并非如此。任何观察者在相同的实验条件下的测量操作都会得到同样的结果，并不会因为观察者个体的差异而造成测量结果的差异。因此测量行为本身是客观的，测量结果是必然的。至于采用不同的测量手段会产生不同的物理现象，这只能说明实验条件的差异对测量结果的影响，而并非证明是人的意识在左右客观世界的呈现。此外，如果一定要强调作为观察者的人对被观察对象的决定性，是人的意识决定了客观物理量的存在，那么当我们将考察的范围扩展至整个宇宙的尺度时就会出现问题。理论而言，整个宇宙也可以被看作是一个复杂的波函数，一个巨大的量子系统，而任何人都毕竟存在于这一系统之中，那么人就不可能是那个在作为被观察对象的宇宙之外测量整个宇宙的观察者了，从而整个宇宙的实在性并不由人的意识所决定。

对于人类而言，测量的行为自然来源于人的主观能动性，但测量的过程毕竟不是人的意识直接参与的结果。在双缝干涉实验中测量动作的完成是通过光子与电子的相互作用实现的。本质而言，是**相互作用**的过程导致了粒子波函数的坍缩。即便我们一定要坚持认为毕竟是人的意志决定了在实验过程中测量行为的发生，但在更普遍的情况下，我们有理由确信并非所有的相互作用过程都是观察者对量子系统的测量行为，因为无论是在实验室还是自然界中量子系统都有可能受到环境的扰动。在第四章我们已经介绍过，外部环境与量子系统的相互作用会导致退相干的发生，即量子叠加态的相干性遭到破坏。那么无论观察者是否进行测量——即便最新的实验技术也可以做到不破坏波函数的相干性完成测量（准确地说是采用间接测量的手段），这对于“测量会立即导致波函数坍缩”的说法是一种修正——任一量子系统都无法避免外部环境潜在的扰动因素，则退相干现象总会发生。

测量的本质就是相互作用的过程，是相互作用而不是人的意识导致了量子相干性的破坏。任何意义上的相互作用都是事物和合的过程，体现为不同形式的条件的在场与聚合。和合现象是事物本具的物质性与意识性不断辩证的结果，而非人的意识作用的产物——虽然人的意识也可以被看作是聚合条件的一种类型。无论在宇宙的任何角落，量子系统因与环境的相互作用（和合）——环境对量子系统的测量——而导致退相干的过程随时都可能发生，这里并不需要意识的介入。也正因为如此，薛定谔的猫不会处于既活着又死了的叠加态，我们头顶上的月亮也不会因为我们没有观察它就不存在——组成宏观事物的难以计数的微观粒子早就因为彼此之间不可避免的相互作用（和合）而失去了相干性，从而使宏观事物呈现为经典的客观存在。

经典的唯物主义实在观认为只有物质实体是实在的，这在传统的对宏观世界的认识中似乎不存在问题，但我们对微观世界的认识则使经典唯物主义者陷入了两难。既然我们没有理由说微观世界与宏观世界是不连续的，那么经典实在观就是不成立的。物质实体并非真实的存在，任何物质概念都不过是存在于主体心中的符号，它指代的是彼此相关联的处于不断流变中的和合现象（事件），其自身并没有独立自存的属性。唯心主义者看穿了这一假象，断言物质实体不过是一系列观念的集合——作为物质的“月亮”与作为观念的“月亮”是同一的——却或者忽视了在其背后依然真实存在着的和合现象，或者倒向其他形式的实体观念。

在这里要强调的是根本实在必然是**客观的**——即公共占有的，而非私人占有的。假如是纯粹主观的存在，也就是纯粹私人占有的，那它就只能是偶然的存在，也就无法成为一切存在的必然根据。但客观的未必就一定是实体，且不是实体未必就不是实在。虽然说同样是花所散发出的芬芳，不同的人的感受是不一样的，但花的存在是客观的，即是所有感知主体都能共同感知到的。因此即便它不是实体，即便它只是主体通过感知而产生的各种观念的集合——由于这种观念的公共占有性——也并不妨碍它的客观性。因此，即便我们说独立自存的实体不过是某种幻象，是应当被剔除掉的理论悬设，但这绝不等同于说——倒向另一个极端——一切客观现象也都是主观的幻象。主观唯心主义是完全荒谬的。

无论是经典的唯物主义实在观，还是唯心主义实在观都是无法自圆其说的，两种实在观下的实在也就难说是根本意义上的实在了。而对传统实在观的质疑不仅存在于本体论层面，也同样存在于认识论层面。包括对测量在内的量子力学若干问题的争论不仅导致了与经典力学的诸多矛盾，也成为反实在论者进一步向科学实在论发难的有力证据。反实在论者声言纵观整个科学史没有什么理论是不存在变革而最终被新的理论所替换掉的，科学理论所建构的那些理论实体或模型在理论转换的过程中存在着不连续性，因此科学理论不具有客观性或者实在性。认识论的结构实在论者同意在科学理论的转换过程中存在着一些非连续的部分，但同时又认为也存在着一些连续的部分——不同理论中的数学形式或者结构的传承[5]。

但正如我们在本章第一节所介绍的，认识论的结构实在论依然认为存在着理论实体，只不过我们无法认识它们，从而倒向康德主义。既然我们已经阐明，无论是在经验中，还是在理论上，任何形式的实体都是勿须有的，那么认识论的结构实在论就必然地要发展为本体论的结构实在论。在纯粹的本体论的结构实在论者看来，构成整个世界的根本实在是关系结构而非任何形式的实体。那么，就量子力学的哲学阐释而言，对组成宏观事物的那些不可观察的微观对象的认识其实就是对其结构的认识。用结构取代实体的实在地位不仅在本体论上填补了实体空缺的“权力真空”，也基本解决了反实在论者对科学理论非连续性的疑难。

然而，把结构看作是根本实在的确是有违直觉的，也令很多人难以接受。我们知道在西方思想史上，实体主义是根深蒂固的，人们很难想象一个没有实体作为根基的世界，因而实体实在论的拥趸们仍在力争通过与结构实在论的融合而形成各种形式的折中观点。当然，独立自存的实体终究是一个幻象，因而任何形式的“招魂”都是毫无意义的。但纯粹的结构实在论也并非没有问题。

首先，作为根本实在的这个结构究竟是什么结构呢？在认识论的结构实在论中这个结构指的是数学结构或者说数学形式，因而本体论的结构实在论便进一步主张数学结构就是最根本的实在。这不由得让我们联想到柏拉图的理念论。理念——作为抽象的实在——是先于现象的存在，一切特殊事物都是对普遍理念的分有。那么，有没有可能作为事物本原的基本粒子就是抽象时空中的数学形式，由于人类的直观仅限于四维时空中，因此我们观察到的只是粒子（数学算符）由抽象时空投射到四维时空的影像。但我们知道柏拉图主义的问题恰恰就在于它无法合理地解释在理念的世界与可感世界之间是如何建立起有效的联系的，事物是如何分有理念的，理念与事物之间又如何做到一一对应。因而说在我们可感知的四维时空之外存在着一个抽象时空，而我们所在的四维时空不过是抽象时空中的数学形式的投射，那么同样的问题——这是何以可能的？除了通过想象，恐怕没有什么有效的推理或论据能够支撑这一观点。当然，本体论的结构实在论者未必是激进的柏拉图主义者，数学结构也未必一定要存在于另一个世界中，但我们仍可以追问这样的数学结构与物理现象的关系是什么，从抽象的数学结构到具体的物理现象的过程又是如何实现的。

在我看来，本体论的结构实在论者混淆了两种意义上的实在概念。数学结构的实在性仅仅是针对反实在论者在认识论的意义上而言的，即科学理论所保留下来的具有真理性的部分是描述物理现象的那些数学结构，但这并不是说物理现象本身——在本体论的意义上——就是数学结构。当然，不得不令人感慨的是本体论的结构实在论者虽则拒斥了实体实在论，却又拥抱了概念或数学实在论，可见柏拉图主义（理念）同亚里士多德主义（实体）一样牢固地占据着西方思想者的内心世界。

其次，我们前面说从认识论的结构实在论到本体论的结构实在论是一种必然的发展，现在又说这是本体论的结构实在论者对概念混淆的结果，我们究竟想要表达什么？假如一种观点是说构成世界的根本实在是"数学结构"，那么这的确是对概念的误用；但假如一种观点只是说构成世界的根本实在是"结构"，这就很可能是合理的。因为在本体论的意义上结构虽然不是数学结构，但可以是理论的数学表达所对应的物理结构，也就是不同的物理关系的联结。现实的世界是由现实中的物理关系结构所组成，这就比抽象的数学结构听起来更理所当然一些。但有人可能会说，如果是数学结构还可以承认其具有纯粹的关系实在性，而如果是物理结构似乎就不得不去追问这一关系结构的承担者是什么了。因为在固有的关于存在诸范畴的观念里，难以想象没有关系承担者的关系；也就是说，如果世界存在着某种物理结构就必然存在着承载这种结构关系的基本单元。由此我们似乎又回到了实体实在论的话语体系中。

然而，即便物理结构需要一个承担者，这个承担者就一定是独立自存的实体吗？认为关系就必然是实体的关系，只是预设了在二者的地位上关系是从属于实体的这样一个前提。这一前提并不是逻辑的必然结果，而不过是传统形而上学的某种信念罢了。的确，关系总是指什么与什么之间的关系，但这个“什么”却是被派生出来的幻象。因而关系并不从属于实体，相反，实体却要从属于关系。那么实体并非实在就并不影响关系（结构）自身的实在性。

最后，即便我们能够彻底清除传统思维中的那些固有偏见，仍有两个问题恐怕是这种纯粹的物理结构实在论无法解释的：1. 虽然事物在根本上不存在独立自存性，但感知主体却总是直观地接收到各种形式的独立个体的表象，即便这只是一种幻象，但纯然的关系又是如何造成这种普遍的幻象的？ 2. 如果说微观世界的本体是纯粹的物理结构，我们就要进一步追问这个“物理”是何种意义上的物理。因为微观对象毕竟存在着不可观察性，也就是说存在着一种抽象性或者潜存性，那么这种物理结构就不能是经典意义上的物理结构，否则该如何解释这种潜存性的问题呢？

和合本质

结构实在论者强调关系结构的本体地位，这是对传统的实体—属性论的突破，因此以关系或其结构为本体是我们在对结构实在论的批判中必须要肯定的部分。但纯然的关系或结构又是如何令我们生出独立自存的观念的呢？虽然我们一再说实体观念只是感知主体因对确定性的追求而产生的幻象，但如果全然没有对象的刺激，没有相应的经验材料被给予主体，主体自身缘何就能产生这样一个有关对象的幻象呢？另一方面，微观对象的不可观察性不符合经典实在观，因此我们无法单纯地将微观对象视为经典物理意义上的对象，可是如果我们依然坚称微观世界是物理的，又该如何解释这种有别于经典物理的抽象性或潜存性呢?

实际上，虽然事物独立自存的属性是不存在的，但事物倾向于独立自存的属性却是存在的，这就是事物的物质性。我们在本章第一节已经详细地阐述过，如果一物是独立自存的实体，则它应当永久地持存，而事实上并不存在这样的事物；但事物毕竟具有着持存的倾向性，在每一个刹那事物就因条件的聚合而形成一个个暂存的物象；然而由于事物同样具有着重构的倾向性，因而任何形式的持存终归要被打破。正因为事物内在地具有着物质性与意识性的辩证关系，结果是无论事物持存的那一面，抑或重构的那一面都不具有恒常性，因而事物就在两种倾向之间来回地摇摆，创造属于其自身的历史。既然物质性总是倾向于事物的持续存在，因而物质性就提供了事物的现实存在性；而意识性总是倾向于事物的重新构造，因而意识性就提供了事物的潜在可能性。而感性直观所能获得的无非是现实存在的那一部分经验材料，继而通过联想形成知觉同一性的观念，最终通过概念化（符号化）的过程构成对一个事物的理性认识。而微观对象的不可观察性恰恰体现了事物潜在可能性的一面。在双缝干涉实验中，粒子由起点至终点的过程是不可直观的，或者说在这个过程中的粒子不是现实存在的；唯有当粒子打在显示屏上（相互作用的发生）形成一个光点时，我们才直观到一个现实存在的物理量。换句话说，粒子的类波性不具有直观的物理意义，也就是说不具有现实存在性，但却包含了粒子所有的潜在可能性，或者按照路径积分的描述就是所有的可能路径。但微观对象毕竟不是纯然潜存的，否则我们又是如何认识到它们的呢？我们毕竟观察到了一些现象——我们说粒子具有类波性，因为我们观察到了干涉现象。只不过当我们试图直接观察这种波动时，就不可避免地改变了其存在状态，所以这种波不是经典的物质波。因此，对微观对象的完整描述既要包含它不可观察的那一面（潜存性），也要包含它可观察的那一面（现实性）；并且对不可观察的那一面的认识也是通过可观察的那一面而获得的。

我们能够通过薛定谔方程来描述波函数随时间演化的过程，也就是说虽然粒子的意识性或潜在可能性是不可直观的，但是却可以通过数学算式来表征。因而极端的概念实在论者就认为根本实在是数学形式——这样一来不仅避免了不可观察的实体问题，也可以解释物理对象的潜存性问题——但却忽略了物理对象除了潜存性的一面还有现实性的一面。在认识论的结构实在论中，数学形式或结构的传承体现了科学理论的连续性，但数学只是一种抽象语言，数学形式的实在性只是一种认识论意义上的实在性，因而本体论的概念实在论者或结构实在论者实际上混淆了两种意义上的实在，错误地将描述物理现象的数学形式看作是物理现象自身了。与之相反，纯粹的物理结构能够确保物理对象的现实性，却难以解释物理对象的潜存性。并且，如果说关系的承担者是其物理结构，其背后依然不可避免地隐含着实体概念的残留，最终无法与真实的物理现象相符合。真实的物理现象既不是纯粹现实性的，也不可能是纯粹的潜存性的，而是现实性与潜存性的统一，即物质性与意识性的统一。持存总是被重构的，重构就意味着新的持存。那么无论物质性还是意识性都必须处于二者的辩证关系中才能够成立；换句话说，脱离了对方的任何一方都不能成立。也正因为这种辩证关系的存在，一切物理现象的背后并不藏着一个独立自存的实体。而我们所能认识到的不过是由数学形式所表达的各种现象之间的关系，因而本体只能是关系。实际上，我们在本章第一节就已经从否定性的一面阐明了这个道理，现在不过是从肯定性的一面重申这个道理罢了。

那么到此，我们就可以将所有的结论综合起来考虑了。

仅仅凭借着对现象的直观，我们就能认识到任何事物都可以被看作是其他一些事物的和合。一切和合现象都在生成与毁灭间交替，这是因为一切和合现象都蕴含着持存与重构的较量。联想对广义意识的发现以及其在与物质之间的互动中所起到的作用，我们认识到事物普遍内在地具有着两种相对立的倾向性，使得事物总是在持存与重构之间摇摆不定。因此，我们找到了和合现象不断流转变化的动力机制——物质性与意识性的辩证运动。但固有的思维总是在提醒着我们这一动力机制的本体必然是某种独立自存的实体，就像我们一直认为宇宙总要有一个开端，总要有一个不动的推动者，或当一切和合现象被拆解到最后，总会找到某种不可再分的初始之物，它是构成整个宇宙的本原。但当我们深入到量子世界，却发现所谓基本粒子及其属性不过是人们在通过实验设备所观察到的一系列现象的基础上建构的种种符号罢了，这些符号并不指称任何形式的实体。虽然我们认识到本体只能是关系，但无论是数学形式（柏拉图主义的变体），还是物理结构（实体概念的残留），在本质上依然是传统思维的产物，都不足以在一个更一般的层面总括那些不断流转变化的现象所展露的所有特征。在可观察即现实性的一面，通过实验设备我们直观到了一些物理现象，而这些物理现象在本质上无非是这样或那样一些极其微妙的和合现象。在不可观察即潜存性的那一面，我们通过间接的方式认识到一个量子系统处于多种可能状态的叠加态中。叠加意味着一种相互关联的关系，也就是不同可能状态之间的关联关系，因而其本质也不过是另一种类型的和合现象。这就使我们得出一个很有意思的结论：原本被认为是形成那些直观可见的和合现象的本原却依然是一些和合现象。从宏观世界到微观世界，除了和合现象所呈现的那种关联关系之外，我们并没有发现任何更本质的存在。那么，这又意味着什么呢？

既然在这个世界中并不存在着脱离于现象的实体，我们也就无须在现象的背后去找寻本质。而既然本质就在现象之中，我们就有理由确信本质必然能够在现象中得以直观。无论是在宏观世界还是微观世界，我们能够直观认识到的现象都是各种类型的和合现象。桌子或椅子是原材料与匠人的劳动和合的暂存结果，我们头脑中关于本质命题的那些想法是各种思绪相结合的暂时结论，一次大型的音乐会更是体现了各种形式的条件的在场。当然，理解某些事物可以被看作是另一些事物的和合并非是一件困难的事情，困难在于理解所有事物都是另一些事物的和合，而当我们深入到世界的微观层面，发现连那些被认为是组成一切事物的最基本的元素也都是和合的，我们便不得不接受这样一个事实。既然任何事物在现象的层面都呈现为是其他一些事物的和合，那么我们就没有任何理由认为除此之外还有别的什么能够更真实地反映世界的本质了。现象必定是其本质的展开，它并不脱离于本质，本质也不应藏匿于现象的背后（否则我们就又回到了那不可知的物自体）；换句话说，世界的本质正是通过其自身的外化而将其显现出来的。因此，作为现象的和合就是本质和合的显现。那么，**和合就是世界的本质**。

在结构实在论中值得肯定的部分是以关系为本体，而关系与和合既有联系又有区别。任何和合过程的静态图示都体现为某种类型的关系，任何关系也总能在事物和合的过程中被提炼出来。因而关系是“死的”，它只是对和合现象所反映的本质关联性的一种抽象陈列；而和合是“活的”，它既显现出物质性的一面，也暗藏了意识性的一面，从而使得事物总是在存在—非存在、持存—重构之间流转变化。因此，任何形式的关系或结构都不能全面地反映世界的本质。

和合之为和合就在于其物质性与意识性的一体两面性。和合本质的物质性在存在的意义上显示其自身不是任何形式的实体，而是一种关联的存在（从而总是可以图示为某种静态关系）；和合本质的意识性则在非存在的意义上暗示其本性不可能是静止的，而是动态变化的（从而不断孕育出某种能动性）。反映在现象的层面，其物质性就总是倾向于现象的持存，而其意识性则总是倾向于现象的重构。因此，物质性与意识性辩证统一的动力机制源始于和合本质，而又不断地作用于和合的现象世界。

在现象的世界，我们总是习惯于说和合是某物与某物的和合（正如关系是指某物与某物的关系），言外之意某物是先于且独立于某物之间的和合（关系）的。但在“某物与某物的和合”中，“某物”仍可以继续被“某物 a 同某物 b 的和合”所代换，因为任何事物总可以被拆解为其他一些事物的和合。因而原句可以修改为“某物 a 同某物 b 的和合与某物 c 同某物 d 的和合的和合”，以此类推，这个句子可以写得很长。由此可见，如果我们要真实全面地描述一个和合过程，则将会受制于语言能力的局限而不得不造成用词的繁冗，因而我们通常就简略地使用“某物”来指代那些可不断被分解下去的和合现象。而在这个句子中唯一不可代换的项是“和合”；换句话说，“某物”是变量，“和合”是常量。当我们将所有变量擦除掉，留下的就只有“和合”。因此，任何事物都是偶然的（偶性）存在，唯有和合才是必然的（本质）存在。然而事物物质性的一面总是具有现实性的优先地位，并且作为感知主体的人，我们总要对被给予我们的经验材料以一个符号才能言说它们，这就使得在直觉上我们会认为事物（物质性的一面）总是先于事物的和合。但当我们在理性中认识到一切既成事物在本质上也都是和合的，我们就自然地能够理解和合是先于一切现象事物的存在。这种先后关系是逻辑上的先后关系，而不是时间上的先后关系。所以，并不是说先有（时空意义上的）某种和合的“东西”，然后才出现某个事物，而是说这种和合的本质是内在于每一个具体事物之中的，从而使事物总是以和合现象的形式不断被生成。

无论如何，我们不可能脱离于事物而空论和合，现象就是事物与事物之间的和合现象，事物也总是在不断地和合过程中的事物。和合是**条件的聚合**——这个定义就明确了不可能存在无条件的聚合，也不可能存在不在聚合过程中的条件。在现象世界，条件指的就是事件与意向活动，任何事件或意向活动既是一些条件的聚合，又是聚合为其他事件或意向活动的条件[6]。和合本质既否定事件与意向活动在根本意义上的实在性（也就是说它们仍是偶然的而非必然的存在），又肯定它们在现象意义上是真实存在的（有限的实在）。因此现象的世界既不是完全的实有，也并非彻底的虚无。天上的月亮并不具有独立自存性，因而本质上它并不实有；但我们也不会认为它就是虚幻的，因为那些由“月亮”这一符号所指代的和合现象毕竟是存在的，因而本质上它也并非虚无。月亮是非实有的，因而其本质是和合的；其本质是和合的，因而其又并非虚无。本质无现象而不得显现，现象无本质而不得成立，二者在根本上是统一的。

和合既是世界的本质，而在最一般的意义上，世界的本质与根本实在又是同一的，因而任何形式的实体或结构都不是实在的，**唯有和合才是在根本上真实存在的**；换句话说，**存在即和合**。

与实体实在论不同，和合实在论主张根本实在不具有个体性或独立自存性，不是经典意义上的物理实在；与结构实在论不同，和合实在论主张根本实在既具有现实性的一面也具有潜存性的一面，不是抽象意义上的数学形式。关于前面这一点我们已经说得够多了，在此不再赘述；关于后面这一点，我要坚决拒斥那种认为实在是纯粹抽象的数学形式的观点。当然，这样一种主张或许来自于量子力学的一些令人印象深刻的解释。如我们将微观对象的那种诡异的波动性解释为概率波，并用波函数来精确地描述它，于是我们就把这种用数学算式所描述的潜存性看作是一种抽象时空中的实在。必须再次强调的是——任何微观对象的波动特征与粒子特征总是结合在一起的，也就是说不确定性与确定性总是结合在一起的，它们是一枚硬币的两面。在双缝干涉实验中测量的发生会导致波函数的坍缩，这似乎表明是测量破坏了系统的本然存在状态，因而可观察现象的存在是派生的，是由于测量或相互作用而引发的，经典物理量只是抽象实在在可观察时空中的一个投影。但在同一时刻对量子系统的测量总是指对某一个物理量的测量，而当我们测量系统的某个物理量从而引发系统坍缩为该物理量的某个本征态时，也同时意味着系统其他物理量处于叠加状态中。一种不确定性的消失带来某种确定性的现实化，而这同时又意味着新的不确定性的潜存。粒子并不总是从不确定性向着确定性的方向演化的，正如我们说持存总是被重构的，而重构就意味着新的持存，因此粒子不确定的那一面并不是实在的全部。从对对象的认识何以可能的角度而言，不可观察的那部分是通过可观察的部分才得以认识的，而如果没有可观察的那部分，就没有任何现象得以显现，也就谈不上对任何对象的认识了。不可观察的部分体现了微观对象的潜存性，而可观察的部分体现了微观对象的现实性，微观对象既不是纯粹潜存着的，也不是纯粹现实的，而是二者的有机统一。归根结底，无论是粒子性与类波性，确定性与不确定性，还是现实性与潜存性的对立统一，实际上都是物质性与意识性辩证统一的不同展现。

正由于这种辩证关系的存在，相较于经典的实体实在所展现的那种个体性，和合实在则隐含了一种关联性；而与关系实在不同，和合实在强调这种关联是能动的。我们在第三章已经阐明了时间与空间都是非实在的，它们只是用于指代在现实世界中一切和合现象的绵延关系的派生性概念。那么作为派生出一切现象的根本实在，和合必然是超越时空的，也就是说和合实在所隐含的关联性是超越时空局限的。既然一切现象都是和合的，那么在现象与现象之间，现象的内部各聚合条件之间，就自然地隐含着这种关联性。因而我们就可以把由过去到未来的整个宇宙看作是一个潜在着的整体。之所以是潜在的，因为这种普遍的关联毕竟是超越时空意义的，因而也就并非直观可见的。但正如我们对和合实在的潜存性的认识那样，我们依然可以通过对现象的直观，间接地认识到这种普遍关联的存在。当一种和合现象生成时，这种事物与事物之间的关联就自然地被表象出来。但既然和合实在的关联性是内在于整个现象世界的——因为和合本质要求其在逻辑上优先于现象事物的存在，这种关联性就要优先于现象事物而存在——那么就并非是由于事物之间的和合现象创造了这种关联，而是经由和合的过程将这种内在的关联性表象了出来。进一步而言，既然因这种普遍的关联使得宇宙潜在着一种整体性，那么当一种和合现象的生成使得事物内在的关联性得以表象，也就意味着事物之间潜在的整体性得以表象。

我们可以将宇宙的这种整体性想象成一个相互交织的网络。当然，这个网络不是现实的，而是潜在的；不是静止的，而是动态的。网络的每个节点可以被看作是每个未被现实化的事物，也就是事物潜存性的那一面。事物的潜存性就是和合过程中的潜在可能性，那么由网络中的某个节点出发伸展出若干条潜在的线索，每一条线索就是一种潜在的可能，每一条线索都与另一端的某个节点（另一事物的潜存性）相连，而某种可能性的现实化是通过某种特定条件的聚合而实现的。这个过程就像是我们将沉没于水中的绳索一下子拽出了水面，才使得在两个端点或者更多端点之间的关联得以被表象（这样一种比喻或许并不合适，因为理论上这种潜在的整体性是无法用现实中的事物类比的，但毕竟有助于我们形象地去理解它）。在现象中这种关联就是事物与事物之间的关联，在本质上就是条件与条件之间的关联。条件的关联并不是条件聚合的意思，无论两个条件是否当下聚合，它们之间都隐含着一种不可直观的关联性和潜在的整体性，这是由和合实在的本性所决定的。因此——比如——当我们称其为一个“电子”的那些暂存现象与其他暂存的现象（如一个“质子”）发生相互作用的时候，本质上我们就不能说是两个事物之间发生了相互作用，而是同一潜在整体的关联性因和合而被表象了出来；只是在现象的层面，它显现为似乎是两个事物因相互作用而成为一个整体。

这种整体论的思想在量子力学中就已经存在了。对于测量问题而言，我们无法再像过去那样认为主体与对象是泾渭分明的。无论测量主体是什么，一旦其与某一量子系统产生相互作用，它们就只能被当作是一个整体来考虑。惠勒就用这种整体论的思想来解释为什么在延迟选择实验中会出现对因果律的时间先后次序的违背——我们不能把整个实验过程在时间上划分为不同的部分，对任何部分的实验条件的改变就是对整个实验过程的改变。从事物和合的思想而言，一方面在粒子条件、实验设备条件以及各种测量手段条件之间存在着一种不可直观的关联关系，即便它们当下并未聚合，这种关联关系也使它们成为一个潜在的整体。另一方面，粒子在相互作用发生或被测量前处于潜存状态，或者说只体现出潜存性的一面，即它还没有通过和合过程获得现实性，它只是潜在地存在着或者通过一道缝隙，或者通过两道缝隙的可能性，却并没有真实地通过任何一道缝隙。而不同可能路径的现实化是通过不同条件的聚合实现的，也就是说在相应的条件聚合之前，粒子的任何一种运动轨迹都不真实地存在于四维时空中，当相应的条件聚合后，某种可能路径才被现实化，此时系统潜在的整体性才得以被表象。但由于这种整体性是潜在的，因而是超越时空的，而人的观察和对实验过程的认识却是在时空中的，因此在直观上就表现为违反了因果律的时间先后次序。

如果说延迟选择实验印证了和合实在所隐含的关联性是超越时间的，那么*量子纠缠*则反映了这种关联性是超越空间的。所谓量子纠缠是指在一个包含——比如——两个粒子的系统中，无论这两个粒子相距多远，一个粒子的状态变化会即刻影响另一个粒子的状态[7]。假如我们对处于纠缠态中的其中一个粒子 a 进行一个测量得到其某个态的本征值，则粒子 b 的本征值也就被立刻确定了。在经典物理中似乎也存在着类似的情况，比如我将一只手套寄到远在地球另一端的朋友家里，另一只则留在身边，朋友事先不知道会收到哪一只手套，而假如他收到的是左手的手套，则他无须过问便立刻就能断定留在我这里的是右手的手套。然而在这里所体现的某种整体性至多是认识论意义上的。手套之间的关联是一种现实的关联，手套的存在状态不因我们对其中某一只的测量（相互作用）而改变——它们的存在状态是相互独立的。但处于量子纠缠中的粒子却潜存着某种*相互依存性*，使得对一个粒子的测量会立刻决定另一个粒子的存在状态——即我们要将它们在本体论上视为一个整体来考虑。即便它们像牛郎与织女一样相隔银河的两端，当“牛郎”因相互作用而发生状态改变时，远在另一端的“织女”也会同时改变状态，仿佛两者之间存在着鬼魅的心灵感应。因而，这与延迟选择实验所反映的本质是一样的，我们必须将两个纠缠粒子看作是一个关联的整体。我们同样要用波函数来描述和理解量子纠缠态，也就是说这种纠缠所体现的整体性是潜在地而非现实地存在于时空中的，从而在现象层面表现为是非定域性的。

纠缠态的形成源自粒子之间的耦合，物理学家可以在实验室中制备各种形式的纠缠态。而如果我们将纠缠看作是一种整体性的建立，那么它是无处不在的。在更一般的情况下，如延迟选择实验所反映的特性就可以被看作是测量对象与测量手段之间的纠缠，由环境与量子系统之间的相互作用而产生的退相干效应也可以被看作是因二者的纠缠所引发的。当然，纠缠态未必一定需要直接的相互作用才可以形成，在已经构成纠缠态的粒子对之间也可以通过间接的方式形成整体上新的纠缠。我们还可以把量子纠缠态所反映出的非定域性看作是在一个完整的量子系统分离之后的长程效应。本质而言一个量子系统自身内部就是纠缠的，概率振幅的叠加态就是一个不可分的潜在整体。正如同对薛定谔的猫的正确描述并非是它或者活着或者死了，而是它既活着又死了，两种可能状态的叠加也可以看作是一种纠缠。因此，许多物理学家和哲学家已经意识到纠缠是量子实在最根本的特性之一。从和合实在论的观点来看，量子纠缠所体现的这种超越时空的关联性正是和合实在所本具的关联性。

然而纠缠毕竟是一个量子力学概念，如果我们认为量子纠缠就是和合实在所隐含的那种关联性，而在经典物理中却并不存在这种纠缠态，那么我们如何能将量子纠缠所体现的这种关联性推广到宏观世界；而如果说事物自身内部以及事物与事物之间的关联是和合实在的根本体现，那么它就又不可能只是以量子纠缠的形式存在于微观世界。但我们说过经典物理学并不是对宏观世界的真实描述，而只是一种近似描述，其背后的哲学图景也就只能是对实在的近似反映。相较而言，对于微观世界所表象的这种潜在的整体性是我们通过更先进的实验设备间接地认识并通过更适合的数学语言定量地表达的。当然，一方面宏观世界存在着不可避免的退相干效应，另一方面我们的实验技术与数学能力还并不足以让我们清晰地捕捉和表达宏观事物之间所本具的那种关联关系，但是即使是在目前的技术条件下，我们已经在越来越大的尺度上验证了诸如量子叠加态或者纠缠态的宏观效应是存在的（如在有机分子、晶体振动及超导体实验中所发现的），那么在我看来能够更具体和定量地认识宏观事物之间存在着如量子世界那样的关联性，就只是一个技术问题和时间问题罢了。

说到数学在这其中所起到的作用，我们还应认识到无论波函数还是薛定谔方程都是数学语言，而任何数学算符与算式都是典型的相互关联着的事物。且不说那些复杂的数学形式，即便是简单如0和1这样的数字也都可以被看作是其他数字的运算组合；并且，0的具有意义在于那些非0数字的意义，因而其存在的基础在于整个数字体系的成立——任何数字的意义都不能独立地存在于整体之外。回过头来，即便我们在本体论上要反对柏拉图主义或概念实在论，但在认识论上，数学语言毕竟是对物理现象的一种精确描述，因此数学形式本质上的相互依存性也反映了由它们所描述的现实世界的性质。那么，既然在理论上我们能够用波函数来描述整个宇宙，也就意味着宇宙中的一切事物都是相互依存的一个潜在的整体。

这里我们要注意日常语言中的经典关联与和合实在所隐含的关联性的区别。比如，在经典世界观下被认为是两个独立个体的人拉起手来，我们就在其中看到一种联系、一种关联的建立，这种关联通常是直观可见的，因而是经典意义上的；但是和合实在所隐含的关联性是不可直观的，也就是说无论两个人是否通过某种和合过程而表象为某种现实的联系，他们之间都存在着这种关联性。此外，如前文所述，在经典物理意义上处于长程关联中的事物（两只手套）的存在状态是彼此独立的，而处于量子纠缠态中的事物（两个粒子）的存在状态则是相互依存的。因此，1. 这种不可直观的关联性是和合实在不同于实体实在的最主要的形而上学特征；2. 在最一般的范畴的层次，和合实在所隐含的事物之间的关联关系相较于传统的实体—偶性关系的不同之处在于——不是谁凌驾于谁，谁从属于谁，而是彼此之间相互依存的关系。

此外，潜在的或潜存性不等于不存在或者虚无，这一点我们在本章第一节就已经阐述过了。那么在这里我要强调的是这种潜存性的存在也不是主观上的存在，而是客观上的存在。正如同不确定性不是人主观的不确定，而是客观存在的不确定，和合实在所隐含的那种不可直观的关联性和潜在的整体性也是客观存在的。我们所能直观到的是事物现实性的一面，但是事物在本质上是一体两面的，通过和合过程，其潜存性的一面也可以被间接地认识到。同理，和合实在所隐含的这种关联性也必须通过和合过程才得以被认识。这种关联性是不可直观的，因而它只能通过感知主体的知觉过程被表象出来，而非直接的显现。同时，说事物之间存在着一种潜在的整体性，并不是说事物就是潜在的，因为我们不止一次地说过事物是现实性与潜存性的对立统一，本质上是事物内在的规定性和合所原发的物质性与意识性的辩证统一。

这种辩证统一不仅反映在物理世界，同样反映在非物理的世界。因为不管是物理的还是非物理的，其本质都是和合实在所派生的现象。正如我们在第三章就已阐明了的，无论是哪种类型的事物都是和合的，万物都逃不出和合法则的约束。当然，在本章我们的确更多地围绕着物理世界的和合现象在展开讨论，直至对和合本质的揭示。这是因为在一种根深蒂固的知识传统中，我们对物理世界的既有认识构筑了实体概念最坚实的庇护所，所以我们需要花费更多的精力与耐心去破除这种执念。

和合本质与空性

在第三章我们已经介绍过，和合来自于佛学的“因缘和合”一词。对和合本质的论证是一个哲学式的思辨论证，其在现象层面的表述与因缘和合的意思相近，不同之处在于事物和合的思想强调因或缘都是内外无差别的条件；而在本质层面，我们说任何事物都不具有独立自存性，因而本质上事物都是和合的，这一结论与佛学中的核心思想——空性之间也有着相似之处。

什么是佛学所言的空呢？很多人对空的理解是一切都是虚空的，是无，是什么都没有，应当说这样的理解是完全错误的。当然，《金刚经》里确有这样的话：“一切有为法，如梦幻泡影，如露亦如电，应作如是观。”“有为法”指的是因缘和合的现象，这句话不过是在强调现象并非实有，也就是没有独立恒常的自性。佛陀只是希望借用这样一个比喻来形象化地阐明我们应以一种空的觉知去看待有为法，而并非主张一切有为法都是空无的。因此如果说佛学在本体论的意义上强调世界的本质是空，那它无非是说世界在本质上是无自性的；一种空的觉知也不是说应当在主观上持一种虚无的心理状态，而是指对

“诸法无我”的正见，继而从任何形式的执念中得以解脱。我们还要拒斥一种常见的谬误——既然佛教强调世界归根结底是空的（四大皆空），那么一切现象就都是从无（空）中生有的。佛学的确主张现象世界是由因缘和合而不断生成的，但无论是因还是缘都不是空无的，也就谈不上从无中生有了。当然，在佛学中空的内涵是非常丰富的，因而虽然空并非指什么都没有，却也不是说对这个词的使用就是没有根据的。

佛陀创立佛学的目的是为了众生能够从痛苦中解脱。不同于古印度传统思潮对宇宙人生的看法，他提出了缘起理论——事物是因缘和合、相生相依的，“此有故彼有，此生故彼生”[8]。由于缘起因而人生是苦的，而人的痛苦归根结底源于无明（愚痴）。因为无明，因而人执着于一些“如梦幻泡影”的东西，把它们视为真实恒常的，而正是对这种恒常的执念使人在痛苦中不断轮回。于是，佛陀强调应以一种空明的心境和觉知来对治我执，以达至无我的境界，最终获得解脱。所以，在这个意义上的空可以被看作是一种空观，一种无我的修行态度。

当然，佛学对空的认识和阐发并不止于一种心境或态度。如在部派佛教时期，按照说一切有部的观点，所有宏观物质都是由很小的微尘组成的，其最小单元被称作“极微”。极微是实有的，而一切宏观物质现象都只是极微的积累所形成的幻觉，因而是空的。显而易见，极微与原子颇为相似。于是，在今天一些人就将二者联系起来，他们说：1. 现代物理学发现在原子内部除了原子核与电子本身之外，剩下的是——从微观尺度上而言——一片“巨大的”虚空，而佛教认为极微之间也存在着“很大的”空隙；2. 既然我们所看到的世界是由绝大部分结构都是虚空的原子构成的，那么整个宏观世界就是虚空的；3. 因此现代物理学证实了佛教的空性思想。然而，我们很容易就能够发现这种推理是不自洽的——即便我们不去追究其对现代物理学的错误认识——假如空性就是指虚空或者空无，而说一切有部认为极微是实有的（也就是承认微观粒子的实有），宏观物质世界又是由极微所组成，那怎么能说由实有的极微所构成的宏观世界就是空无的呢？

宏观事物是由极微组成的，也就是说是因缘和合的。一只杯子不过是无数极微的聚合物，而作为一个名相（概念）的“杯子”并不实有，因而是空。但既然一切事物都是因缘和合的，那么和合为一切事物的那些元素自身也应是和合的。据此，大乘中观派的创始人龙树拒斥说一切有部的实有说，主张“众因缘生法，我说即是空”[9]。中观派空性思想的根据就在于佛陀的缘起理论。龙树强调空首先是指性空；性就是事物独立恒常的自性，缘起就是指因缘和合；事物皆依赖于其他事物而生，因而不存在不依因缘、永恒不变的自性，即这种自性是空的。缘起即是空，空就是无自性，这就是中观派对空性思想的基本解读。既然空就是无自性的意思，那么现象世界就不是空无的；但既然是无自性的，因而也并非实有，即所谓的真空假有。说现象世界是有的，因为即便现象事物没有独立恒常的自性，但毕竟是由因缘和合所生，这种和合现象是有的；但说它是假有，因为这种有是通过名相概念来指代的，而这些概念自身却并非真实的存在，因而是假名之有。真空与假有看起来是矛盾的，却是统一的，是缘起理论的一体两面。因而在认识论的层面，中观派主张我们应取其中道，不堕两边——既不执着于有，也不执着于空。正如《心经》所言：“色不异空，空不异色，色即是空，空即是色，受、想、行、识，亦复如是。”

大乘瑜伽行派（或称唯识派）同意包括极微在内的一切客观物质都不实有，但不同于中观派因为缘起因而一切皆空的思想，他们主张三界唯心，万法唯识。换句话说，一切缘起现象都是唯识所变，而阿赖耶识是一切识的根本，为一切法所依。很多人借此认为瑜伽行派的观点是主观唯心主义的，但问题是阿赖耶识并不是个体有限的自我意识，而更像是一个存储了个体累世以来所有信息（业）的“云空间”——即“谓此识无始时来，一类相续，常无间断”[10]。因此，我们可以大致认为阿赖耶识是不空的，甚至是唯一实有的。虽然在如何具体地理解万法唯识的意义上瑜伽行派内部之间也存在着分歧，但都认为客观世界并非实有，我们对客观世界的认识要依赖于心识的作用。

总体而言，佛教不同学派对空的理解都基于佛陀的缘起理论。大乘中观派强调空就是无自性，即空性，这一解说也得到了普遍的继承。因此从空性的根本义出发，既然事物并不具有独立恒常的自性，因而总是在无常中流变。每一刻我们所看到的皆是因缘和合的暂存现象，而非任何形式的实体。于是佛陀在《金刚经》中说道：“若菩萨有我相、人相、众生相、寿者相，即非菩萨。”“凡所有相皆是虚妄。”“我相、人相、众生相”不是独立的、不变的、自在的事物，我们就不应停驻在对名相的执念中。因而佛陀向一切众生开示：“应无所住而生其心。”[11]

理解缘起性空或许并不困难，但是如何能够把持“应无所住而生其心”的认识，对于深陷无明与我执纠缠中的人类而言却是一件难事。为此，最终佛教倡导一种修行。换句话说，佛学思想的核心理念——空性不仅是世界观，也是方法论；不仅是理论意义上的，更是实践意义上的。修行的目的在于证悟、抵达彼岸或者说——成佛。这既是修行的目标，也是修行的动力，更是修行的信念。在某种意义上，修行对于一个佛教徒而言是比研究佛学更重要的事情。当两千五百年前乔达摩·悉达多的智慧被无数的追随者以各种形式的修习不断地传承、发展、扩散，在那些教诲及其承继被教条化而奉若经典之时，佛陀与其博大而精妙的思想便被宗教化了[12]。

虽然我们一再强调空性不是空无的意思，但仍然不断有人如此理解空性的意义，这种情况尤其在佛学传入中国后较为常见。因为在中国传统思想中本就有“无”的观念，因而就认为空即是无，也就有了将佛学中的空—有关系理解为无（空）中生有的错误认识。当然，之所以会产生这样的误解，与“空”这个语词的字面意思也有关系。语言符号在解释过程中可能产生两个层面的意义——一个是指示义，一个是内涵义。指示义就是语词本身的意义，或者说是直观的意义；而内涵义则是从语词的指示义引申出来的意义。比如，“玫瑰”这个词的指示义正如我们直观理解的那样指的是玫瑰花，但在某些语境下玫瑰花又象征着爱情，于是爱情就成为“玫瑰”的内涵义。同理，“空”在指示义的层面就是空无、什么都没有，相对于盈满或充实；而在内涵义的层面就是缘起无自性，相对于独立恒常的实体。问题是，一般而言内涵义要以指示义为前提，但指示义则不需要以内涵义为前提。“玫瑰”是不是指称玫瑰花，与它是不是具有爱情的意义没关系；相反，“玫瑰”能够表达爱情的前提是它首先指的是一种能够象征爱情的玫瑰花。因此，即便在佛学中“空”或者“空性”的内涵义是无自性，而非空无，但由于指示义的既定代码规则的强大惯性，人们难免会受到更为直观的指示义的影响。在一种对治我执的态度上，佛学也说我们应持一种“空明”的心境，一种“空观”的修持方法。这里的“空”倒可以理解为是指示义层面的空。但作为指示义出场的空观并不需要以内涵义空性为前提——虽然佛学恰恰强调空性（即无自性）是宇宙的根本实相，也就理应是一切认识的前提——则当我们以空观去观照空性时，就很难不把空性也理解为是指示义上的空无，在对空性以及空—有关系的理解上，就总是摆脱不了指示义的干扰。因此，我们最好是在修行实践的层面来使用“空”这个语词，而在涉及阐述宇宙根本实相的本体论层面，则直接使用“无自性”的概念，以避免无谓的解释工作。

佛学主张事物因缘起而无自性，这个自性指的是独立性、恒常性、自在性。由于认识的需要，我们用一些不变的概念名相来指代那些流转变化的和合现象，却错误地将这些名相看作是现象自身，从而执着于名相的有，以为它们是恒常自在的。佛学要破斥的是对这种恒常性的执念，强调一切和合事物皆无常。但请格外注意，我们不能因此就把自性理解为是事物的本质，而佛学是在说事物是没有本质的——因而是空无的——从而最终倒向虚无主义。如果事物是没有本质的，那么空性又是什么？就事物的是其所是而言，缘起性空无非就是要表达事物*在本质上*是无自性的。自性指的是独立恒常性，那么实际上它就是西方哲学所讲的实体概念——因为只有实体是独立的、自在的，因而也是永恒不变的——无自性就是说*不是实体*。所以，佛学最核心的空性思想无非是在不断地强调事物不是实体，独立自存性不是一切存在的本质。我们在“本质与实在”一节已经阐明了实体与本质的区别——在逻辑上本质先于实体，因为正是本质之所是才决定了实体之有无，实体不存在仅仅意味着事物的那种独立自存的属性是不存在的，而并不意味着本质也是不存在的。本质是主体追问事物是什么的逻辑前提，失去了这一前提我们就无法通过理性的过程去认识世界。而如果我们混淆了实体（自性）与本质的意义，就会陷入声言没有本质却又对其有所言的矛盾中，也就自然会怀疑我们从语言概念的推理中所获得的知识的真实性，则或者为了避免矛盾而沉迷于纯粹的文字游戏，或者干脆放弃对理性说理的信任，转向不可言说的神秘主义（这其中多少也夹杂着空的指示义的影响）。

当然，无自性不是一个肯定判断，而是一个否定判断，即不是实体。但如果我们要获得确定的知识就必须基于某种肯定性——即便是那种认为世界是空无的观念也是某种肯定判断。既然佛学说缘起自性空，那么无自性的肯定形式就是缘起。事物是无自性的（否定的），就是说事物是缘起的（肯定的）。而缘起就是因缘和合，也就是条件的聚合。因为和合（缘起），因而不是实体（无自性）。这就回到了我们在本书中所阐述的事物和合的理论中来。使用和合来替代无自性（空性）的好处是不仅在肯定的意义上获得了对实在的认识，也避免了传统的空—有之辨在指示义与内涵义之间的纠缠（请注意在佛学中，不仅仅“空”的内涵义不是空无的意思，“有”的内涵义也往往不是实有的意思，而是“假有”或“妙有”）——因为“和合”这个语词并不意涵空无或者实有，则在本质与现象之间就不存在传统佛学中对空—有这一对矛盾概念的解释困难——世界在本质上是和合的，在现象上也显现为和合。

现实与虚幻

佛学大乘中观派为了强调真空假有的统一性，主张我们应持一种中道的认识论——既承认世界在本质上的真空（和合本质），也不否认现象世界的假有（和合现象）。真空假有只是否定事物的实体性，而不是否认事物的存在性。真空与假有是互相依存而统一于一体的，真空是假有的依凭，假有是真空的显现。因此我们应既不执着于常见（实体主义），也不执着于断见（虚无主义）。对于常见的执着我们在前面已经破斥得够多了，但我们同样要警惕对断见的执着。尤其是这样一种典型的断见：“我们所生活的这个世界就是一场虚幻的梦境。”因为这种说法是没有意义的。

我们说根本实在是和合，一切现象都只是条件聚合的暂存之物，但这并不意味着它们都是幻象，更不意味着我们所生活的现实世界就是虚幻的。现实世界是真实的、实在的——当然是相对于根本实在的有限的实在。这不是在形而上学的意义上而言的，而是诉诸常识的结果。说一切都是一场梦境，这只能是一种诗意的表达罢了，因为现实与梦境确有本质的区别。

现实是符合因果律的，而梦境则不然。当你在现实中狠狠地踢一块大石头，接下来反馈给你的将会是真实的疼痛感；然后根据你的决心和力度，在你的大脚趾处可能发现挫伤甚至骨折的症状。但是在梦境中，首先你不知为何就站在了几十层楼的楼顶（没有事件的前因），然后你可能从几十层楼上跳下，但或许当你还没有体验落地的感觉时梦境已转入到另一个场景，在那个场景中你并没有因为先前从高楼坠落而有什么身体的不适。这说明现实的场景与场景之间的转换是连续的、符合因果关系的，而梦境中的场景转换是跳跃的、割裂的、不符合因果关系的。在现实中，你从出生至今的所有经历是清晰有序地按照先后关系排列的，但你的梦境并没有这种清晰的条理。因此你能够轻松地区分何时是梦，何时梦醒，哪一个是梦中，哪一个是现实。

你可能会说既然我们的整个人生就是一场“真实的梦”，那么我们自然不知道自己是在做梦。即便我们能够区分生活中的所谓梦境与现实，也不代表着我们能够认识到此生就是一场更高层次的梦境。或许这一“人生之梦”就是条理清晰的、连续的，或者这种有序性也只不过是一种我们无法拆穿的幻觉。

那么，何时是梦醒时分呢？既然是一场梦，就必然有梦醒回到现实的时候，因此这一陈述自身就隐含了一个现实的存在——也就仍无可避免地区分了现实与虚幻。常识告诉我们，在做梦前我是我，梦醒后我依然是我。如果人的一生就是一场梦，那梦醒后的我在哪里呢？是来世吗？那么为什么来世是现实，而今生是一场梦呢？是另一个平行世界吗？怎样证明我们的世界就是梦境，而“醒来”后的那个世界就是现实呢？梦境的确是人人都可以经验到的事实，但说人生如梦，除了你选择相信它之外无法实证。或许你会说：“我不需要证明，而你也无法证伪；这意味着至少在理论上存在着这样的可能性。”但我的回答是——连这种可能性都根本不存在！

即便存在转世轮回或者有别于我们的另一个世界，也不能证明我们的人生就是虚幻的；即便四维时空中的物理量是来自于抽象时空的“投影”，也不意味着对于我们而言那个抽象的时空是更真实的，而我们是虚幻的。因为问题的本质是我们无法抽离于现实去审视现实本身的实或虚。我们就在现实之中，而并非现实的旁观者；相对而言，对于一场电影或一部戏剧，我们倒是可以作为一个旁观者随时走出戏院。一部电影，无论它多么逼真地演绎了人生的悲喜，我们都能清醒地意识到那只是一部电影；即便一部精良的纪录片能够真实地还原历史事实，它也只是一部纪录片，而非事实本身。我们可以在清醒的时候回忆梦境，可以在走出戏院时回顾剧情，因而我们才说那是一场梦，那是一出戏；然而，在现世中的我们无法知道当我们走完这一生闭上眼之后还会不会再醒来，或者会不会是在一片掌声中回过神儿来。所以，关键是——我们可以从虚幻中任意抽离，但我们无法走出现实。

虚幻的关键在于你可以经验到它又可以抽离于它，而现实的关键在于你可以经验到它但不能抽离于它。所以即使整个宇宙“真是”一个巨大的幻觉，一场梦境，或者是一个虚拟现实的平台，而我们又无法抽离于它，那它其实就是真实的。这就像在梦中的那个“你”，梦境对于“你”而言即是现实；在电影中的角色，电影的剧情对于这个角色而言即是现实。因此，从这个意义上而言，这种不可跳出性决定了无论现实世界是什么，对于完全身在其中并成为其组成部分的我们来说——因而我们获取不到跳出的经验——说它是虚幻的就是无意义的。

但这绝非是一种仅仅依凭于经验的实用主义的结论——认为不存在更真实的世界是因为我们还没有经验到它。而假如我们的世界一如电影《黑客帝国》中的设定，假如有一天我们在真实世界被拔下了插头，不就可以推翻这种论证了吗？那么也就是说，即便当下我们无法断言我们的世界就是虚幻的，但是却也没有真正推翻这种可能性的充分理由。我只能说这是对不可跳出性原则的误解。因为并不是那个梦中的“你”从你的梦中醒来——正如同并不是电影中的那个角色从银幕中跳了出来——而是梦之外的那个你从睡眠状态苏醒过来。对一出戏剧而言——我们甚至可以说——戏中的某个角色也无法跳出剧情，而向观众致意的——从而与观众在同一个世界的——是在剧情之外的那个演员。

现实之所以是现实，正因为它不可跳出。进一步而言，凡是不可跳出的就是现实。对于梦中的那个“你”，由于“你”跳不出那个梦境，那个梦境就是“你”而不是你的现实。电影中的神灵有再大的神通也跳不出银幕，因而对于他们而言，那个银幕中的世界就是他们的现实。同理，假如我们的世界实际上是某个自动机所控制的缸中之脑的世界，那么无论我们是否知道或能够想象我们是缸中之脑，我们也无法跳出这个缸中之脑所幻化的世界，因而缸中之脑就是我们的现实。假如有一天我们真的被拔掉插头——如同在《黑客帝国》中那样——从而由“虚构世界”中清醒过来，那个清醒过来的人也不是在黑客帝国中的“你”，而是这个真实世界中的你。对于你而言，“你”所在的世界是梦境；但对于“你”而言，“你”的现实只存在于这所谓的“梦境”里。因此，我们的世界之所以是真实的，是因为我们——如同梦中的“我们”不可能跳出梦境一样——不可能跳出这个世界。同理，假如有高于我们的那个世界的存在，对于那里的“我们”而言，他们可以认为我们的世界是虚幻（梦境）的，但——1. 他们也跳不出他们的现实；2. 他们的现实也不是我们的现实。而由于不可跳出性，那个世界对于我们而言就只是一种想象。想象的可能性不是理论的可能性，更不是现实的可能性。在想象中一切都是可能的，但这并不意味着一切就真的都是可能的。

为了使这个论证变得更完备，我们假设真的存在这样两个世界——世界1和世界2；存在着两个我——王维1和王维2。假设我们的世界就是世界1，而我们所想象的那个更真实的世界就是世界2；则王维1存在于世界1中，王维2存在于世界2中。那么我们刚才的论证就可以转述为：1. 如果世界1是世界2的一场梦境，从这场梦境中醒来的是世界2中的王维2，而不是世界1中的王维1；2. 由于不可跳出性原则，世界1对于王维1而言就是真实的，但对于王维2而言则可能是梦境或者虚拟世界；3. 世界2对于王维2而言是真实的，但对于王维1而言则只是一种想象。问题是即便说王维1不可能跳出世界1，但为什么王维1不能等同于王维2呢？正如即便梦中的“我”不可能跳出我的梦，但为什么梦中的“我”不能是某种意义上的我呢？假如王维1与王维2是同一的，对于王维而言就存在着从世界1跳出到世界2的可能性，也就似乎存在着一个更真实的世界的理论可能性。所以问题的关键是王维1能不能等同于王维2呢?

在《黑客帝国》中，我们认为那个在虚拟世界中拼杀的人正是我们自己，是由我们的意志所控制的，因而在虚拟世界与现实世界之间似乎存在着某种因果关系，正如同我们在玩某种高级的虚拟人生的游戏时所获得的体验一样。那么我们能不能就此认为由世界2中的王维2通过某种手段所控制的世界1中的王维1就是王维2在世界1中的某种形式的延伸呢?似乎是可以的。因为在这一特殊的设定中（而不考虑其他不符合这种可能性的情况）我们可以认为是王维2在操控这个虚拟世界中的自己，他就可以将王维1理解为是自我的延伸。我们可以合理地推测假如王维2在世界2中死去，则王维1也就不存在了——正如同如果我们在真实的世界死去，就不可能存在于黑客帝国的世界中了。或者，如果王维2恰是整个世界1的设计者，那么比如当他关掉程序时，则整个世界1就不复存在了——正如同当我们清醒过来梦境就消失了一样。

但这种自我的延伸，却无法由王维1向王维2传递。既然世界1相对于世界2是虚幻的，那么我们就可以合理地推测王维1在世界1中的死去不会因果地导致王维2在世界2中的死去，否则何以解释世界1的虚幻性呢?正如同我们在梦境中经历生死绝不等同于在现实中经历同样的生死——至多是被惊醒罢了。因此，对于世界1中的王维1而言，他不能认为某种想象的世界2中的王维2是他自己的延伸，因为他不具有任何实际的能力能够影响到王维2的存在，更不可能影响到整个世界2的存在。这就是说在虚拟世界的遭遇绝不会真实地影响到现实中的我们，否则也就不是虚拟世界了。因此，由于这种自我延伸的不对称性，王维1不可能等同于王维2。则对于王维1而言：1. 在世界1中的死去就是真的死去了，也就是说世界1是不可跳出的；2. 由于不可跳出性，世界1是真实的；3. 也正因为不可跳出，世界2就只能是一种想象。他可以想象自己的一言一行是被世界2中的王维2所决定的，但这并不能改变他在世界1中所要面对的现实。不管王维2是否可以重启“游戏”（这或许意味着王维1的“重生”），对于王维1而言，他都要真切地受制于他所在的世界1的自然法则（游戏规则），无可逃避。

与之相反，假如王维1在世界1中死去会导致王维2在世界2中死去——不管这是如何可能的——这种自我延伸就是对称的，那么我们只能承认王维1与王维2是同一的。同时，我们也只能说世界1与世界2是同一的（否则这种因果关系是如何在两个不同世界之间双向传递的呢？）；换句话说，世界1和世界2都是真实的，且本质上就是一个世界，那么也就无所谓更真实的世界一说。总而言之，无论是哪种情况，世界1对于王维1而言都是真实的。

因此，即使我们的世界是泡在某个缸中的大脑在接收着一些虚拟现实的信息，但由于我们不可能跳出这个“虚拟现实”，那么即便这一切如何的荒谬，对于在缸中之脑的世界中的我们而言，这就是最真切的现实。因此，无论存不存在另一个想象中的更真实的世界，它都并非在理论上及实质上可能的更为真实的世界。由于不可跳出性，我们的世界对于我们而言就是唯一真实的，认为它是不真实的是无意义的。

注　释

［1］根据量子场论，粒子就是原本隐秘在真空中的量子场的起伏振动。如果我们能侦测到希格斯玻色子，也就意味着相应的希格斯场的存在；因此如果要证明希格斯机制，就必须找到这种粒

子存在的证据。希格斯玻色子的确是神秘的，它曾是标准模型中最后一个迟迟未被实验验证的粒子，直到 2012 年 7 月才终于被欧洲核子研究组织探测到。它的发现使得标准模型得以完备，也在客观上证实了希格斯机制。当然，物理学家们认为希格斯机制并不是粒子全部质量的来源，比如质子与中子的绝大部分质量效应就源自于强相互作用的影响。

[2] 康德：《纯粹理性批判》，李秋零译，第 71 页。

[3] 或许有人会说："实体无法被认识并非因为它是不存在的，而是因为它是超验的存在——神。神正是那个不依赖于他物，他物却要依赖于它的存在，正是那个唯一具有着独立自存性的存在。"这话或许并不错，但在我看来这无非是实体概念的同义语。亚里士多德说神是那个不动的动者，因为也只有不动的动者才能是那个不依赖于他物，他物却要依赖于它的存在。而这无非就是对实体概念换了个说法的表述——实体就是不动的动者。且这也再次说明个别事物（总是被别的事物所推动的）不可能是真正的实体。因而实体是神正如同单身汉是未婚男子一样，是由其概念自身分析地得出的，我们就并没有因此而说出什么新的东西来。而那些能够从"实体是神"的纯粹概念推演得出一个关于神的具有存在性质的对象知识的人，就无非是陷入了康德所说的先验辩证的幻象。

[4] 延迟选择实验最早是由物理学家约翰·惠勒提出的一个思想实验，它是基于双缝干涉实验和分光实验的变体，实验过程较之标准的干涉实验更为复杂，严格说并不是我们在文中所描述的那样，但其原理和意义是一致的。

[5] 一个用以说明反实在论者所提出的科学理论的不连续性的典型例证是光的以太说—电磁场说。在光的波动理论的早期阶段，科学家们坚信存在着一种被称为以太的介质用以承载光的传播，但后来逐渐由实验证实以太是不存在的；直到麦克斯韦的

电磁场理论的出现，科学家们认为光的传播是不需要介质的，以太这个概念便被彻底遗弃了。由此，反实在论者认为以往科学实在论者总是鼓吹科学知识是有关真理的知识，却存在着对基本知识对象描述的不连续性，因而认为科学理论不具有客观实在性。而认识论的结构实在论者则认为虽然作为理论假设的以太被否定了，但理论中的数学结构却依旧保留了下来，用以说明科学理论至少在数学结构的传承中具有着连续性。同样的，从牛顿第二定律到薛定谔方程，我们也能看到这种数学形式上的连续性，虽然二者对物理对象的描述是不连续的。

[6] 当然，现在我们可以说无论是事件还是意向活动在本质上都是和合的。但即便如此我们仍可以追问：既然本质是同一的，为什么在现象的层面我们却摆脱不了某种二元论的描述呢？常识告诉我们事件是客观的，而意向活动是主观的——路边飞驰而过的汽车与我脑子里所想象的相应场景是不一样的，因为前者客观地存在于公共视野中，而后者只为我一人所私有。在长久的哲学争论中主客二分似乎是一个难以弥合的鸿沟，但其实并非如此。疼痛是一种私人的感受性，但当我一边忍受着疼痛，一边难以抑制地大呼小叫时它就不再是纯粹私人的了。这意味着从主观到客观可以存在一种转化。但相反的情形似乎又是不存在的——即事物从客观是无法转化为主观的。因为既然已被公共感知到，再说它是某个个体所私有的就不可能了（门前的那棵树无论如何都无法只是我私人所感知到的树）。换言之，主观的可以转化为客观的，但客观的却无法转化为主观的。由此我主张这样一种观点：**无论是事件还是意向活动在现象的层面都（可以）是客观的**——我们可以将意向活动看作是未客观化的主观事件或心理事件——因而这里不存在二元论的困境。然而，即便我们能够通过言语活动表达如疼痛的私人感受性，但我们之所以说它是私人的恐怕是因为这种感受本身是无法公

共化的。我疼就是我疼，无论我是否表现出疼，这种感受性也不会出现在你或者他的身上。同理，我脑中的一个想法如果不被表达出来，别人无论如何也感受不到。对此，我的看法是：这是由于人类的科技水平尚不足够发达的暂时结果。或许随着脑科学技术的不断进步，有朝一日我们脑中的某个想法就可以实时地通过机器设备被清楚无误地还原为电脑图像，而疼痛等感受性也可以经由某种设备的连接在不同感知主体间共享。当然，我承认若由此而说事件和意向活动都是客观的，还至多只能算是一种基于假想的独断。最后，当我说一切现象都是客观的时候绝不意味着说一切现象都是物理的。这一点必须被清楚无误地澄清。因为我们在本书中对客观存在的定义是能被公共占有或者公共感知到的存在，而非是所谓独立于主体之外的物理存在（我在现象世界所感知到的门前的那棵树，我不能说它一定是独立于我而存在的，我也无法断言一定有这样一种存在，但我可以确定它——与我脑中关于这棵树的想象不同——是能被公共感知到的存在）。一切心理活动能否被彻底地还原为物理过程是存疑的，并且客观的也未必就一定是物理的。比如知识是具有客观性的，但能说它是某种物理存在吗？同样的，某种感受性可以是客观的，却未必一定就是物理的。既然事物不仅具有着现实性的一面，也同样具有着潜存性的一面，那么它也就不可能只是纯粹的物理意义上的现实存在（潜存的也可以是客观的，而非主观的）。所以，我所主张的是一种**客观主义的一元论**，而非物理主义的一元论。

[7] 用量子力学的语言来描述，就是指一个复合系统的量子态如果不能写成各子系统量子态的直积（也就是互相独立的形式），则该系统的量子态就是一个纠缠态。不仅两个粒子之间可以组成纠缠态，多个粒子也可以组成不同形式的多体纠缠态。

[8]《杂阿含经》卷十。

[9] 龙树：《中论》观四谛品。

[10] 玄奘：《成唯识论》卷三。

[11]《金刚经》。

[12] 处于中国春秋时期的孔子，其情形与悉达多极为相似。作为精神、思想的导师，他们都吸引了众多弟子，孔子被后人奉为“大乘至圣先师”，即所谓“孔圣人”。《论语》是孔子与其弟子的对话，而佛经实际上也是佛陀与弟子的对话。儒家思想的教条在后世不断被强化，无论在思想层面、政治层面、社会层面还是生活层面，都对直至今天的中国人有着深刻的影响。因此，儒家虽无宗教之名，但已有宗教之实。然而儒家思想并未在形式上宗教化的原因大致有两个：其一是它体现了中国上古时代的思维旨趣，主要关注的是道德教化、个人修为、人生实践以及较为实际的社会政治命题，而少有形而上学或神秘主义的色彩，相较于其他宗教思想，儒家更关注现世，“子不语怪力乱神”，对超验命题涉及得很少；其二是儒家并不像佛教那样具有一个古吠陀教的文化背景，比如佛教中的业、轮回、解脱等重要概念都来自于更古老的吠陀文化，同理，基督教乃至伊斯兰教的建立也有着相似的背景——古犹太教。在同一时代的西方，柏拉图或亚里士多德们同样有着众多弟子的追随，但是由于其哲学强调思辨，因此我们能够看到柏拉图对前人思想的批判继承，亚里士多德对柏拉图的批判继承。虽然柏拉图及亚里士多德的思想在相当程度上成为西方哲学史上极为重要的基石，但却并未被视为不可逾越的经典教条。

第六章　形式与内容

虽然我们说一切现象都要归因于和合本质，但这并不是说我们只要把生活世界中的每一个具体行为、自然界中的每一个个体事件都描述为一些条件的聚合就能圆满地回答对这个世界的种种疑问了。当然，理解和合本质对于我们进一步展开思考必然具有着启示与指导意义。在接下来的几章，我们要完成的任务是根据已经构建起来的和合本质的理论框架去检验几个基本而重要的形而上学问题，反过来通过这些论述对在前五章未能展开的命题进行补充说明，使我们从对这些问题的思考中更深一步地理解事物和合的思想主张，丰满整个理论体系。

流变的现象世界

“世界是分秒变化的”——这恐怕是人类在思想的花园小径中所能获得的最直观的认识。纵观整个人类思想史，这一认识是贯穿始终的。

在古希腊时期，哲人阿那克西曼德就开始表达一种世界存在着“永恒的运动”的观点；赫拉克利特留下了那句著名的“人不能两次踏进同一条河流”的格言；柏拉图强调世界的秩序性（由不变的理念而决定），同时认同可感世界是充满变化的；到了亚里士多德那里，则郑重地通过“四因说”引申出事物的变化性不仅仅体现在空间运动中，而且体现在数量上、性质上以及生灭之间；在这个过程中，虽然也有人主张事物是不变的（如埃利亚学派），但与直观更为切合的变化的世界观逐渐深入人心。近代初期的托马斯·霍布斯不仅强调机械性的变化（运动），还强调精神性的变化（运动）；黑格尔、马克思则更进一步，他们对事物（主观和客观）的运动与变化的认识已经超越了现象层面，而得出一个辩证的动力内核[1]。到了现代，杜威受到一些黑格尔辩证法的影响，认为人与环境之间存在着辩证互动的关系，因而不仅环境是动态变化的，由此向内而形成的思想认识也是不断变化的；怀特海则直言联系性是所有事物的本质，世界以一种有机体的形式不断生成—变化着。在佛教思想中，事物的流变也是空性思想极其重要的论据之一，佛法四法印中的“诸行无常”用很简洁的语言为我们开示：一切事物都没有恒常，都在不断的变化中生灭。

从事物和合的思想来看，变化反映了和合现象的绵延。因为事物处于不断的和合过程中，因而展现为一系列的变化图景。春天我们看到树枝抽芽，夏天看到绿树成荫，秋天看到满山红叶，冬天看到枯叶凋零——于是我们说我们看到了变化。实际上，由树木存在状态的变化所反映的春夏秋冬的四季更替是树木、天气、土壤等条件不断聚合的结果。这一系列的和合现象就像一张张幻灯片一样流畅地从我们眼前掠过，从而给我们留下一个连续变化的印象。

其实，不需要什么深刻的哲学思辨，在现实生活中的我们就能够直观地体会和理解事物流变的道理。每一天日升日落，我们总是在光明中醒来，又总在黑暗中睡去，没有谁是在永恒的光明或永恒的黑暗中生活，因而地球的自转体现了最为直观的变化。人的一生，从出生到学步再到说话，从上学到工作再到结婚生子，从英姿少年到花甲暮年，我们或许拥抱着惊喜，或许咀嚼着苦难，无论我们是否怨恨岁月的无情，无情的岁月总会将我们的现实影印成一份生动的连环画。旧的事物总是被新的事物所替代，过去的成为历史，现实的正在过去，而未来即将变为现实。

在每一个瞬间，河水总是表现为连续的流动，我们从未见过水流在某一个时间片段——即便非常短暂的——暂停下来。一切自然中的事物正如同河流一样在时空中流淌着。宇宙的加速膨胀、星体的孕育而生、地球围绕太阳转动、云层的聚散离合、植物从茂盛到枯萎、动物的生存与毁灭无不体现了这种不间断的变化性。

亚里士多德将自然之物的变化划分为四种：1. 位置的变化，即一个物体空间上的运动；2. 量的变化，即一个物体增加了或减少了某部分特性（如质量）；3. 性质的变化，即一个物体改变了特性（如颜色或气味）；4. 实质性变化，即一个物体的产生和灭亡。实际上，这四种变化都可以归纳为客观事物在时空中的绵延。一只燕子划过空中，我们看到的是一个连贯的运动画面，燕子位置的变化不是跳跃性的，也不存在在某段时间里它停留于某一个不变的位置。当一只气球不断膨胀起来，它的体积发生着量的变化，气球体积的增大不是瞬间完成的（即便是瞬间也是一个有长度的时间），而是不断地占据时间与空间的过程。枫叶从绿色到黄色、橙色、红色的颜色变化同样是在时空中的渐变过程，其实质是植物随着气候的改变逐渐调整树叶中不同色素间的比例关系，枫叶不是从新叶突然地变为红叶，也不会永远保持美丽的酒红色，因而我们才懂得在深秋的那个短促的时节里去欣赏这一景观。一个新生儿的降生，即便我们会记录他的出生时间，但这不是说在那一刻之前他是不存在的，仿佛一个人的出生是从无的状态直接跳跃到有的状态的，在母亲分娩之前胎儿就已经在子宫里静静地生长了九个多月，而再之前的那颗微小的受精卵则是通过无数精子们的生命竞赛促成的。

当然，不仅客观事物充满着变化性，主观事物同样如此。通常情况下，我们头脑中的想法随时在发生着改变。这一秒我们在想“假日应该去哪里好好放松一下”，下一秒就可能突然跳跃到“我究竟该如何处理那个令人头疼的问题”。今天我们满怀信心地去迎接挑战，明天却可能深陷失落的情绪中。小时候我们心中的世界是单纯的、明亮的，长大后或许变得复杂而昏暗。人的主观意向活动并不像客观事件那样直观可见，但前者与后者一样因和合而不断变化着。只不过相较于客观事物变化的绵延性，主观事物的变化则更像是跳跃性的（从一个想法到另一个想法的改变怎么说都不像是绵延的）。

有时候我们也会认为事物在有些方面看起来是不变的。当寒冬到来，河面结起厚厚的冰层，直观上我们会认为河流静止不动了，也就是说没有变化了。当然，你也许会说这仅仅反映了在过去我们对自然缺乏更全面深刻的认识，而在今天我们知道冰层内部仍存在着时刻不停的晶格振动（别忘记量子力学的知识告诉我们，无论宏观世界看似如何平静，微观世界总是动荡不安的）。如此一来，即便是结冰的河面实际上也在不断地运动变化着。

但是，仅仅是因为缺乏足够的知识因而才会有“不变”的观念存在吗？今天，即便我们知道树叶无时无刻不在合成和分解着各种色素，我们仍然直观地认为——至少在盛夏时节——叶子的颜色没有什么变化，因此我们称之为“绿叶”。即便实际而言，一座公园里时时刻刻都在发生着变化，但我们总是习惯于忽略那些细节而认为它还是那座公园。赫拉克利特在两千多年前就明白我们不可能两次踏进同一条河流——显然，他强调的正是客观世界不断运动变化的现象——但是在日常语言中我们还是会经常听到“河还是那条河，山还是那座山”。

看起来似乎更像是因为人类的感觉器官没有那么敏感，对那些不存在明显变化的现象便直接过滤掉了（叶子每天色素比例的微小差异、公园里个别元素的改变）；或者，从实用主义的角度而言，这仅仅是为了更易于描述世界。当我们看见一只猫，它离开又回来，我们说它还是刚才那只猫，而实际上那是一系列相关却不断变化的现象的绵延，正如同河流一样。但在现实生活中，一方面我们直观不到那些细微的变化，另一方面即便我们经由反思能够认识到微妙的变化是无时无刻不在发生着的，我们先天的认识结构也总是优先地引导我们用某个固定的语词“猫”来指代那一系列不断变化的事件链。

当然，认识主体能够用某个固定符号来指代一系列的绵延现象并非完全缺乏客观依据的支撑。人类以“猫”这个语词来称呼某种动物是因为它们统领了有毛的、四肢的、可爱的等一系列属性，由此一个语词概念孕育而生。即便我们强调一切事物都是条件聚合的暂存现象，且这些现象总是在持存与重构的较量中不断变化着的，但假如那被称为“猫”的事物的运动变化不是连贯的，而是剧烈跳跃的，假如这种变化甚至使它难以维持在一个稳定的状态下，以至于我们根本无法从这些无规则的现象碎片中归纳出什么，那么我们的主观认识能力也就难以把握一只猫的形象，一个确有所指的语词概念就无法产生了。幸运的是，我们生活在一个相对稳定的时空里而不是疯狂跳跃着的世界中。不仅仅在大尺度上，我们无须为宇宙的未来担忧，在局部、在人的生活世界中，这种稳定也为我们提供了一个相对有序的生存环境。

无论这是如何可能的，在一个稳定连贯的世界中我们会发现个别事物之间总是或多或少地存在着一些相似性或同一性。于是我们才说苏格拉底和柏拉图都是人，而太阳和比邻星都是恒星；或者人和猫都是动物，恒星和行星都是天体。同理，当我们讨论怎样才算是美好时，我们可以举例说冬日在洒满阳光的落地窗前懒洋洋地睡着午觉就很美好。那么，究竟是“冬日的阳光”“落地窗”，还是“睡午觉”是“美好”呢？都不是。但我们能理解当这些事物和合后所生成的一种内在的感觉体验是美好的，正如同在炎热的夏日吃上一根冰棒的感觉也可以是美好的一样。美好的事物总是给人带来一种相似的感觉体验，于是我们就用“美好”这个语词来意指它。

因而，人们很容易形成这样一种错觉：既然正是事物的共性在同类事物间构筑了某种同一性，才使我们能够建立起所有个别事物（个别的猫）都是同一事物（猫）的概念，那么事物的共性就是永恒不变的。但问题的关键是我们凭借着什么就能断言事物的共性是不变的呢？因为它意味着一般性或普遍性吗？但在一般性或普遍性的概念中如何就先天地蕴含了不变的性质的？事物的共性是一切个别事物所分有的这一点与其自身是否是可变的之间并不存在因果关系。再者，如果事物的共性是不变的，则根据第五章第一节的论述——实体是没有生灭变化的——事物的共性就是实体。然而，根据事物和合的思想，没有什么是不在条件聚合中流变的，那么事物的共性自然也不能脱离和合法则的约束。一只猫能够成为猫是因为一些条件的聚合，而我们说另一只猫也是猫是因为有着相同条件的在场。当然，在聚合为第一只猫的那些条件与聚合为第二只猫的那些条件中必然存在着不相同的部分，使得在两个个体间总是存在着差异（品种、性情）；但我们之所以能够断定它们都是猫，是因为在二者的聚合条件中必然存在着相同的部分。于是所谓猫的共性就是聚合为一切个别的猫的那些相同条件的集合。同理，并不是在一切个别的马中都能找到某个独立不可分的什么，才使得马成为马；而是说存在着一些基本的条件，它们的聚合总是形成某种固定的集合关系（共性），我们才能用概念“马”来表征这一集合。是一些条件共同在场所形成的集合，因而事物的共性并不是独立不可分的，其本质是一种关系而非任何形式的实体。

假如我们用S来代表某类事物，则S_1是S类中的某一个成员，S_1={a，b，c，d，α…}表示聚合为S1的条件集合，则同理可得S_2={a，b，c，d，β…}，S_3={a，b，c，d，γ…}。显而易见，能够使S成为S的条件集合（即S的共性）是{a，b，c，d…}；换句话说，只要这些条件在场，我们就能说一物是S。因而，由于蕴含了相同的必然性条件，S_1、S_2、S_3都是S。但由于条件集合{α…}、{β…}、{γ…}的偶然性存在，使得S_1、S_2及S_3并不全等，而成为同属S类中的不同个体。通过这样的表述，我们就更易于理解使得S成为S的并非某个独立不可分的属性，而是一系列条件的集合{a，b，c，d…}，因此事物共性不是实体而是关系；并且——根据和合本质——作为条件的a、b、c、d都不是不可再分的，则在这里也不会有任何形式的实体存在的可能。

既然事物的共性不是实体，则其变化在逻辑上就是可能的，那么在经验中又是否存在着这种可能性的现实依据呢？应当说，这样的依据是普遍存在的。比如，物种在漫长的历史长河中经历了不断演化的过程，以人类为例，在其演化进程中存在着从直立人到智人的阶段，虽然我们有所区别地说出了“直立人”和“智人”，这似乎意味着在分别使得他们成为其自身的共性之间存在着不相同的部分，但无论直立人还是智人，本质上都是人，因此在他们的共性中又理应具有着相同的部分。与白人和黑人的差异不同，直立人与智人的差异并不是同属于人类的不同种事物之间的差异（共时性的差异），而是同一事物（人类）在不同阶段的差异（历时性的差异），只不过我们用了两个相似但不同的语词“直立人”和“智人”来提示人在不同阶段的这种差异罢了。既然这种阶段性的差异产生了两个不同意义的概念——那么相应的就对应着两种不同的共性——则意味着事物的共性在实际中发生了变化。假如我们用 H 代表人类，He 代表直立人，Hs 代表智人；则 He={a，b，c，d，e ...}，Hs={a，b，c，d，f ...} 分别表示使得 He 或 Hs 成为其自身的条件集合（共性）；由于 He 与 Hs 在更一般的意义上都是 H，则可以看到在 He 与 Hs 的共性中存在着相同的部分 H={a，b，c，d ...}；而不相同的部分 {e ...} 和 {f ...} 正是使得 He 有别于 Hs 的条件集合。请注意：1. 与上文中聚合为个别事物（S_1、S_2、S_3）的那些偶然性条件（α、β、γ）不同，e、f 代表的仍是一类事物的必然性条件；2. 而在 He 于 Hs 之间存在着服从时间先后的因果关系——Hs 是由 He 演化而来的。因此，从 He 到 Hs 其必然性条件集合发生了从 {a，b，c，d，e ...} 到 {a，b，c，d，f ...} 的因果变化；也就是说，作为同一物种的 H 在不同演化阶段之间存在着共性的变化。这是我们从人类演化史的经验事实中可以合理地推得的。因而，我们的结论是事物的共性也是可变的。

形式的可变性

在哲学上，就同类事物是否内在地具有着某些共同属性的问题存在着长期的争论。反对者声言在个别事物之间并不存在同一性，而不过存在着某些相似性罢了。但假若只是相似，我们缘何不会将某只狗看作是猫呢（也具有四足、有毛的、与人共处等相似的属性）？或者，想象一排由蓝向绿逐渐过渡的渐变色块，每一个色块与其邻近色块都极为相似，但为什么我们会说这一整排色块有两种颜色而不是一种颜色呢？在某类属事物之下的各类种事物之间可能只存在着一些家族相似（如同属动物之下的猫与狗），但在同一种事物的不同个体之间就难说仅仅是相似了（一切猫都蕴含了相同的必然性条件）。看来想要在本体论的意义上否定事物的共性并非那么容易的事情。当然，在认识论的意义上我们能够使用某个语词来意指具有着如此这般的一些共性的事物，却不会用任何语词去意指具有另一些共性的事物，似乎取决于我们需要怎样的概念来认识世界——这是由我们的先天认识结构决定的。换句话说，我们认为哪些事物可称作是一类事物、具有这样一些共性取决于我们拥有怎样的构造概念系统的需求和能力[2]。

现象世界是瞬息万变的且没有哪两种现象是绝对全等的，我们却能用某个语词概念相对统一地意指这样或那样一类现象；而在第三章我们就说过一个语词概念相比于其所意指的事件或意向活动已经是派生性的了，也就是说已经被人为地赋予了实体性，那么这是否意味着概念自身是不变的呢？从直立人到智人，人的共性发生了变化，但这似乎并不意味着作为概念的“直立人”发生了变化，相应于事物共性的变化而有所改变的不过是我们用另一个语词“智人”替换了它而已。当一个语词概念被创造出来以后，它就成为一个具有意义的印记镌刻在人类理性中，印记似乎就象征了某种不变的东西。既然概念是对现象的高度概括，概念就是抽象的，而现象是具体的。为了突出二者之间的对应性，我也将概念称作是事物的*形式*，而其所意指的现象就是这一形式下的*内容*。在认识论的意义上，事物无形式则无法被思维，事物无内容则无法被感知。概念“猫”

是一切具体的猫的形式，而一切具体的猫是概念“猫”的内容。猫的形式统领了猫的内容所具有的共性，并使我们能够理性地思维这一事物；猫的内容使猫的形式有其丰富的所指，并使我们能够真切地感知到这种事物。

需要进一步澄清的是，虽然形式统领了事物的共性却并不等同于事物的共性。前面说了语词概念并不与事物共性一一对应，概念有其自身成立的逻辑——人的先天认识结构。因而形式既具有对象性的一面（蕴含了事物的共性），也具有主体性的一面（意识活动的产物）。同时，内容也不完全等同于语词的指称对象（假如这指的是那些真实存在的事物），即便是那些我们通常认为没有指称的语词概念也具有内容。比如“飞马”不具有一个指称对象，但这并不妨碍我们具体地使用它来意指某种和合现象（内容）——如影视作品中的飞马形象。此外，对于专名——例如“苏格拉底”——有些人认为它是没有意义只有指称的语词，无论这样说是否是恰当的，在我看来它也是有内容的——那些由语词“苏格拉底”所指代的一系列因果链条。因此，总而言之，没有不具内容的形式，也没有不具形式的内容。

在柏拉图那里可感之物是变化的，而理念则是那个不变的实在；相应的，通过上一节的论述这是否是说：虽然内容是千变万化的，但形式是不变的呢？答案是否定的。形式的不变性如同冻结的冰面一样也只是一种假象。

无论人类的演化进程如何，我们说直立人的形式毕竟还在。还在的一方面是指这一形式的内涵，另一方面是指表征这一形式的符号。我们先说内涵。

即便形式下的内容是不停流变的，但既然某一事物的形式能够称其为这一事物的形式，恐怕它应当有着固定不变的内涵。问一个概念的内涵意义是什么就是在问这个概念是什么意思，即便这一概念所指称的对象不存在了，这个概念的意思总还是在的。然而，或许在最初认识主体想要通过某个符号来标记某个对象以使他们在交流中方便提及，却未必对这一对象有着确定无疑的认识和理解，也就是说对由这一对象抽象而来的那个概念所意谓的东西并没有形成一成不变的观念。

在上古时代太阳常被不同的早期文明尊为天神，假使那个时候的人们要定义太阳的话，"神圣的"很可能是该语词内涵意义中非常重要的组成，因而当人们谈到太阳时不由得会生起敬畏之心。今天我们固然也很敬畏太阳，但是程度与方式显然大有不同。天文学所能给出的描述不过是——地球所围绕公转的，银河系边缘的一颗普通的恒星。其内涵中显然缺少"神圣的"成分。在这一历史长河中太阳的内在属性没有变化，变化的只是人类对太阳内在属性的认识，于是原本界定清晰的"太阳"的内涵就自然而然地被重新约定了。"正义"并不像"猫"或"太阳"那样指称客观世界中的事物，而是意指某种抽象的观念或主张。并不存在一种叫"正义"的某物，但当有人高呼正义的时候人们似乎都很清楚它指的是什么，并因此而热情高涨，因为它代表了人类一直在追求的某种信念。信念听起来更像是某个不变的东西，然而正义的信念在每个不同的时空中都具有着不同的内涵。苏格拉底的正义与亚里士多德不尽相同，古代人所说的正义与当代人也不尽相同，即"正义"这一概念的内涵是在不断变化着的[3]。

如果形式的内涵是可变的，那么使我们认为某一形式具有着同一性的又是什么呢？主体对形式的感知就是对其表征系统的感知，形式的表征是通过听觉的或视觉的表达符号来具体展现的。一个符号本身只是某种类型的印记，我们通过对这个符号指派一个意义而使其成为一个语词概念。因而或许给人以不变印象的正是形式的表征这一部分。但实际上不仅形式的内涵是可变的，形式的表达符号或符号形式本身也是可变的。

“哲学”这个汉语词汇在十九世纪之前并不存在，它是日本近代思想家西周在翻译“philosophy”时才被创造出来的。于是我们要问：一切符号不都是从无到有地被创造出来的吗？那么这难道不是一种实质性的变化吗？请注意，这不是说“哲学”这一语词符号所对应的内容是被创造出来的，而仅仅是就这一语词符号的形式本身而言；当然，在桌子、汽车、沙发、火箭等人造物中就既包含了语词符号的创造过程，也包含了其所指代的和合现象的创生过程（在这个过程里，沙发的内容与其形式是同时产生的）。再者，显而易见的是，伴随着人类历史的演进，意指同一个概念的文字符号也在不停地演化着。例如，我们用简体字“爱”替代繁体字“愛”，用“老虎”替代“虎”，等等。总而言之，作为表征系统的符号形式是可变的。

符号对应于现象，正如形式对应于内容。现象和内容并不都是指客观存在的事物，也可以是非客观存在的事物。归根结底，我们对一切现象的符号化过程就是对一切内容的形式化过程。当我们说“我出门去旅行”时，“我”并不是一个孤立的、静止的某物，而是对一系列因果链的统称；“出门”也不是某个瞬间的动作，而是一系列连贯动作的接续。以此类推，每一个符号化过程都是对一系列绵延现象的抽象概括，也即语言或文本表达就是对内容的形式化过程——用内容的形式来阐明内容。由此而言，符号逻辑又是对（自然）语言本身的形式化过程，则前者就是相对于后者的形式，后者就是相对于前者的内容。这样，我们就可以从另一个层面来理解为什么作为现象世界的表征——语言或符号系统本身也是可变的了，因为它也可以是某种更高层次的形式的内容。

虽然形式如同内容一样都是可变的，但形式的变化与内容的变化有着质的不同。在直观的认识上，相比于一刻不停的绵延现象而言，语词概念的改变（无论是其内涵意义还是符号形式）是跳跃性的——内容的变化是“连续的”，而形式的变化则更像是“离散的”。这是因为形式的变化是被动的，而内容的变化是主动的。

世界在总体上是稳定的，它表现为事物具有着持存的倾向性。因而，客观条件有助于认知主体在主观上建立起一种适合于认识、理解、描述世界的形式体系。形式本是对内容的抽象，如果形式自身不具有稳定性，主体何以通过它去表达和理解确定的意思？因而形式先天地具有着确定不变的倾向性。当然形式的不变只是一种幻象。主体对事物的认识不可能一成不变，因而形式的内涵就不得不发生改变。实际上认识的变化正反映了一种内容的变化，它往往由主体的客观活动的变化而引发。因此，形式的变化归根结底源自于内容的变化。换句话说，形式总是倾向于表征某种确定的概念形象，而内容则倾向于打破这种确定性，因而形式的变化总是被动的，而内容的变化是主动的。由于这种对立关系的存在，形式虽是可变的，但相较于内容它仍具有着相对的不变性。

形式与内容本是一对不可分割的统一体。形式是对内容的概括，而内容是对形式的阐发，二者的统一构成对一个事物完整的、有机的认识。同理，变与不变也是相对而言的，不变是相对于变化的印象，而变化是相对于不变的现象。如此一来，形式与内容的对立统一就与第四章的结论——物质性与意识性的辩证统一——联系了起来。物质性使得事物像物质一样倾向于持续存在，意识性使得事物像意识那样倾向于重新构造，事物和合的动力正源于物质性—意识性的辩证，因而一个事物总是表现为二者的一体两面。形式与内容的关系是对物质性与意识性关系的认识论映射。猫倾向于持存的物质性所建立的正是猫的形式印象，而猫倾向于重构的意识性所表现的正是猫的内容现象。正像没有物质载体的意识是无从发力的，没有意识反馈的物质是不可感知的那样，没有形式概括的内容是无法思维的，没有内容阐发的形式是无法想象的。因此，形式与内容就既是充满张力的又是统一于一体的。

形式的本体论幻象

在第五章，我们说正是由于物质性（持存）彰显了事物的存在，因而物质性就总是位于台前，处于凸显状态，而意识性（重构）总是隐藏在幕后，处于遮蔽状态，因此二者的关系存在着不对称的情况。既然形式与内容是物质性与意识性关系的认识论映射，那么在形式与内容之间是否也存在着这种不对称的情况呢？答案是肯定的。然而，我们也说，正因为物质性暴露于台前，因而是现实的；而意识性隐藏在幕后，因而是潜存的。那么就可同理推得形式是现实的，而内容是潜存的，但这就让人难以理解了。既然内容才是指真实流变的现象，而形式不过是提炼于现象的派生性的概念，那如何能说形式是现实的而内容却是潜存的呢？但恐怕在人的认识活动中，二者的地位正是被如此颠倒地安排的。

如前所述，说形式是现实的正是指其相较于内容而言位于认识活动的台前，而说内容是潜存的也同样是指其相较于形式而言位于认识活动的幕后。认识活动是指人运用形式概念去理解和表达世界的活动。我们说任何语词符号都是对现象的抽象——“出门”指代了一系列的连贯动作——但在认识活动中我们并不首要地去关注这是一系列的连贯动作，而只关注语言本身所给予我们的某种确定的意思。当有人说“他出门了”时，我们并不会在头脑中将句子里的每一个概念分别转化为与之对应的这样或那样的一系列复杂流变的现象——说“他出门了”就是他出门了的意思。质言之，在理解和表达等活动中我们并不需要反思概念与现象一一对应的关系，我们只是在概念的世界里行事罢了。正因为如此，在主体的认识活动中形式是被凸显的，而内容却是被遮蔽的。

然而这有什么问题吗？一方面概念化的认知是主体认识世界的必由之路，另一方面在具体的认识活动中我们又不需要去关注形式背后的内容——在提及“苏格拉底”时，我们不需要着重强调它指代了哪些相关的事件链；在谈到“服毒”时，我们也不需要指出这其实是条件不断聚合的过程。但问题并不在于我们如何使用概念去认识世界，而在于这种概念化的认知所产生的副作用。

在前概念阶段，经验杂多通过感觉器官被给予主体，并经由主体先天的认识结构而被处理成这样而非那样的整体表象，这一表象正是概念化的基石。在认识活动中，原本主体通过声响或图画来标记各种现成事物的表象只是为了便于沟通和记忆——此时符号就是对事物表象的记号。但符号在使用的过程中被赋予了意义——符号不再单纯地对应于表象，而是对应于其他一些符号之间的组合——那么对于一个有意义的符号（形式概念）的使用就可以独立于现实活动而展开。原本形式的存在要依托于内容——形式是内容的形式——但在高度概念化的世界里我们并不需要内容了，而内容的遮蔽反过来使我们更易于忘却它才是真实的存在。正因为如此，在主体内心便形成一种形式有其独立存在的本体论幻觉。于是在认识活动中唯有形式才是现实的——主体用某个不变的符号形式取代了（而不是指代）那不断聚合流变的现象——马就是“马”，运动就是“运动”。在这本体论的幻象中，原本相对（内容）不变的形式进一步沦为绝对不变的实体——即便我们称之为“树”的和合现象经历了由生长到腐朽的过程，但主体不仅在认识论的意义上依然使用“树”来理解和表达它，并且也在本体论的意义上认定它还是那棵树。由此可见，实体是在概念活动的演化过程中被发明的，而不是被发现的。

形式	形式	形式	
（指代）→	↓↑（和合）	（取代）→	形式（实体）
内容	内容	内容	

将认识论意义上的形式看作是具有本体论意义的实体存在，这是西方哲学的典型病；而在东方，佛学则很早便意识到了这个问题。

佛经中将人们根据和合现象所建立起来的事物形象称为“相”（表象），如“我相、人相、众生相、寿者相”[4]。有什么相是实在的吗？没有！于是佛陀说：“凡所有相皆是虚妄。”[5]但我们毕竟建立起了这样或那样一些相，就不可能不产生对各种相的认识，于是我们通过“名言”来诠释相。在认识活动中名与相是一体的，因而我们可称之为名相（形式）。名相非实相，实相即是空。当然，名相缘起于真实流变的和合现象，因而在相对的意义上名相是存在的（派生性的、假有）；但是既然现象是流变的（诸行无常），那么在究竟的意义上名相就是无自性的（诸法无我）。名相的实有只是人心的造作，因而是“虚妄”的，然而人心却执着于名相恒常实有的幻觉不能自拔。

对执着心的破除一直是佛学非常重视的实修命题，而我们必须以一种辩证的思维来理解佛学中的有关思想。在篇幅不大的《金刚经》中，有很多类似的句式——“如来说世界非世界，是名世界”，“如来说三十二相即是非相，是名三十二相”，“说法者，无法可说，是名说法”，“所言一切法者，即非一切法，是故名一切法”，等等。这些大量出现的相似表述反复强调了《金刚经》的核心观点——我们所指的一切名相仅仅是概念而非实相。如果能理解这个道理也便证悟成佛了。因而佛陀洒脱地说：“佛说般若波罗蜜，即非般若波罗蜜，是名般若波罗蜜（佛所谓的以智慧抵达彼岸，并非实在的指以某种智慧抵达某个彼岸，只是在名相上称作以智慧抵达彼岸罢了）。”“如有人言如来得阿耨多罗三藐三菩提，须菩提，实无有法佛得阿耨多罗三藐三菩提（如果有人说如来证得了无上正等正觉的果位，须菩提啊，实际上并没有什么佛法使佛证得无上正等正觉）。”最终，佛陀在根本上希望人们辩证地看待他所传的法，并没有什么“忍辱波罗蜜”“般若波罗蜜”的佛法，也没有什么“阿耨多罗三藐三菩提”的无上果位，而这又恰恰是佛法的根本意义——破除对名相的执着，我们才能真正证悟。所以，与其说佛陀是在否定名相，毋宁说是在否定我们对名相的执念。

佛学认为人对名相、对概念的执着源于无明。由于无明心起，人们不能看透世事无常的道理，从而总是陷入对概念的执着。什么是“无明”？《缘起经》中言：“谓于前际无知，于后际无知，于前后际无知；于内无知，于外无知，于内外无知；于业无知，于异熟无知，于业异熟无知”等等。近似的，我们可以认为佛学中的无明就是苏格拉底那里的*无知*，或者说*对善知识的缺乏*[6]。那么相对佛学所主张的空性见地，无明就是对缘起性空的无知，因此人们执着于我相、人相、众生相、寿者相。

但我们必须要指出的是：人的认识本就源始于对概念的

建构，而对概念有如此这般的建构又源始于人的感官结构。即便是要破除对概念的执着，也首先要建立在另一些概念认知的基础上——人无概念便无法思想。因此，我们倒是可以说人心对名相或概念的执着是概念认知的“原罪”，是无法逃脱的。要想探知世界的真相我们就脱离不了概念工具，而运用了概念，我们就不自觉地陷入概念认知的原罪中，这的确是一对矛盾体。

从语言哲学的角度而言，既然任何名相或概念都并非实存，而任何陈述都是由语词概念所组成的，那么当我们说“大地回春，树木开始发芽”时，难道我们是在陈述某种并不真实的存在吗？另一方面，树木开始发芽是一种客观和合现象，即一个事件，而根据事物和合的思想，事件在现象的层面又的确是一种真实存在。那么我们该如何前后一致地把握这两种表述呢？在《逻辑哲学论》的开始部分，维特根斯坦就有这样的断言：“世界是所有事实的总和，而非事物的总和。”[7]接下来他又说事实由原子事实组成，而原子事实又由对象（事物或实体）组成。如此说来，世界不正是由对象组成的吗，为何又说世界“不是事物（对象）的总和”呢？维特根斯坦解释说因为对象的存在要依存于事实，对象不能独立于事实而存在。在语言哲学的层面，我们可以设想意义的最小单元；但在本体论层面，我们却不能说这样的最小单元是某种真实的独立存在，因而对象只是一种逻辑上的虚构。在语言中，事实就是命题（陈述），对象就是名称（语词概念）。“树木”是一个名称，在认识活动中我们可以使用名称“树木”，但我们绝不能说“树木”——由这个名称所象征的某种实体——是实在的。据说维特根斯坦自己也曾疑惑对象（实体）的实例究竟是什么？根据和合本质，实际上并不存在这样的实例。

有意思的是，虽然一个句子是由并非实在的名相所组成，却并不妨碍整个句子反映实在。这体现了语言表达离不开虚构的实体概念，虚构倒成了现实的前提。由此可以看出实体概念之于人类而言为何如此根深蒂固了。当然，之所以说这是一种本体论的幻觉，正因为人们反而把虚构的当成了现实。因此，佛学说得不错，认为事物有其独立恒常的自性的确源自人心对名相、概念或形式的执着。而在所有执念中，对——作为这一切自性幻觉的中心概念——“我”的执着，成为一切痛苦的根源。

什么是“我”呢？有人会说“我”就是身体的每一个组成部分与“我”的意识的统一；“我”被认为具有着某种同一性。然而，正如同树木每天的变化一样，这个所谓的“我”每天都在变化着。在这个过程中，我们成长、成熟，继而衰老，组成肌体的大部分细胞都在新陈代谢中不断被替换掉，每过一段时间我们所看到的已不再是曾经的那副皮囊。意识活动伴随着岁月的流淌在每一个瞬间变化着，即便我们可以在很长一段时间里一直思考某一个问题，但在每个刹那那些细微的想法都在跳跃着，新的思想总在替换着旧的观念。因此，由“我”的身体和“我”的意识所体现的这个“我”是一个固有的、恒常的实体吗？不是。一切事物都是条件的聚合，自我同样是一些条件的聚合，从而必然地处于某种变化的过程中，我们不过是用某个符号“我”来指代其所对应的自我现象罢了。但在形式取代了内容所形成的本体论幻觉中，人心执着于有一个独立恒常的“我”，这就是**我执**。在狭义上我执就是对自我有其恒常自性的执着（人我执）；推而广之，在广义上也是对一切事物有其恒常自性的执着（法我执）。因而“我”在广义上就是指事物的自性。有了对“我”的执念，就有了有别于“我”的“非我”的认识，于是就有了分别心，于是我们生起贪嗔痴诸念，并在轮回中受苦[8]。

面对我执所带来的痛苦，佛学宣扬“无我”的理念，但无我不等于消灭自我。自我作为一种现象同其他现象一样是真实不虚的。佛学并没有否定任何形式的现象的实在性，也就是说并不是在否定自我现象的实在性，而是否定自我有其独立恒常的自性。因此，无论自我是大脑中某个模块的功能体现，还是人的有灵属性的彰显，自我的现象都是存在的；但如果把它看作是某种独立恒常的实体，则只是人心执念的造作罢了。既然“我”只是人心的某种执念，那么无我就是要断除对独立恒常的“我”的执着——无论是“人我执”还是“法我执”——也就是对空性的正见。总而言之，问题不在形式、概念或名相，而在于我们对它们的执着。

事实上，佛学理论并不像某些哲学思想所主张的那样——更进一步——压制甚至消灭人欲。当然，作为一个宗教，佛教与其他宗教一样也存在禁欲主义的形式（如持戒律）。但是可以肯定的是，这些戒律如同其他形式的修行一样只是为了帮助信众证得空性的手段，而非佛法的根本目的。从另一方面而言，人的欲望是完全错误的吗？即便是那些为了创造更好的生活的愿望和行动也是不该存在的吗？若如此说，那么整个人类文明的发展就是错的，甚至佛陀在菩提树下的冥想也是错的——因为这体现了他对真理的渴求（同样是一种欲望）。试图完全地压制欲望、消灭欲望，这难道不是另一种形式的欲望吗？

因此，就“不执着”这一理念而言，我们应秉持的是不执着的内容，而非不执着的形式。因为对其形式的执着，即执着于不执着本身也是执着的。换句话说，我们应不执着一切名相，也不执着**对一切名相的不执着**。为什么将悉达多称为觉者（佛），就是因为他看透了“执着”二字。他虽然批判众生对欲望的迷恋，但他同时也警惕着人们对佛法自身的迷恋。在《金刚经》中，佛陀这样教诲弟子："汝等比丘知我说法如筏喻者，法尚应舍，何况非法。""筏喻"是什么？在《中阿含·大品阿梨吒经》中，佛陀以一个人造竹筏渡河抵达彼岸的过程来作比喻，渡河的筏子就好比佛法，乘筏渡河就好比修行。筏子只是人们渡河的手段，人渡过河之后难道要扛着筏子一起走吗？当然不会！最自然的选择是舍弃筏子而前行，因为抵达彼岸后筏子于我已无益处。佛法要求人们不执一切相，因此当人们了悟空性的真谛时（抵达彼岸），也应当舍弃对佛法本身的执着。

"欲念不须断，贪着亦勿取"[9]，这样，我们就需要一种理性的态度来面对欲望和对治欲望，从而趋向一种中道的人生哲学。我们将在最后一章对此做详细陈述。

执着与精进

那么，就人的现实活动而言，我们如何去做才算是既不执着于形式（概念），又不执着于对形式（概念）的不执着呢？

首先，我们知道，在日常生活里的那些事物——一份"早餐"、一张"报纸"、一家"企业"、一场"电影"、一个"家庭"、一次"聚会"等，由这些引号中的语词符号所表征的形式背后是随时变化着的内容。因而我们应时刻警惕执迷于形式的不变性，而忽略内容的变化性。世事无常，我们承认世事的存在，承认由概念所建构的相对稳固的世界观而不落入虚无的认识泥潭，因此我们有理由去接受一些信念和常识；同时，世事是无常的，现实中的一切仅仅是和合实在不断演绎着的流变现象而已，因此我们必须对随时而来的变化做好充分的心理准备。

当我们与相爱的人历经考验步入婚姻的殿堂，似乎终于完成了人生的一件大事。但是，这并不意味着“婚姻”这一标签就锁定了我们的幸福。婚姻是需要经营的，因为人生的经历在持续的积累中不断变化着，我们的情感并不因为我们的结合而稳固不变。在这些经历中，你的另一半或许完成了人生阅历的一次次跳跃，而你却在心理上止步不前，那么曾经同等的人生观就会出现落差。如果你不注意通过对内在或外在的提升来调节这种落差，反而认为“我还是那个我，他（她）还是那个他（她），有什么变化吗？”，那么这就是忽视了“婚姻”这一形式背后的内容，从而很可能在一个对彼此僵化的认识中葬送婚姻。无论何时何地，任何人之间的情感都需要在充分的沟通、学习、经历或愉悦中磨合—巩固—再磨合，从而不断促进，这是一个永不停息的过程。相对的，婚姻的确具有着有别于他物的某种形式，以使夫妻之间建立起责任与义务。如果因为世事无常而消极对待婚姻的相对不变的形式，那就是走向了另一个极端，就是对不执着的错误理解。

治理一个国家同经营一个家庭的道理是一样的。在此我们不去详细地讨论政治哲学，仅就事物之中的变化性而言，既然一个国家内的人、事、物都在变化着，那么执政者的理念就应当顺应社会的发展而不断革新，相应的政治制度就应当不断被改进。这本是极其浅显的道理。而那些不明白或不愿接受这个简单道理的政权总是以某种方式被不可抗拒的变化性代谢掉。相对的，一个国家、一个社会的形式是可提炼的，通过对地域、民族、文化、经济等因素的考察，我们可以总结出某一时期某个共同体的基本特征，从而建立其所对应的形式。在某一个阶段（有可能是相当长的一段时间里），一个国家所反映的状况是相对稳定的，因此政治制度的变革需要根据社会各因素的现状做合理地对应，而不是盲目地求变[10]。

其次，形式自身的不变性是相对而言的，而我们却执着于形式的绝对性。形式的绝对性派生观念和信念的绝对性，因而我们认为存在着永恒的真理。

例如我们认为“正义必将战胜邪恶”是一个永恒的真理（信念）。然而事实是正义有时战胜邪恶，有时却被邪恶战胜，只不过我们更期盼前者。因此，与其说“正义必将战胜邪恶”是一句真理，毋宁说是一个美好的愿望。在另一些情景中，书写正义的是胜利者而非绝对的正义者，即“胜者为王，败者为寇”，那么我们就要慎重地看待这一“真理”在此一情景中的特殊意义了。

善的理念（形式）在柏拉图那里具有着至高和完满的地位，是一切真理的源泉；到了亚里士多德那里则被意指第一推动者；而伊壁鸠鲁认为只有快乐才是善的。在中国传统思想中善的内涵与古希腊更是不尽相同。连善这个“最高的理念”都不具有一个一成不变的内涵，更何况其他概念呢？况且，不仅善的内涵是可变的，善的外延更是不断变化的。在旧石器时代，人们认为那些不遵守部落传统的人被杀掉是很合理的，违背传统是大逆不道的；而在食物短缺时期，婴儿、老人和体弱者也会被杀死，以保证最健壮的人能够获得足够的生活资料以及高效的行动力。如果我们极力排除用今人的价值标准去评判过去的思维，而更多从当时共同体的利益出发，这样做对整个部落——从而对部落中的每一个人——都是好的、更合理的，因而是善的（当然，在今天我们绝无法说这样的行为是善的）。在中国的旧时代，“女子无才便是德”是被广泛认同的，因而女人不像男人那样普遍地读书学习、考取功名。她们最大的本分是严守三从四德、相夫教子，这样做才被认为是贤淑（善）的。那些敢于冒天下之大不韪的女人即便手握绝对权力（例如武则天），在伦理道德上也总是被扣上大逆不道的帽子。而到了今天，倡导男女平等、妇女权利的解放等价值观才是善的。另一个例子，过去人们常言“百善孝为先”，孝道作为儒家思想的重要组成部分成为衡量一个人是君子还是小人的标准之一。于是，在科举制度出现以前，古代官场就曾以“举孝廉”的方式选拔官吏[11]。一个人若是孝顺的，那么他就必定是德才兼备的大善之人。但是在今天的中国社会，说一个人是孝子未必是说这个人就是善的[12]。可见，在不同的时空条件下，善的理念在不断发生着变化，无论我们是否期望这种变化。如果我们独断地认为善是某种永恒不变的东西，那我们固守的仅仅是对“善”这个词的某种形式印象罢了。

几千年来，人类对真理与信念的认知都在不断改变着。昨天我们信神，今天我们信科学，我们认为我们进步了，但或许这些进步只是事物相对关系的变化而已。固守某一时空下的任何观念都是非理性的。无论是何种真理，当我们审视它时不要忘记先给它加上一个必要的时空条件。这样说，绝非要倒向极端的相对主义或虚无主义。一个有限定的真理在每一个时空条件下依然有效，而且是普世的、坚实的；只不过我们切莫忘记那个限定，而将一时的真理奉若永恒。

最后，从因果关系的角度而言，因在事物发生发展的过程中，果则来源于事物某一时刻的状态。因而，任何果其实都是形式或者说名相，那么我们对形式、对名相的执着就是对果的执着。在现实中，我们时常说“我一定要得到”或者“我一定要做到”，这种执着的情绪总是针对结果而言的。

当然，我们应舍弃的只是对结果（形式）的执着而非追求结果本身，因而在因上、在追求结果的过程中，积极进取的心态就是合理的。这其实就是佛语“因上精进，果上随缘”的道理——在做事的过程中我们理应积极争取，而非消极地应对；

但是当结果出来了我们却应保持一颗随缘的心态，勿要执着。由此我们似乎可以说：对过程的执着是精进，对结果的精进就是执着了。

注 释

[1] 辩证唯物主义强调矛盾的普遍存在和对立统一，由于内部矛盾的发展变化，给予物质运动以动力，因而矛盾催生了运动（变化）。

[2] 以上论述自然地让我们联想到第一章“理念”一节所介绍过的共相与殊相问题。但我认为有关于此类问题的争论更多是源于对某些核心概念解释的不同所造成的含混。因而为了不纠缠于其中，我将刻意不使用传统论述中的有关概念（如共相与殊相）来阐述我们在此所关切的问题。

[3] 在今天“民主”一词也总是被频繁地提及，并被认为是一种普世的政治信念。但是，民主在古典时代的雅典人口中，在工业革命时代的资产阶级口中，在十月革命的布尔什维克口中都有着不尽相同的内涵。因而当我们呼吁民主时，必须首先澄清我们所意谓的究竟是什么，才能进一步考虑该如何根据这样一个形式来指派相应的内容。同样的情况也发生在“自由主义”的信念中。当你高谈自由主义时一定要小心地说明，你所指的究竟是洛克的个人主义的自由主义呢，还是斯密的自由放任的自由主义，或者密尔的社会自由的自由主义。

[4]《金刚经》。

[5] 同上。

[6] 苏格拉底所说的无知并不只是指不懂常识或没有知识，在他那里，知识是与德性等价的。有时候人们知道自己在做一件错

事——比如抢劫一家银行——虽然知道是错的，但是认为这样做会迅速地获得金钱与财富，而金钱就等同于快乐幸福。在苏格拉底看来，这恰恰是因为人们不明白什么才是真正的幸福，对善知识与美德的无知才使他们沉沦于对物欲的追求。

[7] 维特根斯坦：《逻辑哲学论》，王平复译，第43页。

[8] 例如，由于执着心的造作，人们总是对金钱充满渴求，认为只要获得足够的财富就能换来足够的幸福。当然，无论在历史的哪一个时期，财富都是可换取幸福的物质尺度。在一些情况下，比如当我们想出国旅行、想换一辆车、想买一套更大的房子时，的确能感受到金钱带给我们的快乐。但是，仅仅获得财富就足够幸福了吗？实际上很多人都明白金钱并不等于幸福的简单道理，但是人们仍然执迷于——甚至舍弃一切地——追逐财富。不是说我们追求财富就是错误的，只是我们要明白金钱作为换取幸福的尺度是相对而言的。金钱无法换回生命、青春或者家人的爱；财富不能令你永久地止息痛苦，无法控制内心的波澜，甚至不能让愉悦长久地存在；为了获得财富，有时我们还不得不牺牲更多的快乐和幸福，而后者才是我们追逐前者的本来目的。我们想从财富那里获得一种安稳、踏实的感觉，能够掌握一切的确定性，但实际上没有什么能够为我们提供永久的确定性，因而在现实中，这要求我们不能走向极端。试想，如果我们如葛朗台一样只剩下金币，究竟是幸福还是不幸呢？在此我们也可以看到佛学与其他思想体系的殊途同归。虽然，佛学在究竟意义上并不像苏格拉底—柏拉图、孔子—孟子那样把善或仁当作个人追求的终极目标，但是无论这些思想体系之间的立论前提和目标有多么不同，从价值追求的意义上而言，佛学与其他伦理体系一样拒斥人的贪欲等恶的习性，强调对人的德性的追求或回归。

[9]《普贤王如来祈祷文》。

[10] 中国近现代史的政治历程可以说是对应此处的典型案例。清政府的垮台表面上看是由于辛亥革命所致，但根本而言是由于旧有统治者不能真正洞悉社会变迁的实质，执着于王朝固有的统治形式，从而在那个风云际会的时代一次次错失了变革的时机，最终被历史的潮流所湮灭。

[11] 举孝廉是汉朝的一种自下而上的推举人才的方式，孝和廉原为两种功名，孝即严守孝道，廉则为清廉。

[12] 当然，我们仍可以辩证地来看孝在中国人道德观中地位的改变。孝的本意是好的，对亲长的孝顺体现了一种最自然的伦理关怀。但是孝是一种家庭伦理，如果将其推而广之成为一种衡量人的普遍准则，则超出了它的适用范围。在过去这种对私德的倡导走向了一个极端，甚至成为统治阶级可利用的思想枷锁——"臣子""子民"对"皇上"的顺从也是孝道的体现。反观今天，或许是对个人主义、自由主义等的过度解读，又或许是源自传统思维中非理性的固有特质，一些人一度陷入对传统美德的不假思索的否定与抛弃，走向了另一个极端。孝作为社会共同体的最小单元——家庭——的必要伦理，对人伦建设的作用是必不可少的，对道德观、价值观的建立也是有助益的。如果连自己的亲长都不礼敬，如何去礼敬他人？因此，全盘地否定传统一如全盘地固守传统一样是不可取的。

第七章　条件的无限与有限

在第三章，通过对现象的直观，我们认识到事物皆是条件聚合的暂存之物（现象）；在第五章，通过和合实在所隐含的关联性，我们认识到整个宇宙可以被看作是一个潜在的整体。本章我们将再次从对和合现象的考察出发，通过对事物聚合条件的进一步分析，去探究条件与条件之间的这种关联关系以及由此而引出的整体性的意义所在，并最终将之转化为对生活世界的反思。

条件的无限延伸

回顾我们对各种类型的和合现象的描述不难发现条件之间的聚合是一个错综复杂的过程。一场音乐会需要太多条件的在场，缺少任何一个条件都会导致这一现象的不成立。而当我们说音乐会是由某些条件聚合而成时，那些所谓的条件——例如乐团、组织者、音乐厅、听众等——本身也是另一些条件的聚合物。

事物既是其他事物成立的原因，又是一些事物聚合的结果，聚合为任何事物的条件都是可以再分的。一场音乐会是由乐团、音乐厅等条件聚合而成的；而乐团又可以分解为演奏者和乐器等条件，音乐厅可以分解为场地与设备等条件；演奏者是其身体与行为等条件的聚合，乐器是制成材料与制作行为等条件的聚合，场地是混凝土、工人劳动、推土机等条件的聚合，而设备则是由元件、组装行为等条件聚合而成……以此类推。在第五章我们的结论是：任何事物都不具有独立自存性，即便是那些被认为是构成一切事物的最基本元素。那么对一场音乐会的解构就变成了一个无限的过程——任何聚合条件总是可以被另一些条件的聚合所取代，对这些条件的拆解可**无限延伸下去**。

假设事物 A 是由 {$\mathbf{a_1}$，$\mathbf{a_2}$，$\mathbf{a_3}$ **...**} 等条件聚合而成；其中条件 $\mathbf{a_1}$可以继续拆解为 {a_{11}，a_{12}，a_{13} ...} 等条件，条件 a_{11}又可以继续拆解为 {a_{111}，a_{112}，a_{113} ...} 等条件；根据上一段的结论，这一过程可不断持续下去。这样，我们就将事物 A 通过 {$\mathbf{a_1}$，$\mathbf{a_2}$，$\mathbf{a_3}$ **...**}，继而通过 {a_{11}，a_{12}，a_{13} ...}，继而通过 {a_{111}，a_{112}，a_{113} ...} 等无限拆解的过程与一切事物关联起来（请注意条件的拆解不等于物理的还原）。**即任一事物都与其他一切事物存在着直接或间接的关联**[1]。

构成任一事物的条件具有无限性，或者说任一事物都与其他事物存在着普遍的关联，这是从和合本质可以得到的重要推论之一。显然，这一结论与和合实在的关联性在本质上是一致的，更准确地说，前者是后者在现实意义上的呈现——关联性是潜在的，而关联是现实的。和合实在的关联性是其本具的形而上学特征，即和合是一种关联性的存在，也就是说一切事物都是关联性的（而非个体性的）存在。无论当下是否聚合，任何条件之间都隐含着不可直观的关联关系，使得宇宙成为一个潜在的整体。而事物之间因条件的无限延伸所得出的普遍关联则是从某个具体的和合现象出发，也即是对当下已经发生聚合的条件的考察出发所进行的推演。但严格地说，条件的无限拆解过程并不是在现象中被直观到的，而是在思维中从条件聚合的原理自身分析地得出的，感性经验也为我们佐证这一点提供了鲜活的材料。条件之所以可以被无限拆解，正因为它在本质上是和合的；而正因为是和合的——不具有独立自存的属性——因而本质上是一种关联性的存在。如果可以做一种类比的话，和合实在的关联性是一种量子力学式的结论，而事物之间的普遍关联则是经典力学式的结论。既是经典力学式的，这意味着事物之间的普遍关联就具有着经典意义，也就是现实意义。因为就具体的和合现象而言，这种关联性已经是被表象了的。直观的，我们认为构成音乐会的直接条件是乐团、音乐厅等；而间接的，构成音乐会的条件可以是演奏者、乐器、场地与设备；更进一步，可以是人的肢体、意志、金属元件、琴弦、工人的施工、砖块、工程师及其设计等等。由此，最终我们将音乐会与一切条件（事物）关联起来。

然而，说一场音乐会的成立可以现实地追溯到某种金属元件、工人的施工、砖块等条件，我们多少可以通过在经验中的联想加以理解，可是说一场音乐会与一切事物相关联——比如与火星上的一粒尘埃相关——这恐怕就令人难以理解了。为此，我们有必要引进一对技术性概念——直接条件和间接条件来澄清这个问题[2]。

直接条件和间接条件这对概念是相对而言的。直接条件就是那些与所构成事物 A 之间存在直接的对应关系（聚合—被聚合）的条件；同时对这些直接条件继续进行拆解，就找到了与事物 A 存在着间接对应的那些条件。一场音乐会的成立必然需要有演奏者、场地、听众等条件的在场，在这些条件与音乐会之间存在着直接的对应关系；但演奏者、场地以及听众又分别是另一些与它们有着直接对应关系的条件的聚合物，而这些条件与音乐会之间就只存在着间接的对应关系。引入这对概念的主要目的是为了说明条件之间存在着等级序列，对事物成立有着直接贡献的是直接条件，而间接条件的贡献随着等级序列的延伸逐渐减弱。需要注意的是，不是说事物 A 由直接条件集合 {$\mathbf{a}_1$，$\mathbf{a}_2$，$\mathbf{a}_3$…} 聚合而成，$\mathbf{a}_1$又由条件集合 {a_{11}，a_{12}，a_{13}…} 聚合而成，所以事物 A 就是由 {$\mathbf{a}_1$，$\mathbf{a}_2$，$\mathbf{a}_3$… a_{11}，a_{12}，a_{13}…} 等条件聚合而成的，此两种集合的条件不能合并在一个集合中。因为 {$\mathbf{a}_1$，$\mathbf{a}_2$，$\mathbf{a}_3$…} 与 {a_{11}，a_{12}，a_{13}…} 属于不同等级的条件集合，后者只是前者中某一个条件的子条件集，或者说后者原本就包含在前者中。当然，由于条件拆解可无限延伸，最终我们会发现在某个等级序列中的某个间接条件的聚合条件中又可能存在着条件 a_1、a_2或 a_3。但——1. 此时它们不是以一个条件集合的形式共同在场的，而是可能分别存在于不同的条件集合中；2. 在具体的和合现象中，条件 $\mathbf{a}_1$与 a_1有可能并不全等，因为事物总是在不断的运动变化中，但它们毕竟具有形式上的同一性，且我们也无法真正摆脱符号认知的束缚，因此我们仍然使用同一个符号形式来指代它，同时用加粗与否来区分同一条件在构成某一事物过程中的直接性与间接性。但我们怎么理解同一条件既是某物的直接条件又是某物的间接条件呢？任何直接条件与构成事物之间都存在着因果关系，而任何条件与构成事物之间都存在着关联关系。也就是说，作为直接条件的条件 $\mathbf{a}_1$与事物 A 存在着因果关系，而作为间接条件的条件 a_1与事物 A 存在着关联关系[3]。

作为直接条件，条件集合 {$\mathbf{a}_1$，$\mathbf{a}_2$，$\mathbf{a}_3$…} 对事物 A 的成立具有决定性的作用；而作为间接条件，条件集合 {a_{11}，a_{12}，a_{13}…}、{a_{111}，a_{112}，a_{113}…} 对事物 A 的贡献及影响力就随着等级序列的延伸而逐渐减弱，这是显而易见的。随着条件被拆解得越来越细，单一条件对结果的贡献自然就变得越来越小。因而我们会认为那些距离作为终点的事物 A 越远的条件与该事物就

“越来越没有什么关系了”。那么，火星上的尘埃之于一场音乐会的影响力就可以被我们忽略不计了（然而考虑到事物的聚合条件总是以集合的形式共同在场的，虽然理论上那些远离终点事物 A 的间接条件对结果的贡献很小，但整个条件集合对结果的贡献却是不可忽视的）。当然，我们并不能确定火星上的尘埃这样一个间接条件对于一场音乐会的影响，与比如某人的一声叹息的间接条件对于这场音乐会的影响哪一个更大或更小，因为这些既超越了我们的认知能力，也超越了我们的现实需求。

请注意“距离终点事物越远”这样一个描述，这里的远既是空间意义上的，也是时间意义上的。在同一时刻，由于火星上的尘埃距离地球上的一场音乐会很远，因此它对这一终点事物的影响就非常的微弱；在同一位置，一个世纪前的一场战事距离在同一地点举办的这场音乐会也很遥远，因此它对这一终点事物的影响也非常微弱（从前面对音乐会这一事物成立的聚合条件的分解过程我们就可以看出，这里面既有在时间意义上的分解，也有在空间意义上的分解）。当然，无论是同一时刻的不同位置还是同一位置的不同时刻都同样包含了时—空关系。时空是一体的，因为事物总是指运动中的事物，而运动总是指事物的运动，那么也就并不存在纯粹时间意义上或空间意义上的条件。因此，无论是哪种情况的“距离越远”，间接条件对终点事物的影响力是相似的。归根结底，时空本是幻象，正是条件的不断聚合派生了这一幻象，终点事物与其聚合条件之间距离的远近在本质上就应该被理解为逻辑关系上的远近。因此在考察条件的无限性问题时，无论是不同时间还是不同空间中的条件在逻辑地位上是一样的。

根据前面的论述我们可以进一步推论：既然构成事物的

条件可无限拆解下去，那么总存在一种可能，使得聚合为事物A的条件（事物）——比如a_{111}——的成立条件中存在A本身这一条件。因为对于事物a_{111}而言，一切事物都是它成立的直接或间接条件，那么条件（事物）A也就自然包含在其中了。在第三章“和合的宇宙观”一节，我们曾断言宇宙与其成立条件互为条件，从而形成一个抽象的循环宇宙模型，在此其原理得以被阐明。这一推论的成立也意味着事物与一切事物之间的普遍关联不是单向的而是双向的——事物是相依存的（自然，这也是和合本质的必然结果）。极端的，既然一切事物都是某一事物的成立条件，那么能不能说A自身就是A成立的条件呢？当然可以。“我之所以存在的原因是因为我存在”，只不过这样的命题我们通常认为是纯分析的（也就不是对现象的考察）。分析命题归根结底是同义反复，因而不带来新的认知。

但是请看下面这个例子：一个人持续日常消费的条件之一可能是他拥有稳定的收入，毋庸置疑，获取稳定收入的常规途径（直接条件）之一是通过劳动，劳动的实现可能是有一家工厂愿意雇用这位劳动者，而这家工厂能够长期雇用这位劳动者——从而让他拥有稳定的收入，从而能够持续日常的消费——的可能条件之一是它的日用消费品卖得不错，而这位劳动者自身的消费很可能是该产品卖得好的条件之一（无论是直接或间接的消费）；这样，劳动者自身的消费就是其自身消费的条件。

与“我存在因而我存在”相比，后一个事例有什么不同吗？不同之处在于前者只是简单的同义反复（相当于什么也没有发生），而后者是一个复杂的现实活动——前者不在时空中，而后者在时空中。这样，当我们说“劳动者自身的消费就是其自身消费的条件”时，前后两个“消费”就不是在同一时空下的所指了。这一过程实际上是劳动者的消费带来消费品的售卖，继而带来工厂的盈利，继而带来新的雇用行为，继而带来劳动者新的收入，继而带来新的消费。根据常识，我们不大会将前后两个消费看作是同一的。在“A是A的成立条件”这一命题中，显然A是A的直接条件；而在“劳动者自身的消费就是其自身消费的条件”这一命题中，新的消费不是消费的直接条件，因此前后两个消费并不是同义反复。这是显而易见的。

在心理学中有一种理论是关于长时记忆对记忆或学习时所在环境的依赖性——即情景依赖记忆——的解释：回忆的场景越像记忆或学习时的情形，就越有利于回忆的精确性。这就是说当我们尽可能地复原当时的背景条件（原景重现），那么也就越近似于回归到当时的事件中。但无论怎样复原，我们都不可能百分之百地复原所有条件，尤其是无法复原当时的时空背景，因而不可能真正回到从前。这就像昨天电影院上映了一部电影，今天依然上映这部电影，我们可以说放映的是同一部影片，但即便是在同一影厅的同一场次，也不可能回到昨天的同一事件中。因为我们所处的时空在不断地流变（本质上是一切和合现象的不断绵延），使得总有一些条件在场以保证今天与昨天的不同。在现象世界中，由于事物无法逃离时空的束缚，其自身就是不可复制的，也不可完全地回归。

同理，我们对历史事件的认识也不可能做到百分之百的还原。所谓历史就是已经不存在的事物，当我们说“现在来思考一下北宋亡国的原因”时，北宋已经成为历史了，也就是说已经不存在了。那么我们赖以思考的仅仅是这一历史事件在我们脑中留下的印象。虽然我们仍然可以找到很多典籍和遗迹，但是历史记录并不是历史自身，因而不可能是对过去情景百分之百的真实还原。这与情景依赖记忆的道理是相似的。发生在历史中的那个真实事件是由当时的聚合条件以及当时的时空背景共同构成的，而当时空转换后，那个独一无二的事件也就消失了。所以在今天，无论我们自以为是在用何种精确的手段和材料还原历史，由于现象世界中的任何事物不可完全回归，最终我们也只不过是在建构一个对历史的主观印象罢了。在不同时期、不同环境、不同立场的不同人看来，历史的样貌总是不尽相同的。因此，历史并不像我们认为的那样确定无疑。

《旧约·传道书》中言："已有的事，后必再有；已行的事，后必再行。日光之下并无新事。"但是在具体的现象世界中，从条件（事物）A 推到事物（条件）A 的过程，不变的只是事物的形式，而事物的内容已经变化了。因而说"并无新事"仅仅是就其形式而言罢了。所谓个别事物回到原点并非真正地回到了原点，因为时空背景的不同，它实际表现为一种螺旋向前的运动（如消费到新的消费）[4]。

由此可以把思维再发散一些，前面的论述也意味着我们想通过时空旅行回到过去是不可能的。由于事物是相依存的，时空的变化必然意味着个别事物发生变化；反过来，个别事物的变化也会影响时空的变化。当我们乘坐时空穿梭机回到"过去"时，对于时空而言就出现了一些新的条件（比如一台时光机），这样也就打破了原有时空所指代的那些既有的事件链，从而形成一个新的事物和合的时空网络，那么实际上它就不是真正意义上的过去了。

条件的不可尽得

或许，理解一个事物的成立与其他一切事物都存在普遍的关联是有些困难的事情。因为我们之所以能说某一事物是由另一些事物和合而成，是由于它们之间存在着直观的联系，而事物之间超越这种直观联系的联系是我们难以想象的。

一只蝴蝶在上海扇动翅膀会不会导致菲律宾上空刮起一阵台风呢？在某个系统中，蝴蝶效应表明初始条件的一个极小的误差就有可能带来一系列连锁反应，最终导致难以预料的系统性变化。这一理论来自于气象学家爱德华·洛伦茨对气象系统的研究（当然，他的结论也受到了庞加莱对三体问题研究的启发），后来人们逐渐发现在一切复杂系统中都可能存在这种效应。在这里，我们可以将那个极小的误差看作是某个距最终结果“极其遥远”的条件——一个间接条件。它很清楚地表明一个看似不相关的条件对构成事物的影响。

但是，认为蝴蝶效应是源自于对初始条件的微弱改变，这只是我们人为地将一只蝴蝶扇动翅膀最终形成台风的事件链从一个更大的事件链中截取了下来。一方面，蝴蝶扇动翅膀的行为（事件）源自于其他一些条件的在场，换句话说，“扇动翅膀”也有其成立的初始条件；一阵台风并非根本意义上的果，它的产生又必然地会带来一系列的连锁反应。另一方面，仅仅是一只蝴蝶扇动翅膀就能够引起几千公里外的一场台风吗？当然不是。台风的形成需要许多条件的在场才能够最终成立，蝴蝶扇动翅膀所导致的连锁反应只不过是一个复杂系统诸多线索中的一条而已。之所以强调这一条线索是因为我们假定不去参考其他条件，或者在其他条件不变的情况下，考察作为其中一个条件的微弱的改变经过连锁反应最终是否会带来整个系统的剧烈变化，但这并不是说不存在其他条件。如果我们将整个宇宙的和合现象看作是一个复杂交织的时空网络，那么蝴蝶效应就是在时间上截取了一个时段，在空间上抽取了一条线索的和合现象的图样，即它只是描绘了条件无限性的一个局部特写而已。

当然，我们并不知道是否真的有一只蝴蝶扇动了一下翅膀就导致了一场台风的形成。至少在蝴蝶效应的理论中，这只是一个形象的比喻。即便有这样的真实案例，我们也无从考证。

试想，我们如何去监测世界上所有的蝴蝶与大气运动之间的相互作用关系呢？一个微小的扇动翅膀的行为就有可能带来某个巨大的气象变化，这是我们无法准确预知的。蝴蝶效应所体现的事物与其聚合条件之间的关系是极其复杂的，直观不可把握的。

事物与一切事物是彼此相依存的，个别事物的持存与重构要受到整个宇宙中一切事物的影响，反过来整个宇宙的运动变化也要受到个别事物的影响。那么，对任何个别事物的认识就是对它与整个宇宙的关系的认识，它是如何成立的，就是说聚合为它的所有条件是以何种方式在场的。在日常生活中，我们似乎用不着去关心事物是如何与每一个可能的聚合条件一一对应的。在上一节我们也说过，孤立地去看待某一个间接条件对终点事物的影响意义不大，尤其是那些等级序列远离终点事物的条件。在一次商务谈判中，我们仅需要去关注谈判对手、谈判内容以及谈判时机等条件就足够了，但这只是就我们所能做到的而言。我们是如何分析谈判对手这一重要条件的？通过进一步的拆解，比如谈判对手的个人背景、相关立场、彼此关系等，我们是否穷尽了关于谈判对手的一切信息呢？没有。我们得到的——即便已经相当细致——仍然只是对全部信息的无限接近。与此同时，谈判对手不是一个静态的概念，而是一系列动态的事件链。换句话说，组成谈判对手的那些信息仍在一刻不停地变化着，即使在有些情况下这种变化并不明显，但这毕竟意味着我们所掌握的那些信息已经成为过去式了，我们得到的仅仅是对事物的近似描述。

事物越简单，我们对它的近似描述就显得越可靠；而随着事物愈加复杂化，对它的描述就会变得越来越模糊。虽然自近代以来经由思维方法上的范式革命而快速发展起来的自然科学，使我们对事物的认知在诸多方面都达到了非常精确的程度，但是我们永远无法达到绝对意义上的精确。我们的确建构了一系列的模型来规范对这个世界的认知，但我们的基本对策是忽略那些“不必要”的枝节，使得我们的世界观看起来精致美妙。这样我们就从特殊性中找到了普遍性，从混乱当中找到了秩序。但实际上事物的发展绝非严格地按照我们的公式运行，我们只是不断自动地调整着对事物的认知，抹去那些误差，并根据新的信息建构一个更加合理的解释体系。世事是无常的，究其原因，事物在运动中总是潜存着不确定性。这种不确定性既是事物内生的意识性要求，又是人类无法穷尽一切聚合条件的源头。换句话说，如果要做一种哲学式的断言，我们可以说想要无限精确地把握一个事物是不可能的。当然，人类理性一直在向着这个无限的精确不懈地努力着。和合现象中持存与重构的较量在此的体现是：我们永远在对事物的既有认知—对这种认知的打破—重构为更精准的认知的辩证运动中螺旋向前。

由于世界的确定性与人类先天的认识能力，我们能够相对精确地找到构成事物的那些直接条件，并通过分析而尽可能地将其拆解为不同等级序列的间接条件。而由于世界的不确定性与人类认识能力的有限性，我们无法全面地掌握构成事物的所有直接条件——我们得到的不是条件集合 $\{\mathbf{a}_1, \mathbf{a}_2, \mathbf{a}_3 \ldots\}$，而很可能只是条件 $\mathbf{a}_1$、$\mathbf{a}_2$、$\mathbf{a}_3$；同理，我们得到的就不会是条件集合 $\{a_{11}, a_{12}, a_{13} \ldots\}$ 或 $\{a_{111}, a_{112}, a_{113} \ldots\}$，而只是 a_{11}、a_{12}、a_{13} 或 a_{111}、a_{112}、a_{113}。因此，我们就无法完整而又精确地分析条件的无限拆解过程。归根结底，我们无法真实地掌握某一事物与整个世界之间的关联关系，无论是此时此地的世界还是彼时彼地的世界。这即是说，虽然我们能够在本体论的意义上证得事物与一切条件之间存在着关联关系，但在认识论的意义上我们却无法全面具体地把握这种关联关系（我们得到的只是在某一特殊语境下的因果关系）——我称其为**条件不可尽得**。正是由于条件的无限性和条件不可尽得的矛盾性，世界对于我们而言仿佛总存在着一丝神秘感。

在日常语境中，我们经常会听到“祝你好运”“鸿运当头”“时运不济”这样的话。运气是偶然的、不可控的，于是往往具有着较为神秘的色彩。实际上，运气指的就是那些未知条件的在场（聚合）。聚合为运气的那些未知条件原本处于某种潜在状态，随着整个事件系统的发展，在某些极端情况下构成事物的条件序列会发生重构、拆解或转化。所谓好运与霉运就是在某个不确定的阶段，一些在直觉上原本远离终点事物的间接条件一跃而出，刹那间转化为至关重要的直接条件的过程。

午后的阳光与在公路上行驶的汽车之间有什么关系吗？我们说事物是普遍关联的，所以前者是后者的间接条件。看起来这种间接条件对事物的影响是非常微弱的，是可以忽略不计的。然而事物与世界是彼此依存的，当一部汽车的时速从60公里提升至180公里时——即当它显著地改变了自身的状态时，它也就显著地改变了作为存在背景支撑着它的整个世界的状态。由此，构成该事件系统的各条件的内部关系也在发生改变。原本影响微弱的间接条件“午后的阳光”与另一些条件——比如“驾驶者通过弯道”——的聚合导致驾驶者本能地躲避刺眼的阳光时，一场车毁人亡的悲剧发生了。当然，这种情况发生的概率是非常低的，所以我们说这位驾驶者运气很差。

也许你会认为这不是运气使然，如果驾驶者能够更为谨慎地驾驶——比如始终保持60公里的时速——就绝不会出现意外；如果驾驶者操作技术一流、经验丰富，也很可能迅速地规避风险。或许在满足以上这些条件的情况下，不大可能导致类似的极端结果，但无论我们怎样做都无法摆脱某种程度的运气常伴在我们左右。即使是在低速驾驶的情况下，很多离奇的交通事故表明，无论我们是否进行过极其周全的考虑，由于条件不可尽得，总存在一些不确定的因素是我们未能照顾到的。只不过在很多时候，这些未知因素未必总是以某种突如其来的形式或者造成某种极端的结果使我们强烈地感知到它的存在，它也许始终隐藏在其他显而易见的条件背后而并不走向台前，那么我们就只能揣测这些条件存在的可能性而无法确知它的存在了。

比如，在参加完好几轮的面试后，应聘者幸运地收到了企业的聘用书。回顾这次成功经历，他确信是自己的能力赢得了雇主的心。但是，“能力”是一个涵盖甚广的词，究竟是应聘者的专业能力（学历、工作履历），还是他的综合表现（表达、性格、气质）影响了雇主的判断？虽然我们可以猜测雇主的心思，但这并不是在当时我们就能确切知道的。这样，虽然能力的确是应聘者成功的重要条件之一，但他之所以是幸运的是因为：1. 他并不能确信除了能力之外便不存在其他可能的成功因素；2. 而即便是能力这一条件本身，他也不能确信这指的是哪一方面的能力；3. 因而他的面试成功就需要他的某一方面或全部能力恰好正是雇主所欣赏的这一机缘巧合的存在；4. 并且没有什么突出的缺点正好是雇主最为忌讳的。在此例中，未知条件寄生在能力这一显而易见的条件之中，通常使我们不易察觉，从而将其主观地忽略了。当然，如果应聘者是一个对自己的能力信心十足的人，恐怕根本不会认为面试成功具有丝毫运气的成分。这说明运气不仅仅意味着那些意料之外的（刺眼的阳光）或难以掌控的（雇主的心思）条件的在场，同样意味着这些条件的在场所生成的和合现象对于主体而言是意义非凡的。对于一个第一次走钢丝却没有掉下来的人而言，他恐怕不得不承认自己相当的走运；而对于一个老练的杂技演员而言，他会很自然地认为在钢丝上稳如磐石是自己多年训练的成果（但这并不意味着那些潜藏的未知条件不存在）。

最后，我们要强调：运气既不是神秘的，也不是不可知的。那些最终构成运气的未知条件都是现实世界的事物——如午后的阳光与弯道的和合——而不是什么神秘的或超验的作用。在不同的时空背景中总是存在着由不同的现实事物构成的未知条件，只不过称其为“好运气”或者“坏运气”，是主体对条件不可尽得的一种模糊的认识罢了。

以和合之心看世界

既然我们无法完全精确地认识事物、预期事物的发展，那么于我们自身而言，也就不可能完全地掌握自己的命运。当然，命运也不是天注定的。一方面，由于条件不可尽得，因此面对人生我们应该具有一种超然的态度；另一方面，这并不是说主观的努力是没有用的。对于一个我们所期望的结果，任何条件的缺席都将导致结果的不成立，而我们唯一能把握的就是自身的努力。这反而要求我们不能存有任何侥幸心理。正因为很多条件我们无法控制，才更需要主观上的加倍专注。如果主观都不努力，甚至没有任何作为，即便其他一切条件都具备也无法成事。

即使我们通过一些渠道了解到一些相关信息，我们也无法全面地把握雇主的喜好与自己的能力之间的对应关系，因而我们唯有持一颗放松的心态去直面考验。但是放松心态不代表放弃努力，我们依然要尽可能地展现自我，因为唯有如此，成功在主观上才会具备可能。在时速60公里的情形下，由于条件不可尽得，某些条件的在场也可能导致难以预料的结果。既然如此，为什么我们更强调高速驾驶的危险性呢？理由很简单，速度越快，主观面对环境快速变化的判断力就变得越差，这无疑是在削弱我们唯一能够驾驭的条件，而将命运拱手推向了外部。同时，强调主观努力的重要性，是因为在一个有我们参与的事件系统的所有聚合条件中，只有主观努力是我们唯一可以把握的，但这并不表明主观的条件或者涉及主体自身的条件就是更重要的，或起决定作用的。构成事物的诸条件没有什么主要与次要之分，每一个条件在决定一个事物的成立时都是同等重要的。关于此点，在第三章第一节就已经论述过了，此处不再赘述。

虽然由于条件不可尽得，因而我们无法完全地把握一个事物，但是我们也应尽可能避免草率与片面地看待事物。如果我们能更多地把对一个事物的不同认识结合起来，也就能够更接近于对该事物的全面认识。当你端坐在沙发里，面前放着一只茶杯，一眼看去，你只能看到这只茶杯的某个侧面而不是它的全部；你站起身，绕到对面或者拿起杯子看看里面和杯底，就能了解到关于这只茶杯更多的信息。如果我们永远固守在某个无法转换的视角，那么我们对世界的认识就永远如同端坐在沙发上观察一只杯子一样片面。然而在现实中，绝大多数人都更习惯于如此行事。

虽然在中国早已有“盲人摸象”这样的成语用来讥讽那些看问题片面、极端、以偏概全的人，但这样的“盲人”依然很多。中国人总是习惯于用君子—小人的二元评判标准为一个人的行为盖棺论定——“君子喻于义，小人喻于利”“君子坦荡荡，小人长戚戚”——一个人要么是君子要么是小人。但与其说“君子”和“小人”是现实中的人，毋宁说它们是道德理想中的两个对立的价值符号。既是符号，无论“君子”还是“小人”就都是片面的（并且根据它们的意义可以说它们是极端片面的）。我们可以指着某人说他是个小人，但不要忘了一个现实存在着的人是一系列不断绵延着的和合现象，我们何以能够用如此简单的符号去完整地评价一个人呢？当然，要避免片面或偏见，的确是不容易的。不仅在东方如此，在西方同样如此；不仅在对现实生活的判断中如此，在崇尚理性思辨的哲学中也是如此。比如，一些人经常将黑格尔哲学与集体主义画等号，因为黑格尔强调个人是共同体中的个人。但是黑格尔这样说有一个前提——历史是辩证的，那么个人与集体就是一种有机的联系，是一种相互影响与协调的动态关系；而集体主义则主要强调集体凌驾于个人之上。这种差别看似不大，但绝不能将二者等同视之。我们可以想象，由于这些人所处立场的缘故（如个人主义的自由主义），当面对与其主张不甚一致的观点时就自动地“闭上了眼睛”，由此便忽略了问题的多元与细节之处，那么最终的判断也就难免带有偏见。纵观东西方思想史，因轻率概括及以偏概全的态度而在不同思想阵营间形成的不解或误解并不少见。

事物自身是全面的，符号认知是片面的。任何事物正如同茶杯一样都是立体的、丰满的、有内外结构的复杂聚合体，而从来就不是简单、孤立的平面。用片面的符号指代全面的事物在某些时候方便了我们的认知，而在另一些时候则使我们变得浅薄[5]。那种非黑即白的价值标准正反映了我们思维中的片面与浅薄。因而在这样的思维逻辑统治下，我们就像被执着与傲慢蒙蔽了双眼的盲人一样，触摸到哪里就立刻断定这就是那只大象的样子。并且，我们非常坚定地信任自己的判断，即便当别人指出明显的问题时，我们也像装作没看见、没听见一样。根据上一章，现在我们应该知道这其实是无明的一种体现，即我们对事物和合的本质认识不清，我们也就不可能以一种和合的观念来看待这个世界。

因此，正确地看待一个事物、一个问题——尤其是那些需要我们慎重做出决定的问题——就要求我们能够从不同的视角观察事物，尽可能多地从不同立场收集信息，将这些彼此对立的观点放在一起作对比和甄别，那么我们得到的结论才有可能更接近完满。当我们面对两种或者更多观点的碰撞时自然会有所倾向，因此我们应当恪守理性精神。即便直觉与感性的力量是如此强大，使得我们在某一刻无法克制内心的冲动而做出一个不成熟的判断时，理性精神依然能够将我们从盲目中解救出来。在最后一章，我们还会延续这里的思考，更加深入地讨论理性精神之于我们的重要意义。

和合是一切事物的本质，通过不断生成的和合现象，事物在持存与重构之间来回地摇摆，因而我们对事物的认识也必须是和合的，尽可能地综合各方面的信息来理解问题就是符合这一本质要求的。相反，如果我们对任何问题的判断都是非此即彼的，如果我们不能以一种兼容并包的心态去看待事物，尤其是无法以一颗动态的心去体会事物的错综变化，那么我们就是在违背本质规律而行事，就无法洞察人生的真相，也就不能做到豁达与松弛，从而将生活于无尽的苦恼与困惑中，而这又将使我们变得更加偏执，最终成为人生中的可怜盲人，在傲慢与偏见中度过此生。

“我”与世界相依存

根据条件的无限性推论，一切事物都是个别事物的聚合条件，反过来说，个别事物也是一切事物的聚合条件。因而个别事物的变化就意味着整个世界的变化，而整个世界的变化就意味着其中每一个事物的变化。这样，世界就是一个连接过去与未来的由诸条件动态交织在一起的整体。在这个整体中，一切事物之间都存在着或直观或不可直观的关联关系，事物与其聚合条件之间相互影响、相互依存。

以往，我们总认为事物与事物之间是彼此独立的，现在我们也不全然否定不同事物之间存在着性状上的差异（否则我们也不会对它们有所区分），但是通过对实体概念的拒斥，对和合本质的揭示，我们应当建立起一种整体主义的世界观——事物因和合而彼此依存，这种相互依存的关系通过条件的不断聚合传导至整个世界。唯有在这种普遍的依存关系下，一个事物（在现象上）有别于其他事物的存在才是有意义的。

牵一发而动全身，每一个局部的细微变化即意味着整体的变化，整体的变化将影响每一个局部的变化。由此，事物聚合条件的无限性、事物的普遍关联给我们的现实启示是：我们生活在一个彼此依存、相互影响的世界中。对于人类而言，我们理应能够深刻地体会到这种自我与非我之间的相互依存性。

首先，人与自然相依存。自然环境的改变会影响人类的生存状况，如果没有光、没有空气、没有水就不会有人类的存在，更谈不上人类文明的辉煌，人类同其他生物一样离不开自然。与此同时，人类活动也在客观上影响着自然生态的变化。当然，令人遗憾的是我们对自然的影响似乎总是负面的，例如伴随着文明的扩张而带来的自然环境的污染与破坏，水土流失，甚至枯竭。

人类同自然中的个别事物同样是相互依存的。我们一日三餐所吃的食物源生于自然，我们乘坐现代化交通工具所必需的动力取之于自然，我们一手缔造的整个文明大厦归根结底都源于自然所提供的原材料。即便我们自认为是这个世界的霸主、上帝的宠儿，离开那些“渺小的”自然之物我们却无法生存。当我们毫无节制地取之于自然，那么自然也就会毫不客气地予以反馈。既然人与自然是相互依存的，那么我们对自然所做的即是对自己所做的，对自然环境的巧取豪夺就必然地会反作用于人类自身，成为我们今天需要面对的现实的资源与环境问题。

其次，人与他人相依存。通过沟通交流，人与人之间建立起千丝万缕的联系，每一天我们都感受着他人的影响，这些人不仅仅是我们生活中的亲人和朋友，也可能是与我们擦肩而过的路人或远隔千里的陌生人。实际上，我们无法规避这种影响。它或者以建议、支持、激励等正面的形式，或者以否定、欺骗、激怒等负面的形式，或者以其他潜移默化的形式充斥在我们的整个人生里。每一个个体的人生从来都不只是这一个体自己的人生。

或许有人会说，人与人之间的互动是由于人在主观上倾向于这样做，人们之间的客观依存性并不一定有那么强。但人不仅会有意识地主动与他人互动，通过模仿和学习获得各种生存的技能与知识，而且会在无意识间看似被动地受到他人的影响，我们可以称其为情绪感染和行为感染。例如，当看到有人失去亲人时，即便我们没有同样的遭遇，却似乎能够感同身受，仿佛这种伤感真的渗透到我们的内心。在游行集会中，每当那些热血青年站在台阶上挥舞着标语，声嘶力竭地呐喊时，我们的内心仿佛也被这股热情所点燃，随时要沸腾起来。最常见的行为感染是当一个人打哈欠时，周围的人也会有同样的冲动，好像被传染了一样。还有的时候这种传染不是直接地通过人与人之间，而是间接地通过一些媒介实现的。例如，当我们深深地被某一部影视作品所吸引，我们就可能不由自主地模仿主人公说话的语气甚至举手投足，仿佛他（她）的行为习性渗透入我们的大脑中一样。再比如，当我们在一段时间里读过一本书——无论是本小说、哲学经典或者科普读物——我们的思想和情绪多少都会受到这本书的影响。如果这本书足够吸引你，甚至当我们提笔创作时都会不由得去模仿这本书的遣词，就像模仿作者说话一样。可以说情绪或行为上不由自主地相互感染体现在我们生活中的方方面面，当我们在强调人的独立性与个体性时，不能忽略个体与个体之间密切的关联，更不能忽略个体与整体之间密切的关联——独立的人一定是指某个共同体中的人。

在20世纪90年代，神经学家们甚至为人与人之间思想或行为的密切关联找到了神经学上的证据。贾科莫·里佐拉蒂与同事们在研究恒河猴的行为时偶然发现，当一只猴子抓取食物时，另一只观察它行为的猴子脑中会立刻出现相同的神经元反应。这只作为观察者的猴子并没有相同的行为，它只是通过看就激活了神经元，就像是在自己的脑中“镜像”了行为者的动作一样，因而这些神经元被称为“镜像神经元”。随后，科学家们在人脑中也找到了相似的神经系统。镜像神经元的发现，或许可以用来解释为什么我们能够在别人做出某种行为或表现出某种情绪时感同身受，为什么我们能够在对方还没有完全展现其行为时就能理解其意图，以及为什么我们善于模仿他人。总而言之，这一发现反映了任何个体的思想及行为并不仅仅是个体自己的事情，而是**不由自主地**通过诸如镜像机制自动与他人产生关联；反过来说，任何个体不可避免地要受到他人的影响，这种影响以不同方式不断地渗透进每一个个体的事件链中，并最终形成一个个相互关联的世界线——我们生活在一个彼此缠结的世界系统中。

因而，最后，人与社会相依存。在与社会的交互中生存、成长是人类与生俱来的能力。根据动物学家艾莉森·乔利的观点，人类引以为傲的“高等智慧”很可能是随着人类（祖先）社会化之后才逐渐形成起来的。换句话说，人类大脑活动的能力并不决定于个体自身，而是其所生活的社会群体共同构建的结果（社会性大脑）。人类大脑的发育过程并不是简单的自生长过程，许多能力都需要我们充分地与环境进行互动而在后天习得。反之，如果一个人从婴儿时期便由于某种原因缺乏与环境的互动——比如被孤立起来，则很可能造成大脑发育的不健全，而出现自闭甚至更为严重的心理障碍。可见，社会环境对于人的至关重要性。社会的改变不仅导致人类的行为与思维的变化，甚至导致基因与神经功能的演化。社会环境影响着人类的成长，相对地人类的成长也就影响着社会的发展。每一个个体就是整体的一部分，个体的改变就是整体的改变，尽管这种变化因受相对稳定的社会状态的约束（如政治体制、意识形态）总是显得比较滞后。

当西班牙与葡萄牙的船队开辟了西方文明的新天地，一种对古典时代海洋文明的回归自然也就带来了文化、艺术领域的复兴和发展。人性的解放、个体意识的增强、思想的活跃甚至嘈杂越来越使得那个时代的社会特征有别于相对静止的中世纪，在这个过程中，人类的客观活动（大航海、商业贸易、文艺复兴、自然科学兴起）显著地改变了整个社会环境的样貌。紧接着，社会环境的剧烈变化又进一步促使人在社会生活习性、视角、思想等方面发生着改变。尽管每个局部在政治、经济、社会等方面的状况不尽相同（例如十七—十八世纪期间的英国、法国、普鲁士），但商业文明必然酝酿自由主义、契约精神，工业时代则必然昭示着资本家的崛起和传统土地贵族的没落。就是在这样的背景下，中产阶级开始出入于各式各样的沙龙，高声宣讲着关于人权和民主的主张。资本家们对传统统治阶层愈加不满，纷纷要求对政治权利进行重新分配。一场思想的大启蒙运动正迎合了被认为是快速进步的时代特征。由此更进一步，人们的思想与行为——无论是激进的还是改良的——又一次助力着社会向前，不断推动政治体制的革新。这也体现出了一个显而易见的历史辩证过程[6]。

我们不仅可以从历史的跨度上看到人类与社会环境相互依赖、相互促动的辩证过程，在地域跨度上同样能够看到人类因受不同社会环境的影响而表现出不尽相同的思维与行为习惯。对比东西方人在思维、性情、文化等方面的差异——一般而言——东方人给人的印象更多是保守的、能吃苦的、缺少个性的和遵从集体的，而西方人则是开放的、更愿享受的、张扬个性的和注重个体的。在中国为了使孩子更懂事、听话，长辈经常会使用一些体罚措施，在传统的家庭中这简直是再正常不过的事情了；而这种“棍棒底下出孝子”的教育方针放到西方社会和家庭则是行不通的。在美国，一种常见的社交形式是举办家庭派对，在这里你不仅可以与老友相聚，也可以认识很多素未谋面的新朋友。但是在中国，在家中小聚的一般都是很熟悉的亲朋好友，与陌生人的社交活动通常被安排在公共场合。那么，不同地域的人在行为习性上的差异究竟是先天具有的，还是后天形成的？答案同样是辩证的——即人们受社会文化的影响从而形成某种习性（后天的），而这种习性反过来又成为社会文化的内在基础（先天的）。心理学家和脑科学家发现东西方人的基因构成的确存在一些细微的差异，但是这并不足以说明人的习性就是先天、内在决定的。在那些祖辈就已经生活在美国的亚裔移民中，有很多家庭都很好地融入了美国社会，他们的思维以及行为习性显然与生活在亚洲的黄种人不同。即便是第一代移民，随着与当地文化的深入接触，逐渐地也会改变一些固有的思维及行为模式，这即是社会文化对人自身影响的体现。当然，即使是土生土长的美国黑人与白人之间依然存在着亚文化的差异。如同在中国许多少数民族喜欢在一个区域聚集生活一样，在美国同样存在不同种族的聚集，从而形成一个个小的社会圈子。那些不同肤色或不同民族间的人所体现的思维与行为习性的差异，是由于不同的亚文化环境的影响[7]。不过在美国那些亚文化圈子并不完全隔绝于整个社会，而是相互影响并联系在一起。于是某种黑人文化也很可能是美国的流行文化，具有广泛的影响力。因而作为一个移民国家，一个多种族不断聚集的社会，其文化特征就必然要被不同肤色移民的习性所调和，比起那些种族构成相对单一固定的国家而言，美国文化就既呈现出多样性，也呈现出融合性。这即是人的客观活动的差异导致不同社会文化构成的体现。人的社会习性的展现离开了这个社会就失去了意义，而一个社会的文化特点离开了社会中的人也无从谈起。

总体而言，今天的世界是一个不断融合的世界，东西方文化上的差距在逐渐缩小，误解与不解在逐渐减少。回到历史向度上，新一代人的观念因受外来观念的调和就会与老一代人存在差异，从而转化为不同形式的实际行动，影响到社会的发展，进而形成某种新文化背景反作用于人自身。所以，社会文化既影响个人的习性，又同时受到个人习性的影响，二者是相互依存的。

以上，我们只是就人与自然、人与人、人与社会之间的依存关系进行了讨论，同理可知，在生物与生物之间、生物与自然之间、物质与物质之间、物质与自然之间都存在着类似的依存关系。归根结底，事物之间的依存正是由于依存/关联/和合就是根本实在。在这一根本实在的基础之上，我们才在一个个和合现象中区分了此与彼（建构了形式或者概念）。因而人与世界相依存就是和合本质对于人生的启示，也是条件的无限性带给我们的现实意义。

相信对于绝大多数人而言，理解人与世界相依存的道理并不困难。但要注意的是根据条件的无限性所推论出的相互依存不是指人与世界中的某些事物的依存，而是人与世界中每一个事物的依存。一个看似与我们的现实生活毫无瓜葛的人却能通过或长或短的关系网与我们建立关联。即便我们难以想象这个陌生人如何会与我们相关，他的行为总会以他自己都不一定意识得到的方式，通过在这个普遍交织的关系网中的传递间接地影响着我们的现实。

这样，在这个由一切事物构筑而成的精妙的关系网中，我们的意识与我们的物质肌体相互依存、相互影响；我们与他人在主观与客观活动中相互依存、相互影响；我们与生存环境相互依存、相互影响；每一个“我”就与整个世界相互依存、相互影响。“我”的成立是整个世界成立的结果，“我”的存在与否来自于一切聚合条件的存在与否；反过来说，世界的成立有“我”的一份贡献，而一切事物（聚合条件）的成立也必须有“我”的在场。虽然每一个“我”的贡献是微弱的，但它确实影响着整个世界。“我”与世界息息相关。因而，“我”对世界的关注就意味着世界对“我”的关注，“我”对世界的支撑就意味着世界对“我”的支撑，“我”对世界的爱就意味着世界对“我”的爱。因此，这必然导向一种普遍的关怀与责任。

普遍的社会责任

中国有句俗语：“事不关己，高高挂起。”现在，我们必须明白这个世界上没有什么事情是和自己无关的。实际上，在人类的本能诉求中我们就明白这个道理。当面对犯罪行为时——例如杀人、抢劫、强奸等——我们会本能地产生厌恶心理。请注意，这种厌恶不仅仅是后天伦理教化的结果，也是一种先天的神经反应。我们为什么会生出这种不由自主的情绪反馈呢？因为人类社会一路演化而来，遵循着一些基本的行为规范。无数的事实证明，如果社会遵守这些规范，那么整个社会以及社会中的每一个人的利益都能够得到相应保障。逐渐地，这些基本的行为规范形成了社会伦理，以道德直觉的形式潜藏于我们的脑海中（这同样是一个反映了个体与社会相互影响、相互依存的例子）。同时，为了防止有人破坏伦理规则，我们不断地完善着适应时代的律法。因此，杀人不仅要受道德谴责，更是一种罪行，要受到法律制裁。一条社会新闻中关于某个犯罪行为的报道与我们有什么直接关系呢？看似没有，但实际上任何社会行为都有可能涉及我们自己的切身利益。假如犯罪行为不再受到谴责——因为它和我无关——那么，我们将失去一种否定恶行的伦理基础；进而，律法的必要性就要崩塌；最终，每一个人都将生活在毫无保障的恶劣环境中。我们当然不希望这样的情形发生，因此我们本能地厌恶所有犯罪行为。

同样的道理，社会的不公正与制度的缺失当然也会影响到我们每一个人的切身利益。我们有时会认为某种社会问题似乎与自己的现实生活并没有直接关系，因而我们对此漠不关心。但根据条件的无限性，任何一个社会问题总会以某种间接的方式影响到我们自己，只不过它是直观无法把握的。一个将死之人的临终关怀与我们有什么相干呢？可是我们每一个人都将有老去的一天，当你或你的家人躺在冷冰冰的病床上缺乏基本、人道的临终救治时，你就会意识到这件事情和我们每一个人紧密相连。工厂的排污和我们的日常生活有什么相干呢？过去，在中国环境保护问题似乎是一个与现实生活较为遥远的话题，而仅仅十年、二十年之后，每一个人都深切地感受到被污染的空气、被污染的水源、被污染的食品对我们的生活品质甚至生命安全的危害。那些受到强权迫害的弱势群体与我们有什么相干呢？正如同对犯罪行为的漠视一样，如果我们对社会公正问题同样采取“事不关已，高高挂起”的态度，那么逐渐地这种不公正会成为社会运转的潜规则。弱势是相对而言的，社会是流动的整体，今天对我的不公正，明天就会变成对你的不公正，不公平从来都是“公平”的。社会制度问题与我们有什么相干呢？我们只是社会中的一个个原子，我们的影响力微弱，能够照料好自己的生活就实属不易了。然而，每一个我们都是生活于制度之中的个体。家庭有家庭的制度，学校有学校的制度，企业有企业的制度，国家有国家的制度。那么我们只去关心和自己切身利益相关的那些制度问题可不可以呢？比如，我只去关心我所在的企业薪酬制度是否合理、任免制度是否恰当——因为这直接关系到我的个人利益。我们当然要关心这些问题，并努力尝试经由我们的推动使之变得更加完善。但是，任何企业都生长在社会这个大背景中，企业与社会同样是相互依存的。在一个坏的社会制度下，即便企业制度总体上看似是良好的，它也要受到社会制度的约束和影响，从而影响到企业中的每一个个体（无论是雇主还是雇员）。并且，一个坏的社会制度永远会是一个瓶颈，使我们无法对企业制度进行根本性的改革，这一点在那些寄生于体制内的经营部门中表现得尤为明显。体制是僵硬的，我们就都像是快要坏死的细胞；相反，体制是健康的，我们就都像是充满活力的纤维。因此个体的任何细微活动都离不开社会制度的约束与保护，现实中每出现一种恶行、一起责任事故、一个腐败者、一片被污染的天空、一项不合理的法规、一次不公平的判决就都离不开制度缺失的影子。即便以上种种社会问题没有直接反映在你的身上，但只要这个社会制度的大背景没有得到及时的修正，这些社会问题就总会以各种间接的形式辐射在你周围，而那些由制度所酝酿的社会悲剧也随时潜存在你的整个人生里。

无论我们逃到哪里都无法逃脱这个世界对我们的影响，而如果我们希望这种影响是正向的，我们就唯有首先对这个世界施加更多正向的影响。让看似与自己毫无关系的人生活在看似与自己毫无关系的更安全的环境中、更合理的制度下，就是让自己生活的环境与制度变得更安全、更合理。对他人的关心、对环境的关注、对社会的关切、对世界的关怀就是对自己的关爱。这并不是感性的道德诉求，而是事物间的普遍关联向我们提出的理性要求。

注　释

[1] 一切事物之间存在普遍的关联，这并不是一个新鲜的观点。斯宾诺莎就认为，由于唯一的实体是一，或者说就是神，因而世界是由神的属性之下的诸样式组成的。既然万物都是神的属性的变体或者说样式，那么万物就都是紧密相关的。当然，他得出这一结论的前提——实体是一——与我们所主张的本质和合相去甚远。

[2] 所谓技术性概念的意义与功用无非是为了迎合我们在常识上的认识，以便于我们更为直观地理解不同条件对事物成立的不同影响。

[3] 如果是遵循哲学中对因果关系的传统认识，我们并不一定就能将所有直接条件都称为某个结果的原因。假如聚合为“着火”的直接条件为木材、打火机和点火行为，我们通常会说着火的原因是“有人点着了火”这一行为，而不大习惯于说木材也是着火的原因。可见因果关系天然地隐含着动力学的属性。但在

另一些思想体系中——如佛学——“因”并不狭义地指某种动因。种子发芽，种子是芽的因，芽是种子的果。这就可以理解为是一种广义的因果关系。况且，在本书的思想体系中，我们说任何事物都是运动中的事物，那么无论是木材还是种子都不是静态的物质，而是包含了运动概念的事件，因此在本质上它们与点火行为是一样的。当然，在下一章我们会进一步阐明，归根结底，因果关系是一种认识论意义上的关系，而在本体论的意义上，事物之间只存在关联关系，在本质上因果关系要归因于关联关系。

[4] 在数学中有一个叫“庞加莱回归”的定理，它的意思大致是说，一个系统经历足够长的时间有可能回归到与它的初始状态非常接近的状态中。但请注意不是完全地回到初始状态，而只是无限地接近。并且这一回归的实现对系统的要求是非常高的，近乎是在一种理论的而非现实的条件下。

[5] 当然，作为符号动物的人在意义接收的过程中所读取的必然只能是作为符号载体的对象的某些属性而非全部属性，对符号载体所有属性的提取会导致表意过程效率太低，因而我们不会这样去做。比如，当我们不小心触摸到一杯开水，从而解释出“烫”的意义时，我们就不会去在意（读取）杯子的颜色、大小等无关此意义的属性。当敌人高举一面白色的旗帜时，我们立刻就能解释出“投降”的意义，而无须在意旗帜的形状或材质（有时候只是白色的衣物）等属性。因而符号认知本就是片面化的，也理应是片面化的。但过度的符号化或者符号的泛滥不仅会使我们丢失大量有意义的信息，也会使我们养成一种思维的懒惰，对我们想要更加周全理性地认识世界是极为不利的。这一点也是导致在今天的社交网络等自媒体世界中，人们认识与表达愈加非理性的原因之一——比如人们对某个并不真正了解的公共人物的言行或公共事件的看法总是标签化（符号化）的、尖锐

对立的。

[6] 在今天，当互联网技术不断成熟起来，社会活动的虚拟化成分越来越高。我们通过社交网络结交到此前根本没有机会相识的朋友，我们通过网络订餐，买衣服、家用电器甚至房产，移动互联网的日益渗透更使得每一个个体都成为具有快速交互与传播能力的自媒体。人类在科技领域的进步显著地影响了整个社会的发展，反过来新的社会状态必然反作用于人类自身——当代人已经越来越成为互联网中的人。

[7] 这也可以用来解释在那些几代以上就生活在美国的亚裔家庭中不乏依然保留着浓厚的东方传统的实例，即受到亚文化圈子的熏陶和影响。

第八章　因果与关联

何谓因果关系？最通常的定义是：在事物与事物的相互作用中，其中一个（或多个）事物导致或引起另一个（或多个）事物的成立，我们就说在二者之间存在着因果关系。从古希腊伊始，哲学家们就对这一问题非常重视，但直到今天也没有对因果关系的本质达成一致意见。在上一章，由条件的无限性，我们认识到一切事物之间都存在着普遍的关联。我们断言关联关系是本体论意义上的关系，而因果关系是认识论意义上的关系，后者要归因于前者。本章我们将力图阐明因果关系的本质，并进一步考察因果关系、佛教因果与关联关系之间的关系。

因—果联系性

在上一章我们说任何直接条件与其构成事物之间都存在着因果关系，这一点应当是易于理解的。因为任何事物的成立毕竟是由其直接条件的聚合实现的，因而在直接条件与其构成事物之间就存在着直观的导致与被导致或引起与被引起的关系。换句话说，在原因与结果之间存在着直接的联系，这似乎是符合我们的常识的。比如，你推翻茶杯，茶杯落地摔成碎片。很显然，茶杯摔成碎片的原因是你推翻了它。更准确地说，是你的手直接触碰到了茶杯，给它施加了一个力，从而导致了这样一个结果。于是，在“你推翻茶杯”和“茶杯落地摔成碎片”这两个事件之间存在着直接的联系——一个物理学意义上的联系。所以，在经典物理中，我们总能在物体之间的相互作用中建立起因果关系。

当然，直接的联系并不限于物理学意义上。在一场葬礼上我哈哈大笑惹得主人家很不高兴，虽然葬礼本身就令人不愉快，但是在这里通过我的表述，你能够直观地感受到这种不快是由于我非常不得体的行为引起的，于是便在“我哈哈大笑”与“主人家不高兴”之间建立起因果关系。因而，正如同在物理世界处于因果关系中的两个物体之间存在的那种直接联系一样，在生活世界两个互为因果的情境之间也可能存在着类似的直接联系。

在我们并未接触有关条件无限性的观点之前，通常情况下我们并不说构成事物 A 的条件是 $\{a_{111}, a_{112}, a_{113}...\}$ 等间接条件，而是 $\{\mathbf{a}_1, \mathbf{a}_2, \mathbf{a}_3...\}$ 等直接条件。例如，聚合为火箭发射升空的条件有哪些呢？至少需要一枚火箭以及点火发射等条件。根据直接联系性，我们能够迅速地在其中找到彼此对应的因果关系。相反，我们不太会做这样的联想——一枚火箭又可以拆解为其他一些条件，发射过程同样如此，因而在直接原因（条件）的背后隐藏着一连串的间接原因（条件）。

如果在此处我们换一种说法——说火箭升空的原因之一是火箭，这是否构成一个恰当的因果陈述？火箭升空是一个事件，火箭则似乎是一个物体，而在通常的因果关系描述中我们总是说一个事件是由另一个事件导致的。回顾第四章的内容，在本书的概念体系中事物由于内生的辩证性总是以事件化的形态存在着；或在第六章当我们说某一事物时，实际是在说由某一形式所指代的一系列运动变化的内容。因而火箭并非静止不变的物体，而本就是一个时刻运动变化的事件。即便它不在空间中发生位移，它也在时间中磨损或者消耗。那么，没有火箭也就无所谓火箭升空，所以火箭是导致火箭升空的原因之一[1]。

但为什么我们不说导致火箭发射的原因是点火装置和发射程序，或者更“远”一些——零部件的加工厂和接受培训的科研人员呢？这正是因为人们通常习惯于在具有直接联系的事物之间建立因果关系。点火与火箭发射之间是直接的联系（至少，我们直观地认为是这样），而对点火装置的设计制造、发射人员的培训与指定以及一系列间接相关的条件不是。因此，当我们关注火箭发射的原因时，便会很自然地将之与诸如点火发射这样的直接条件——而不是其后的一系列间接条件集合——联系起来。

但因果关系必定是建立在直接条件与其构成事物之间的关系上吗？似乎也并非如此。我们也可以说火箭之所以发射升空是因为我们需要一颗新的通信卫星，或者是源于人类探索宇宙的新计划。在心理学中，与蝴蝶效应相应的观点认为一个人儿时的某个经历——比如一场严重车祸——给他造成的影响很可能导致其后天完全不同的人格习性或人生轨迹。在这里，原因和结果之间显然并不属于直接条件与其构成事物之间的那种关系。再比如，假设一名学生在考试中不幸得了零分，人们（比如学生的父母）通常都会将原因归结为他没有好好学习。但若根据因果的直接联系性，考试成绩是零分的直接原因应该是这名学生交了白卷或者他的所有答案都是错误的，我们甚至可以说直接原因是老师给了他零分的分数。但恐怕在现实中，无论是学生本人还是他的父母或者老师都不会在意或者特意强调这里所谓的直接原因（想象一下如果这名学生坚持遵从直接联系性的原则认真地向父母陈述考试失败的原因时会有怎样的后果），因为这样的因果关系对于解释或解决实际问题而言是无意义的——相当于说了一通废话。可见，事物聚合条件与事物之间的直接联系在有些时候并不一定构成我们所需要的因果关系。

此外，我们再来看这样一个例子。通常在一个实验场景中，我们会用小球A撞击另一个小球B从而导致后者的运动来说明两个小球之间的因果关系。现在来考虑，当我们把这个实验过程转换为一个模拟动画的形式通过显示屏播放给观众——一个动画化的小球A向小球B方向滚动，当二者接触时小球A停止，小球B开始滚动。现在问：为什么小球B会滚动？不出意外，观众们自然会得出同样的因果判断：因为小球A撞击小球B，所以小球B开始运动了。但考虑到这是一个通过电脑模拟的动画过程，两个小球的运动画面是电脑程序生成的结果，而不是一个真实的物理过程；也就是说聚合为小球B（也包括小球A）运动画面的直接条件是电脑程序的动画设计。那么，我们是不是也可以说小球B之所以运动的原因是程序设计的动画效果呢？可见，在不同语境下，我们如何看待问题或想要如何解释问题似乎在某种程度上决定了相应的因果关系的建立。

无论如何，虽然直接联系性在很多因果情境中都得以体现（如经典物理过程），但它并不普遍地存在于一切因果关系中，或者说它不是制约因果关系成立的必要条件。事物不仅能够与其直接条件建立因果关系，同样能够与其间接条件建立因果关系。

因—果先后性

并非在所有因果关系中我们都能肯定地说，在原因与结果之间存在着直接联系性，但在所有的因果关系中我们的确可以肯定地说作为原因的那个事物总是在先的，而作为结果的那个事物总是在后的。问题在于这一先一后是指什么的一先一后？这一问看起来似乎是多余的，在我们的常识中以及在绝大多数哲学家看来，因果律总是严格地服从时间的先后次序——原因是时间上在先的，结果是时间上在后的。正如休谟所说："有一个例证或一次经验，使我们看到某一件特殊的事情跟着另一件事情而来"，"因此，我就叫一件事情为原因，另一件事情为结果"[2]。将纸片扔进火堆（时间上在先的）导致了纸片的燃烧（时间上在后的）；我不得体的举止（时间上在先的）导致了他人的厌恶（时间上在后的）；工业污染物的大量排放（时间上在先的）导致了环境问题日趋严重（时间上在后的）。同理，无论原因是点火发射，还是我们需要将一颗卫星送上太空，它们都在时间上先于火箭升空这一结果。

但这也并不是说所有在时间上一前一后的就都能构成因果关系。下暴雨时我们总会先看到闪电继而听到雷鸣，二者之间是紧密相关的，但我们不会说闪电就是打雷的原因。不过在日常语境中，这种仅以时间的先后次序作为判断因果关系成立的逻辑谬误倒是挺普遍的，而这种情况往往都带有一定的迷信色彩。比如当你跟朋友正在赶往机场的路上，你不无焦虑地说："时间这么紧，要是遇上堵车肯定来不及了。"不幸的是，你们果然遇上了堵车，你的朋友多半会用责怪的语气跟你说："都怪你这乌鸦嘴！"在这里，似乎是由于你的"乌鸦嘴"（时间上在先）导致了堵车状况（时间上在后）的出现，但是这二者之间并不存在真实的因果关系[3]。然而，这两者之间有没有关系呢？有的。若是没来由的，你为什么会担心遇上堵车呢？很可能是由于经验告诉你在这个时段或这条路段经常出现堵车的现象，所以你的担忧是由于过往经验的总结。在此，我们倒是可以说过往的经验是导致你表示担忧的可能原因之一，进而使你不幸预言到了事实（堵车）的发生。但无论如何都不能说，是由于你在先的某些言辞（“乌鸦嘴”）导致了这一结果。总之，服从时间的先后次序并不是构成因果关系的充分条件。当然，也未必是必要条件。

关于因果关系的时间先后性，休谟也同意可能存在着一些例外。他说：“有些人主张，原因并不是绝对地先于它的结果；任何对象或活动在它存在的最初一刹那，就可以发挥它的产生性质，产生与它完全同时的另一个对象或活动。”[4]比如回顾两个小球碰撞的例子——如我们通常直观所见的——似乎的确是在小球A撞击的那一刹那，小球B就开始运动了，换句话说小球A的撞击（原因）与小球B的运动（结果）是同时出现的。但真实情况却并非如此，这其中的微妙过程是我们的直观无法察觉的。在早期的理论描述中，我们也说两个小球的动量传递是瞬时完成的，这是因为我们将小球看作是某种不会发生形变的刚体，但现实中并不存在这种理想模型。因为任何物体在发生碰撞的过程中都要产生形变，在形变的过程里力在物体内部各部分之间依次传递，继而物体在整体上才会表现出运动状态的改变。也就是说从小球A的撞击（因）到小球B开始运动（果）是需要一个时间的——即便是非常短暂的时间。因果同时性在此处并不成立[5]。

但让我们再来考虑这样一些例子。有一前一后两部汽车在运动，后车没有动力（比如它抛锚了），于是后车由前车驱动拖拽而行；则前车的驱动是后车运动的原因，后车的运动是前车驱动的结果；而在这个持续运动的过程中，原因和结果是同时存在的。在量子力学中——假如哥本哈根诠释是正确的——测量会瞬时（没有时间间隔的）导致波函数的坍缩，则波函数的坍缩（结果）与测量（原因）也是同时发生的。不仅如此，回顾第五章“和合本质”一节，惠勒的延迟选择实验似乎告诉我们，由于我们现在的一个决定（测量）可以导致粒子过去行为的改变——即现在的因导致了过去的果，这显然更是违背了原因应是时间上在先的，而结果应是时间上在后的原则。

但是，这些例证可能伴随着这样一个疑问：在那些遵从因果的时间先后次序的事例中，我们通常说前因与后果是两个事件，但我们能说在前车拖拽后车行驶的事例中“前车驱动”与“后车运动”是两个事件吗？恐怕不能。有可能测量导致波函数坍缩的确是同时发生的，但根据整体论的思想我们恐怕也不能将测量与波函数坍缩看作是两个相互独立的事件，而应把它们看作是一个整体。同样的道理也适用于延迟选择实验（这一点我们在第五章已有解释）。当然，或许我们也可以反问：凭什么说原因与结果只能是两个独立的事件呢？

在关于因果性问题的讨论中，哲学家们一直在争论原因和结果的本体论意义是什么——是对象、事件还是事实。如前所述，如果在一对因果关系中，构成原因与结果的是两个事件——例如日本偷袭珍珠港（一个事件）导致太平洋战争的爆发（另一事件）——而无论“前车驱动”还是“后车运动”都属于同一事件（前车拖拽后车行驶），那么也就不可能在其中建立起属于两个事件之间才可能具有的那种因果关系了。但如果构成原因与结果的是对象，而前后两部车子的确可以被视为是两个对象——无论在作为拖拽行驶的事件中它们如何构成一个整体，两部车子都首先是两个个体——那么从前车是后车的动力因的角度来解释其中的因果关系就是合理的。同理，在量子力学中测量者与被测量者也可以被看作是两个对象。于是，哲学家们就说问题的关键在于原因与结果究竟是什么。而我则认为这几种情况都可以成立——即原因或结果既可以是事件也可以是对象，只不过看我们想如何处置或解释问题罢了。换句话说，原因与结果本身没有本体论的定性，因果关系在本质上是就认识论的意义而言的。

由此我们可以得到的结论是：凡是在两个事件之间的因果关系都要服从时间的先后次序（这是因为事件本身就包含了时间），但因果关系的建立却未必一定是在两个事件之间。那我们究竟该如何理解因—果的一先一后呢？在延迟选择实验中，虽然在时间上似乎表现为结果先于原因而存在，但在逻辑上则依然是先有我们（现在）的测量这一原因才导致粒子（过去）存在状态的改变这一结果。因而，我们至多只能说因果关系必然地要服从逻辑上的先后次序（在我们内在的逻辑要求中原因总是在先的，结果总是在后的），却不一定要符合时间上的先后次序。虽然我们很可能直觉地以为因—果的逻辑先后与时间先后是一致的，但实际上二者之间并没有必然的联系。

那么，是不是只要符合逻辑的先后次序就都属于因果关系呢？从逻辑学的观点而言，答案是否定的。4>2，2>1，所以4>1；所有人都会死，苏格拉底是人，因此苏格拉底会死。虽然在这两个命题中出现了“所以”和“因此”，但在逻辑学中类似这样的词只是用于辨认前提与结论的指示词。指示词的作用仅在于表明前后两个陈述之间的推理关系而非因果关系。通常跟在“因为”这样的指示词后面的是前提，而跟在“所以”这样的指示词后面的是结论。

但是我们要问：根据因果关系的定义——一事物导致另一事物的成立——难道在一个逻辑推理中不是由前提导致结论的成立吗？例如，一个三段论式的演绎推理：

所有英国首相都是议会多数党领袖，

鲍里斯·约翰逊是英国首相。

所以，鲍里斯·约翰逊是议会多数党领袖。

前提和结论不是事件，甚至不是对象，而是事实。但假如原因与结果本不具有本体论的定性，那么它们是由什么构成的又有什么关系呢？况且在此，前提与结论的确是导致与被导致的关系——因为所有英国首相都是议会多数党领袖，而鲍里斯·约翰逊是英国首相，由此导致我们得出一个结论——鲍里斯·约翰逊是议会多数党领袖。另一个例子，“我朋友的这款手机非常好用，可见你的同款手机也是很好用的”，在逻辑学中这是一个类比论证。但我们同样可以说“我之所以推断你的手机也很好用是因为我朋友的同款手机就很好用”，这样一个原因（前提）导致了我可以得到这样一个结果（结论）。此外，从语言学的角度考虑，在一切推理过程中如果不隐含着内在的因果逻辑，那么我们为什么会使用同样的连接词“因为”或“所以”呢？可见在逻辑推理与传统的因果关系之间存在着某种“家族相似性”。

由此，我们可以把那种传统的因果关系看作是狭义的因果关系，而把包括一切可以表述为由命题的前提推断出结论的过程都看作是广义的因果关系。广义的因果关系同样符合由一个（或多个）事物导致另一个（或多个）事物成立的定义。

为了说明狭义因果与广义因果之间的区别，我们可以举这样一个例子：“昨晚一定下了一场大雪，因为今早起来看到窗外银装素裹。”在非形式逻辑中，该命题可以被看作是一个由结果推断原因的归纳论证过程，即我们是通过“今早起来看到窗外银装素裹”的结果推断出“昨晚一定下了一场大雪”的原因。所以更符合时间先后次序的因果关系（狭义因果）应该是“因为昨晚下了一场大雪，因而今早窗外银装素裹”。然而，我们也可以说，是由于我们“看到窗外银装素裹”这一原因从而导致了我们推断“昨晚一定下了一场大雪”的结果（广义因果）。

因—果必然性

休谟认为归根结底一切知识都建立于人们对感性经验的归纳。比如当我们发现成熟的苹果总是向下掉落而不是向上飞去时，我们便总结出某个规律来，当类似的事情不断发生，“人心借习惯性的转移，会在此一物象出现后，相信有另一个物象”[6]，这样我们就在类似的情境中建立起一致的因果关系。

那么，我们是如何运用归纳原则在这样一些现象之间建立起因果关系，而在另一些现象之间却不这样做呢？看下面这个例子。苏格拉底死于服用毒药，因而我们说苏格拉底之死的原因是服用毒药。可是假如苏格拉底对这种毒药免疫，他就不会死了，但事实是他不具有这种免疫力，那么我们能不能说苏格拉底之死的原因是他对这种毒药不具有免疫力呢？恐怕不能。但如果在另一个平行世界中，绝大多数人都对这种毒药具有免疫力，我们似乎倒是可以说在那个世界的苏格拉底之死的原因是他对这种毒药不具有免疫力了。在现实世界中我们通常只会说“服用毒药”是“苏格拉底之死”的原因，而“对毒药不具有免疫力”不是，因为只有当某些现象存在恒常伴随性，存在经验的普遍性时，它才具有着统计归纳的意义，才能构成影响结果的可能因素——或者绝大多数人吃这种毒药都会死，或者绝大多数人对这种毒药具有免疫力[7]。这正反映了某个具体的因果关系的建立，源自人心对那些具有恒常伴随关系的现象的“习惯性联想”。

但是，休谟马上对这种因果关系提出了质疑。如果一切知识只来源于经验，我们如何能够把握因果的必然性呢？规律只是经验的归纳，即对过去已经发生过的事情的总结，即便这件事情发生过一千次、一万次，也不能证明接下来它仍会发生。苏格拉底服用毒药死了，或者曾有更多的雅典人服用这种毒药死了，我们却仍不能说所有人必然会因这毒药而死。我们确定知道的只是关于过去的知识，但没有哪种经验能告诉我们未来必然如此。未来的事情不是经验能够把握的，因此休谟认为那种由于某事则另一事肯定发生的**因果必然性**也不是我们能够把握的知识[8]。

我们对每一种具体的因果情境的判断来源于经验，这似乎是正确的。我们怎么知道事情之间是具有因果关系的？通过在经验中对那些普遍存在的恒常伴随现象的归纳。那为什么我们在有些恒常伴随的现象中会形成这种认识，而在另一些恒常伴随的现象中就不会呢？比如，我们知道太阳每天都会升起，太阳升起天就亮了，于是通过经验归纳，我们就在太阳升起与天亮的恒常伴随现象之间建立起因果关系；但是白天过后总是跟着黑夜，这也是通过经验能够确知的恒常伴随现象，为什么我们不说白天是黑夜的原因呢？当然，在前面我们讲到时间上具有先后次序的并不一定都构成因果关系，因果关系只符合逻辑上的先后次序。在时间的先后上，我们不仅可以说"白天过后是黑夜"，同样可以说"黑夜过后是白天"，但在逻辑的先后上我们却无法说谁先于谁而存在。因为白天不是聚合为黑夜的条件，黑夜也不是聚合为白天的条件，因此二者之间不存在逻辑的先后次序。那么从经验中我们怎么知道哪些是属于逻辑上的先后，哪些不是呢？经验是如何指导我们做出这种区分和判断的？这似乎说明因果性原则的本质并不来自于经验。于是康德说："尽管我们的一切知识都以经验开始，它们却并不因此就都产生自经验。因为很可能即便我们的经验知识，也是由我们通过印象所接受的东西和我们自己的认识能力（通过仅仅由感性印象所诱发）从自己本身提供的东西的一个复合物。"[9]康德由此反驳休谟，认为像因果性原则这样的知识是一种**先天的**

知识。

关于先天的知识或者能力，我们可以考虑这样一个例子：一个刚出生正大声啼哭的婴儿，当我们抱起他轻轻地安抚时，他就会逐渐安静下来。他为什么会安静下来？因为他觉得这样的动作对他而言是舒适的，可以给他带来安全感的。可他如何知道这不是一种危险的信号呢？婴儿通过哭泣寻求关注或保护，这是谁教给他的？显然，这不是从经验中得到的知识，而是一种先于经验的能力。相似的，关于因果判断的能力是我们先天（也即不依赖于经验）就具有的。当然，我们在事物之间建立起的每一个具体的因果关系是来自经验的结果，但是这种因果性的原则是独立于经验而内在于我们的。它是人脑为了合理的理解、表述世界而自动产生的某种机制，这种内在的逻辑原则本身并不是客观的存在，而是主观的先天条件——它决定了人们必然要在事物之间建立起导致与被导致的关系。

康德说“一切变化皆有原因”，若从主体的视角而言，这句话没有什么错。因为既然因果原则是内在于我们的——即这是我们的一种先天的知性能力，那么从结果向原因求索，我们认为“一个果肯定要有一个因”就是符合我们的知性要求的。也就是说，我们先天地具有着要在聚合条件与其构成事物之间建立因果关系的内在冲动。但是能够在某个个别的聚合条件与其构成事物之间建立因果关系，并不意味着只要有此种聚合条件（原因）出现就一定伴随着相应的构成事物（结果）的出现。主体先天具有的只是要在两个事物之间建立起某种因果关系的知性能力（或本能），但这种能力缘何就能够断定事物之间的因果关系具有着先天的必然性呢？我们本能地会在“我打翻了玻璃杯”和“杯子碎了”之间建立起因果关系，但我们绝对无法断言“只要某人（我）打翻了玻璃杯，杯子就一定会碎”。将这种内在的必然要求当作是某种外在的必然规律是一种认识论的倒错。因此我们只能说“如果某人打翻了玻璃杯，则有可能杯子会碎掉”，将其形式化可得“如果 A，则可能 B”，二者之间同样建立起一种导致与被导致的关系，只不过这种关系在内容上是或然的。

在逻辑学中一个因果推理被视为是归纳的而非演绎的。归纳论证指的是那些结论由前提或然推出的论证——即它不指向一个必然的推理过程——这与休谟的论点是一致的，但这只是针对狭义因果而言。根据上一节，既然广义的因果关系包含了演绎推理在内的一切逻辑推理关系，那么广义的因果关系是必然的还是或然的呢?

一个演绎论证通常被认为是前提必然推得结论的论证，但这只是论证者*声言*如此。一个存在*形式谬误*的演绎论证，其结论就并非严格的、必然的由前提推得。请看下例：

所有狗是动物，

所有拉布拉多是动物。

所以，所有拉布拉多是狗。

在这个论证中前提与结论都为真，看起来似乎没有什么问题。但是作为一个推理过程，我们并不能由这样的前提就推得这样的结论，该论证存在形式谬误。将其形式化可得代入列如下：

所有 A 是 C，

所有 B 是 C。

所有 B 是 A。　　　　（*A= 狗，B= 拉布拉多，C= 动物*）

由此可见，即便所有 A 都在 C 中，所有 B 都在 C 中，我们也无法必然得出所有 B 都在 A 中的结论。一个演绎论证是否有效，必须由我们去检验它的形式之后才能断定，这样我们就不能轻言演绎论证的前提必然导致结论的成立。再看下例：

所有火星人都是很友善的。

所以，这是假的：没有火星人是很友善的。

无须什么专业的逻辑学知识，我们也能看出来前提与结论之间的推理关系似乎不存在什么问题。根据传统的对当方阵，此例中的前一命题与后一命题之间存在反对关系，这是这个直接推理可能成立的逻辑前提。但是，由于火星人并不存在，该论证犯了存在的谬误，因而实际上是一个非有效的论证。这样，一个直接推理是否有效在很多时候要看其前提中的主项是否指称现实存在的事物，那么这就使得论证的有效性变得不确定。我们将上例形式化后可得：

所有 A 是 B。

所以，这是假的：没有 A 是 B。

如果 A 和 B 指称现实存在的事物，例如“牛奶”和“饮料”，那么该论证是有效的，而如果是“超能力水”和“饮料”，由于“超能力水”是不存在的，则论证是非有效的。因此这一推理形式并非必然成立。再者，关于是否蕴涵存在，在亚里士多德的传统观点与布尔的现代观点之间还存在着争议。例如同一个命题“所有牛奶都是饮料”，根据亚里士多德的观点牛奶当然是存在的，但根据布尔的观点该命题并不蕴涵牛奶存在的意思。由此我们看到，推理原则本身也并非先天确定的[10]。

当然，我们并不能因此就否定演绎推理的必然性。一个有效的演绎推理总是能由前提推得结论的成立，但这种形式的必然性的获得却不乏经验与直觉的支撑。况且，如果我们是以广义因果的名目来具体地考察某一推理时，我们的关注点就不只是在形式的层面，而是在内容的层面。也就是说如果逻辑推理要成为具有因果性的知识（关于对象的知识），而不只是具有逻辑性的知识（关于思维形式的知识），就必然要超越逻辑的形式规则而求助于经验与直觉（关于这一点我们在本书序言“三种途径之间的关系”一节已有阐明，此处不再赘述）。既然如此，我们就不能说广义的因果关系具有着某种先天的必然性了。

其实，人们会在哪些聚合条件与其构成事物之间建立因果关系是相当主观任意的。比如我们可以说苏格拉底之死的原因是服用毒药，也可以说是因为他坚持服从审判、拒绝逃狱，或者以上两点都是原因，这完全取决于我们是从哪个角度来看待这一问题的。我们还可以设想由于柏拉图对老师的敬爱，他可能在情绪的作用下完全忽略了在苏格拉底服毒和死亡之间存在的直接联系性，而坚定地把恩师之死的原因归咎为雅典民主制的迫害。因此，有什么客观的依据断定了在这样的而非那样的聚合条件与其构成事物之间存在着必然的因果关系呢？没有。

虽然一直有人试图从语义学或本体论的层面通过推理论证的形式来证明因果关系的客观必然性，但在我看来这是徒劳的，也是走错了方向。因果关系并非任何本体论意义上的客观存在。当然我们所能认识的世界是一个充斥着因果律的世界，这是因为因果原则是一种先天的内在要求，它促使我们本能地在某个（些）条件与其构成事物之间建立一种导致与被导致的关系，以使我们能更好地（按照自己的设想）理解与解释世界。任一具体的因果关系都是或然的，而非绝对必然的。当然，我们在前面的章节中也说过，由于世界在总体上是稳定连续的，我们就总能在一些事物之间看到那种恒常伴随的现象（比如太阳出来天就亮了）。因此事物之间的因果关系虽然不具有绝对必然性，但也具有着一定的稳定性——尤其是那些越具有一般性的因果关系就越稳定。“昨夜下的一场暴雨导致有人被积水淹死”，这其中的因果关系恐怕是比较偶然的，因而是不稳定的；但“如果天空下雨则地面会湿”却是极其一般化的，因而是很稳定的。考虑到人类的认知相对浩瀚宇宙的渺小性，在先天的因果原则的驱使下，我们所总结出的那些具有一般性的因果关系——即我们所谓的因果规律——便相对地足以成为人类构筑知识的可靠基础了[11]。

因果关系与关联关系

从事物和合的思想来看，因果关系的建立就是主观地根据某种解释情境从条件聚合的完整图景中所做的提炼，使得在一些条件与其构成事物之间建立导致与被导致的关系，而忽略另一些条件的在场。关联关系则是从条件聚合的个别现象不断推演，根据和合实在本具的关联性将一切事物之间普遍存在的相生相依关系呈现出来。如果说因果关系是对某个具体和合现象的完整图景的提炼，那么某个具体的和合现象又是对由事物之间的普遍关联所构筑的更加完整的图景的截取。

在上一章我们重点考察了事物的关联关系，这一章主要考察了事物的因果关系。如果要做一种比较，在直观的层面我们就能看出因果关系是一个具有单一指向性的关系，即它总是表现为由因指向果——这是由它的逻辑先后性决定的。而关联关系是一个双向的互动关系，即强调双方的相互依存。扣动扳机—子弹射出枪膛，其因果关系表述为由于扣动扳机的原因从而导致了子弹射出枪膛的结果（由原因指向结果）；其关联关系表述为扣动扳机和子弹射出枪膛之间是相互依存的。但在具体的和合现象中，我们不是也说某些条件的聚合使得某一事物成立吗？那么从聚合条件到终点事物难道不存在着一种指向性吗？的确如此。但这只是条件无限延伸的某个片段。任一条件（或事物）都可以被拆解为其他条件的聚合，以此类推，则一切事物之间存在着普遍的关联。此时我们说不仅其他一切事物都是某一事物的成立条件，这一事物也是其他一切事物的成立条件。因而最终，处于普遍关联中的事物之间是相互依存的关系。

需要注意的是，也有一些观点认为在因果关系中存在着互为因果的情况，则原因与结果似乎就不是单一指向了。比如说技术进步推动了经济的发展，反过来经济发展又导致了技术的进步，因此人们就说二者是互为因果的。的确，从宏观的视角我们很难说清楚究竟是先有技术的进步再有经济的发展，还是先有经济的发展再有技术的进步，于是便笼统地说二者是互为因果的。但实际上这种说法是将一系列复杂的因果关系混同在了一起，在具体的因果关系中技术进步与经济发展总是一先一后地出现的。比如先有某种技术成果的出现促进了经济在某个领域的发展（例如蒸汽机的发明促进了工业化生产），然后由于经济在该领域的发展反过来促进了新的技术的进步（工业化发展促进了内燃机等新技术的发明），新的技术成果的出现又一次促进了经济在新的领域的发展，以此类推。所以前后的两个技术进步（或经济发展）并不是同一的，在整个因果链条中每一对因—果总是一先一后地出现的。那种将两个不同时空中的事物（技术进步和新的技术进步）混同起来的原因——如同第六章所阐明的——在于我们把事物相对不变的形式当作了其不断流变的内容。互为因果即便不算是一种谬论，也至少是一种极其含混和笼统的说法。

我们说一切事物因条件的无限性而普遍地存在着关联关系，但我们却不能因此说一切事物之间都普遍地存在着因果关系。关联是事物在本体论意义上的根本特性，因果则不然。本质上因果关系是一种解释，是主体在认识上将某段复杂（不可尽得）的关联关系通过其先天内在的因果范畴表象为某种（依据不同的情境）明确的导致与被导致的解释模型，以使主体能够有条理地认识这个世界。因此，因果关系只是一种认识论意义上的关系。它在关联关系之上建立了一种逻辑秩序，是对关联关系的派生。当我们从相互依存的复杂的关联关系中找出我们认为的事物之间的导致与被导致的逻辑对应，我们就从一般的关联关系中派生出了某个特殊的因果关系。当我们说某类事物或现象的存在是因为另一些事物或现象的出现时，我们不仅省略了大量可直观的或不可直观的、必然的或偶然的聚合条件，而且把所有杂乱交织的线索化整为零地集合起来，最终抽象为某种形式的因果律，就像将每一个具体的、有差别的小球撞击的过程抽象为黑板上的几个圆圈和箭头之间的关系那样。在这个意义上而言，因果关系就是相应的关联关系的“概念”或者形式，而关联关系则是相应的因果关系的内容。

我们并不一定在所有直接条件与终点事物之间建立因果关系，也不一定在哪些间接条件与终点事物之间建立因果关系。受迫于我们所处的解释情境（也就是说，我们当下所关注的是怎样的现象或现象的哪个方面），我们就从完整的事物关联的网络中有所选择地截取提炼了部分的素材，并依据我们内在的形式规则把它们组织成一种因果解释。这个解释的处理过程遵循哪些基本的或普适的理性原则？有时候我们能说清楚，有时候则不能。但无论怎样，我们总会在我们需要时找到这样一种解释——哪怕它是不合理的。正因为如此，与其说因果诉求是理性的彰显，毋宁说是直觉的冲动。

佛教因果与关联关系

对事物之间因果关系的思讨并不是西方哲学的专题，在东方，佛教的因果学说也具有重要的研究价值。与哲学相较，“因果报应”是佛学用以解释世界何以流转轮回的基本论点，也是佛教信众修行的基本信念。在明了了因果关系与关联关系的关系之后，我们就再来考察一下佛教因果，看看它与关联关系之间又存在着怎样的关系。

在第三章，我们举过《佛说大乘稻秆经》中稻秆生花结果的例子：“所谓从种生芽，从芽生叶，从叶生茎，从茎生节，从节生穗，从穗生花，从花生实。若无有种，芽即不生，乃至若无有花，实亦不生。”根据佛教思想，在这一系列过程中存在着环环相扣的因果关系。甚至，在佛学经典中更是将因果关系根据不同性质细分为能作因、俱有因、同类因、相应因、遍行因、异熟因六因，及异熟果、等流果、增上果、士用果、离系果五果。

然而，佛教因果的现实目的并不仅是为了用一种因果逻辑来归纳描述客观世界中事物与事物之间的导致与被导致关系，更重要的——如同其他宗教皆有的初衷——是为了教化人心。亚伯拉罕诸教有末日审判以及天堂地狱说，这样恶人终将下地狱，善人终会上天堂。佛教的世界观中也有类似于天堂地狱之所，实际上更为复杂。佛教从古印度思想中继承了轮回之说，认为众生因无明而在六道中轮回往复。继而将轮回说与因果说结合起来，“善有善报，恶有恶报”，过去世的善（恶）因总会在某一时或某一世结下善（恶）果。极端的，那些善者转世时有可能进入三善道（天、人、阿修罗），而那些恶人就要堕入三恶道（畜生、饿鬼、地狱）。

“恶因”不只是一个人的所作所为，也包括所言甚至所想。杀生、偷盗、奸淫当然是行为上的恶，谩骂、谎言、淫语、挑拨是非都属于口中之恶，而那些贪取、嗔恨、愚痴的想法就是心中之恶。这样一来，佛教的因果论就带有着明显的道德教化的色彩。在一些流传的关于因果报应的说法中甚至非常详细地描述了人们种了哪些恶因便会生出哪些恶果的事例，以此来端正、教化修行者的行为。例如，在《地藏菩萨本愿经》中就有“地藏菩萨若遇杀生者，说宿殃短命报。若遇窃盗者，说贫穷苦楚报。若遇邪淫者，说雀鸽鸳鸯报。若遇恶口者，说眷属斗诤报。若遇毁谤者，说无舌疮口报。若遇嗔恚者，说丑陋癃残报。若遇悭吝者，说所求违愿报。若遇饮食无度者，说饥渴咽病报。若遇畋猎恣情者，说惊狂丧命报。若遇悖逆父母者，说天地灾杀报”等描述，因与果一一对应。那么，我们要问：1. 佛教的因果报应是可普遍经验到的吗？ 2. 佛教因果是必然的吗？

反对者会说：例如一个小球撞击另一个小球并导致其运动的过程是我们通过实验可以反复验证的，这其中的因果关系清晰可辨；但杀生者短命的因果如何验证呢？没有任何证据表明世界上所有屠夫的寿命都很短。此外，最被反对者所质疑的是，在现实中很多一心向善的人不见得有好报，而很多一生作恶的人却并没有遭到报应，可见佛教的因果只是传达一种美好的道德夙愿，其必然性就无从谈起了。

对此，支持者们通常会如此回应：很多时候佛教因果并不像物理现象中的因果关系那样直观，就像种子从生芽，到开花，再到结果，总需要一个过程，我们种下的某个因很可能不会当下就得果报，而是要等到下一世甚至更长的时间。之所以一些人虽在此世一心向善而没有得到福报，很可能是因为他前几世所种的恶因在此世结果；但他在此世种下的善因同样会在合适的机缘下结得善果。

于是矛盾的焦点便集中在一个于经验中无法证明的命题上——转世轮回。反对者会说：我们无法验证轮回之说，那么佛教声言一个此生向善之人却得恶报的原因是因他累世以来的恶业，这于情难以令人接受，于理难以令人信服，并且这样一个结论似乎蕴含着宿命论的思想。

支持者会继续反驳道：对于凡夫而言，我们的确很难亲身验证到前生与来世，也就很难相信因果报应的真实性，所以唯有通过修行才能使我们体会到因果的真实不虚。并且，认为佛教是支持宿命论的，这个是对佛教思想的极大误解。如果一切安排都是上天注定的，那佛说因果报应的意义何在？如果什么都无法改变了，那修行的意义何在？正因为存在因果报应，所以为了不使我们累世以来所积累的恶因生根发芽，我们唯有在今生潜心修行，积累功德，发忏悔之心，才能消除业障、多得福报。

在以上所假想的双方论辩中，反对者与支持者对佛教因果的理解或误解都是经典的，即通常双方总会拿出的观点。反对者的质疑具有一定的代表性，而支持者的释疑也具有一定的代表性。但是如果就此结束这场论辩，那么实则双方都是失败者，因为此一问题存有争议的根源在于双方都没有完全认清佛教因果的真实含义。

首先，在佛学中因就是业（人在思想、言谈、行为上的一切活动），果就是报（报应）。所以佛教因果的思想内核是业报说，这就与西方哲学所要讨论的因果关系旨趣不同了。是的，佛学也说事物之间存在因果关系，但是佛学更强调这种因—果/业—报关系是主体自身的自作自受——果报是指你自身所得的果报，而这些果报则源于你自身累世以来的善恶业。你造善业就会种下一个善业的种子，你造恶业就会种下一个恶业的种子。于是你对世界的所作所为就都会存储在阿赖耶识中，并不断在你的每一世以果报的形式反馈回你自身。

为了说明这一点，我们来举个例子。一个蓄意杀人的人会受到司法体系严厉的惩罚，比如被判死刑，因此我们在杀人与判死刑之间建立起因果关系。请注意因果关系只是强调两个事件间的逻辑承继关系——杀人这一事件（可能）会导致被判刑这一事件的发生。但按照佛教因果业报之说，则主要强调的是我们会遭到自己因杀生所造的恶业的报应——也就是从主体—世界的互动关系来阐释这一问题。那么这之间有什么区别呢？孤立来看几乎是没有区别的，因此支持者与反对者才会就佛教因果的真实性展开争论。但是佛教的因果从来就不是孤立的、个别的，而是连续的、整体的。一个作恶之人，如果他真心忏悔并积累了许多善业，那么这些对恶业的对治，则有可能帮助他推迟或免遭恶报。是的，在此例中杀人者有可能还是被判死刑——其中的因果关系到此也就结束了——可是根据因果业报之说，他来世会怎样是与他累世以来的种种善恶业相关的。当然，我们可以不去考虑转世轮回的问题，但即便在此生，佛教因果业报之说也是在整体中以“我”为主轴，将无数个与“我”相关的、强的或弱的互动关系集合起来，结果是对这一集合内部此消彼长的动态呈现（业力）。

因此，与因果关系只是为了描述事物与事物之间一种导致与被导致的逻辑承继关系所不同的是，佛教的业报之说是在表述一种“我”与世界的互动关系。对这种关系我们不应感到陌生，这就是上一章由条件的无限性所得到的启示——“我”与世界相依存。

其次，某一个果报何时显现，是不是一定种什么因就会显现什么果是不确定的。那么佛教所声言的因果报应的必然性该如何解释呢？一方面，佛学中明确说有所谓“定业”，但同时说通过潜心修行可以将“定业”转化为“不定业”；另一方面，理论上每一个孤立的因果报应是确定的，但是在现实中我们又无法孤立地去看待它们。我们要考虑各种业力之间的对治，是否存在特殊的因缘，同样的行为是在什么场合下进行的，针对什么样的人或事，主观的意愿如何，等等。其本质在于，佛经中所描述的那些因果报应的例子也只是一些名相，我们不能对它们做教条化的理解和接受。同样的，有没有一个实有的地狱呢？不知道，也无须知道。我们可以这样理解——当你心生嗔恨时，那种痛苦的感觉已经犹如在地狱中煎熬；当你因杀盗淫等罪孽被判入狱时，那个场所就是你的人间地狱。所以佛说因果的现实目的在于教人向善，根本目的在于断除贪嗔痴诸念，从而有利于证得空性。而那些因果报应的例子不是目的，只是手段或者善巧。

整体而言，“我”爱世界，世界爱“我”；“我”恨世界，世界恨“我”。那么可以说这种因果是相对必然的。但是具体到每一个行为是如何通过对世界的影响从而反馈回自身的这一过程，我们倒并不一定能够确定地把握。由于条件不可尽得，孤立地去看业与报之间的一一对应关系是没有意义的。

再次，对佛教因果的另一种片面理解在于人们常常忽略这一理论体系中缘的作用。关于“因缘”的概念我们早在第三章就已经介绍过。种子是因，雨露是缘；发芽、生花、结果首先需要一粒种子，其次也需要雨露等助缘的作用。从道德教化的角度，我们应该强调“因”，因为“因”是自己所造的业，而“缘”只是外界的助力，但是不能由此就忽略了缘的作用。再次强调，佛教的因果必须是放在一个系统中来考量的。

假如一个人本是善良、勤劳、有能力的，但这一生却命运凄惨，我们便认为这是由于他累世的恶业所得的果报，就是对因果报应的片面理解，也难免会让反对者心生质疑。假如自然环境就是缘，如果没有合适的气候、土壤的培育，即便有优良的种子也难有好的收获；同样道理，在极其恶劣的社会环境下敦厚之人往往举步维艰，而狡诈之徒却往往如鱼得水，这不仅仅与他们的业力相关，与环境这一重要的助缘也有很大关系。在中国的历史记载中我们常能看到“易子而食”“人相食”的例子，按照对佛教因果的经典解读，吃人者肯定是造了大恶业，而被吃的人则很可能是因前世作恶而在今生遭了报应。通过史料记载，我们可以清楚地看到这些可谓人间最悲惨的情景总是出现于乱世之中，不管是天灾（洪水、蝗灾）还是人祸（暴政、战乱），吃人的人和被吃的人都是社会环境的受害者。如果完全抹去外在环境对于一个人业力果报的影响，就会得出前文中看似经典实则错误的结论。在正常情况下不可能有人愿意“易子而食”，但在残酷的社会环境逼迫下一些人才失去了最基本的人伦，从而造下恶业。当然，即便在这样的环境中很多人宁愿选择饿死也不会做这样的事，所以人内在的业力也起到关键作用。同时，历史的经验告诉我们，但凡处于乱世，在残酷的社会环境中绝大多数人是命运凄惨的——妻离子散、家破人亡（甚至成为他人的晚餐）。如果说此生的苦果就只是因为自己前世造的恶业所致，那我们就必须要解释为什么这些遭报应的人会在同一时期大规模地出现，并且在历史中随着王朝的更替而有规律地反复。仅从个体的因—果线索而言，这是无法解释的。实际上，当我们在阿赖耶识中种下某个种子后总是需要在合适的机缘下才能成熟，乱世恰是某个种子成熟的“好”机缘，于是在现实世界的呈现就是大多数人的苦难。因此，如果抛开显而易见的环境因素（缘）去谈因果就是片面的。

紧接着，我们要问：助缘（环境）就是有别于、独立于“我”的外在条件吗？既然“我”与世界、“我”与社会是相互依存的，那么缘对于果报的影响就与我们自身所造的业（我们对世界的反馈）存在着或强或弱的联系。比如一个人杀了人，对于社会中的其他人而言，如果他逍遥法外就会增加整个系统的风险。如果我们觉得这件个案与我无关，从而放纵了这种罪行，那么一个凶手的逃脱就意味着系统环境中增加了“作恶有可能不会遭受惩罚”的预期，从而使作恶者的侥幸心理进一步增强，从而有可能导致更多罪行的发生。并不是只有我们故意作恶才是恶业，我们放纵作恶同样是恶业。因而在一个需要健康法度的社会，如果我们一再姑息恶法的横行，我们的姑息就是法度堕落的因，那么总有一天恶法会施加于我们自己身上。在一个不公平的社会，如果我们一再默许这种不公，我们的默许就是不公泛滥的因，那么总有一天不公平就会降临在我们自己头上。相对于一个果报而言，环境是它的助缘，而一种环境的形成则是我们共同业力的结果。辩证地看，这就是人与世界相依存的道理。每一个我们都无法摆脱环境对我们的影响，而环境从来就不是独立于我们的存在，它的好坏与我们的共业紧密相连。佛教倡导布施，布施不仅仅是对弱者的施舍，也是对我们的共业所创造的环境的改善。因为只有环境改善了，才有可能彻底改变弱者的生存条件。所以在上一章最后，我们强调一种普遍的关怀与社会责任。

最后，根本而言，因、缘、果在“我”与世界的辩证中紧密地联系在一起，相互支撑、相互转化，我们不能割裂地、静态地去看它们之间的关系；进一步，“我”与世界在这种紧密的联系中失去了内外有别的界限，或者说所谓“内”与“外”原本就浑然一体。因此，在本书中我对佛学思想中的“因缘”概念进行了扬弃，转而用“条件”一词来指称一切因与缘，就是为了避免人们因为语词概念的差异而对因、缘生起分别心。对于一个事物而言，所有聚合条件都是同等重要的，但是我们之所以会认为某些条件比其他条件更重要、更内在，往往是因为我们习惯于首先生出某个主体的概念，再以该主体的视角来观察和解读和合现象。

因果关系建立在事物与事物之间，它通过从关联关系中的派生为我们理解世界提供一种逻辑解说。因果报应建立在一个以“我”为轴心的行动集合中，它通过自我与世界的互动而提供一种道德解说。同因果关系一样，佛教因果同样与关联关系存在着联系，因—缘—果的互动过程就是“我”与世界相依存的过程。如果我们超越其主体性视角，就会得到一切事物之间都相互依存、互为条件的结论，而这又源于事物之间普遍的关联。因此，与因果关系是对关联关系的截取与提炼不同，佛教的因果报应说是一种“主体性视角”下的关联关系。对于每一个主体而言，在那张错综复杂的关联网络中总有一条清晰的轴线，一切“内部的”（因）或“外部的”（缘）条件都在与这条轴线（“我”的“心相续”）的互动中成就着自我（果）。

注　释

[1] 相关论述在第七章的注释部分已有提及，而对因果关系做这样的扩展还会在后面的讨论中出现。

[2] 休谟：《人类理解研究》，关文运译，第 68—69 页。

[3] 另一个著名的例子是，每次球王贝利在预测重大足球比赛的结果时，他预测会赢的（绝大部分）球队最终都输掉了比赛，因此很多人认为这都是贝利的错——他是个“乌鸦嘴”。

[4] 休谟：《人性论》第一卷，关文运译，商务印书馆，1996 年，第 92 页。

[5] 在休谟所处的时代，另一个可以用来支持因果同时性的例证是牛顿的引力定律。根据牛顿的引力定律，引力传递似乎是瞬时超距的，也就是说引力在两个对象之间的作用是不需要经历时间的，因而在此种情况下因果同时性就是存在的。当然，引力传递的“瞬时超距”这一观念在后来被爱因斯坦的狭义相对论推翻了。

[6] 休谟：《人类理解研究》，关文运译，第 83 页。

[7] 类似的例子。某所学校的 80 名学生在午餐后发生集体食物中毒事件，经调查发现其原因很可能是他们喝了某种饮料引起的。一同用餐的共计 100 名学生，而喝了这种饮料的共有 83 人。也就是说另有 3 人没有食物中毒的现象，这或许是因为他们具有更强的抵抗力。但我们不会说那 80 名学生之所以会出现食物中毒是因为他们不具有更强的抵抗力，而只会说是因为他们喝了某种饮料。

[8] 维特根斯坦在《逻辑哲学论》中也有类似的表述：“未来的事件不可能从现在的事件中推论出来。相信因果联系就是迷信。”（见《逻辑哲学论》，王平复译，第 119 页。）

[9] 康德：《纯粹理性批判》，李秋零译，第 28 页。

[10] 此外，在命题逻辑中什么陈述可以由逻辑算子来翻译并不必然，存在着特殊情况；一些命题逻辑的构造与推演过程要诉诸直觉；而与直接推理的情况类似，对某些论证形式有效性的判断往往还需要进行约定。这些情况说明逻辑推理的形式规则并非都是先天的。

[11] 既然越是追求事物的一般性的知识也就越具有稳定性与可靠性，那么在一切知识中常识的因果规律最不具有可靠性，科学的因果规律更可靠些，而哲学（逻辑学）的因果规律就相对最可靠。

第九章 自由意志与决定论

自由意志与决定论问题一直是哲学史上争论激烈的辩题，因为这对概念不仅反映了人对世界的认识，更涉及到人对自身的认识。在上一章我们对与因果有关的概念进行了比较详细的论述，我们否定了因果关系的绝对必然性，而因果性向来被认为是与决定论密切相关的概念。因为按照传统决定论的观点，世界正是被某种严格的因果律所支配的，那么假如因果律是非必然的，这是否是对决定论的打击呢？同时，如果决定论是不成立的，这是否意味着自由意志是可能的？

决定论与宿命论

决定论者认为宇宙中一切事件的发生都是有原因的，被某种客观规律必然决定的，这其中没有偶然性的可能。这样，一个人当下做出的任何决定以及由此而产生的行动就都只是过去某个客观因素必然推动的结果，而非此刻自我意愿的体现。因此，与之相对的，自由意志即是指人们能够根据自己的意愿在决策和行动上进行自由选择的能力。比如，如果你此刻在喝一杯啤酒，自由意志论者认为你想要喝酒，于是你喝了酒，这显而易见的是你主观意欲的结果；而决定论者则认为这一事件的发生是早在过去就被客观决定了的，你的主观意愿也仅是服从这一因果链条的结果，甚至于这种主观意愿只是一种幻觉。

早在古希腊时期人们就已开始争论世界究竟是受必然性还是偶然性的支配，而正是这样一种对立的格局为此后的决定论与自由意志之争埋下了伏笔。当然，是奥古斯丁在中世纪之初真正地提出了对这对命题——尤其是对如何在神学背景中看待自由意志问题——的思考。可能我们直觉地认为宗教一定是反对自由意志的，比如基督教就明确地宣扬上帝作为宇宙的第一推动者的主张，一切必然由上帝前定。但奥古斯丁却说人是拥有自由意志的，并且这自由正是上帝所赋予的。因为如果人没有意志的自由，他就没有行正当的意愿和理由；当然，因为人是自由的，因此他也可以选择作恶。奥古斯丁解释说，虽然上帝赋予了人以从善或作恶的自由，但上帝当然不会纵容人去作恶。且不论这如何解释至善全能的上帝为什么会创造出会作恶的人，至少从道德教化的角度而言——通过对自由意志的承认——基督教是主张人应为自己的行为负责的。

同理，虽然佛教思想强调因果报应的必然性，但正如上一章对佛教因果的阐述所能看到的，因果报应不是由某种外部的力量所决定的，而是由每一个个体内在的业力所决定的[1]。并且，因果轮回的境况是可以通过每个个体的修行得到改善甚至解脱的，因此自己所生善恶业就将由自己所承受，这是我们自己的选择。在此意义上，我们可以说佛教也是拥护自由意志的。

与此相对的，佛教是反对宿命论的。因为如果一切都已被命运安排好，是我们无法改变的，这就与人的修行能够积累善业产生了矛盾。虽然一个人此生的命运与它的业力息息相关，但是人可以通过种种行为改变自己的善恶业，从而改变自己此生以及来世的命运。然而，就“因果不虚”的主张而言，佛教坚持认为万事万物都是服从因果报应的，因而其观点又是支持决定论的。

那么，决定论与宿命论有什么相似和不同呢？按照决定论的观点，由于事物的发展变化都是严格地服从因果律的，那么现在的一切在宇宙诞生的那一刻就已经被决定了；而宿命论同样强调命运的先天注定性。在此意义上而言，宿命论与决定论就是一个意思两种表述。但是，决定论并不排斥人的行为对事件的影响以及对结果的改变，宿命论则不然。比如，为了促成谈判，你一直在努力地做着各种功课。宿命论会认为无论你努力与否都不会改变结果，因为结果是命中注定的；而决定论则认为，你的努力的确还是会提高谈判成功的可能性，只不过你努力与否以及最终的效果都要取决于在先的原因，是被在先的原因所决定的。换句话说，宿命论是把人对世界的反馈排除在了“决定因素”之外，而决定论强调的是宇宙中的任何运动（因此也包括人的行动）都受到某种因果律的约束。与此同时，与决定论坚定的排斥不确定性，强调事物发展必然由确定的规律所支配相比，宿命论并不十分强调区分偶然或必然，它只强调无论是偶然的还是必然的，一切都是命运的安排。

通过对决定论与宿命论的比较可以看到，虽然宿命论的观点是易于反驳的——比如总体而言努力总会比不努力取得成功的可能性更大，因为它是我们所期望的那个结果成立的条件之一——但其内涵意义相对于自由意志而言是边界清晰的，因为它完全地将自由意志的可能排除在了概念之外，但是决定论就其定义而言在多大程度上是对自由意志的排斥则是未定的。虽然**强决定论**者总是声言人的行为是被在先的决定的，因而自由意志是不可能的，可是既然人的行为对事件的影响在决定论的体系下是被允许的，那么决定论与自由意志的相容就是有可能的[2]。我们可以认为一个行为客观而言是服从决定论的，主观而言则是自由意志的体现，二者并不矛盾，但是问题也并没有这么简单。这其中的关键在于我们该如何给出自由意志的定义。需要注意的是，自由意志不仅仅意涵某种决定力（意志），也意涵自由，即我们的决定是自由的决定。这意味着在一个事件中，我们可以做出这样一个选择（对应一种行为），也原本可以做出另一种选择（对应另一种行为），那么我们的意愿就不是必然地由外界的力量（规律）所支配的。这样一种描述显然就与决定论产生了矛盾。换句话说，自由意志强调自我的意愿源自于内部而非外部。如此一来，我们就在自由意志与决定论的命题中找到一种“内外有别”的二分法。显然，二者是不可调和的（不相容），唯一的办法似乎就是对两个概念的“势力”做一种明晰的划界。决定论只适用于描述物质体的运动，而自由意志则支配了生命体的行为模式。

“我”与大脑

如果我们扔出一个苹果，它必然地会按照我们能够预言的轨迹运动，在任意时刻的速度和位置都能够被精确地计算，这就是决定论；而如果扔出的是一只麻雀，我们就无法预言它在某一时刻的速度和位置了，这就是自由意志。生命体的行动与物质体的运动不同，麻雀如何行动要看它具有怎样的目的，而苹果如何运动要看它遵从怎样的因果律。只有物体的运动是完全符合因果律的，因而决定论只适用于那些客观存在的物理现象，而不适用于主观存在的精神现象。

但这种观点遭到了相当一部分认知神经学家的反对。自本杰明·李贝特和他的著名实验以来，一种观点逐渐开始盛行——自由意志只是一种幻觉，一切行为决策不过是无意识地通过大脑的神经活动产生的。在个体想要（有意识地）做出某种选择之前，他的大脑就已经自动地（无意识地）发出了行动指令，而个体的自我意识只是在此之后才知觉到这一决策的产生[3]。与此同时，大脑中的解释模块将所有过程进行合理化处理，使个体觉得是自己的意志在支配他的行为。

于是，认知神经学家们将对人的心理至行为的描述转换为一种神经活动的语言。人的行为是由大脑的功能支配的，人有意识的心理活动也都可以还原为大脑无意识的神经反应，因此人的行动与物体的运动并没有本质的不同，都是严格地服从决定论的。你喝了一杯啤酒，你以为这是你意欲的结果，其实这是由于某种在先的生理条件激发了你大脑的神经反应，从而由大脑产生了相应的行动决策，你只是在此之后才知觉到了这一决策，继而产生喝啤酒的行动。因此，你自认为自己做出的某个决定只是出现在你的意识中，而并不源自于你的意识，你只是你大脑活动的被动接受者而非主导者，实际上你根本无法做出其他选择。

然而，这样一种观点是成问题的。它将导致另一种蹩脚的二元论的出现，即作为一个行为主体的“我”与大脑的分离。即便触发行为决定的是大脑的神经活动而非“我”的意志，问题是每个个体的大脑活动不属于每个个体自身吗？即便行为决定产生于意识知觉之前，这个决定难道不是“我”的决定吗？无意识活动不是“我”的大脑活动吗？更何况，实验仅仅能够告诉我们的是在大脑相应脑区的活动与某种行为产生之间存在着紧密的联系，它如何能证明这种联系就是因果联系呢（参考第八章，时间的先后性不是因果关系的充分条件）？我们如何仅仅依凭脑电图的图像来具体地说明这种导致与被导致的作用机理呢（就像我们通过物理学模型去说明当两个小球相撞时其中的因果过程是如何具体展开的那样）？相反，虽然有意识的决策意图晚于大脑神经活动的产生，仅凭这一点又如何能证明前者与行为之间就毫无因果关系呢？实际上，大脑神经活动与自我意识体验是紧密相连的，先于意识知觉而出现的大脑活动未必就一定是决策活动，也有可能是大脑预先为意识最终决策而做的某种准备（比如提供可能选项）。因此，我们不能简单地将“我”的大脑与“我”分离开来。于是，自由意志论者反问——怎么能认为大脑活动与“我”无关呢？怎么能说“我”的行为不由“我”自己负责呢？如果说“我”不是自己行为的主宰者，那这个“我”的意义究竟何在呢？对此，反自由意志论者重申道——自我的存在感以及随之而来的自由意志只不过是一种幻觉。

在第六章，我们的确讨论过自我的非实在性。万事万物都在流变中，并没有一个恒常的“我”存在，但这不是说由“我”所指代的那一系列和合现象也是不存在的。虽然大脑中没有一个自我意识的司令塔，但是自我意识体验却在大脑的各个部门中经由不断的神经活动孕育而生，这些体验共同构筑了一个连续的自我感受（自我是和合的）。同理，自由意志的确未必是一个形而上学存在，但是作为一种内在的直觉现象，它是存在的。回顾第五章最后一节关于如何区分现实与虚幻的论述——其关键在于是否可自由跳出——可跳出的就是虚幻，不可跳出的就是现实。我们从电影院出来就是从一个虚构故事中跳出，但是我们无法从现实中走出。当然，假如我们真的生活在黑客帝国的世界中，当我们拔掉插头，我们就跳出这个世界，插上插头我们又能进入这个世界，那么黑客帝国——这个五彩斑斓的世界——于我们而言就是虚幻的。同理，假如自由意志是一场幻觉，我们能否跳出这种幻觉呢？没错，我们的认知、记忆、思维等意识体验可能“只不过是”额叶和前额叶皮层的神经活动的产物，但是我们无法仅仅停留在神经活动的层面而不形成自由意志的直觉。如果决定论者可以独断地说你认为你拥有自由意志这一点是被决定的，那么自由意志论者同样可以独断地说当你认为自由意志不存在时就已经体现了你的自由意志（直觉）。决定论者说它是一种幻觉，而我们又无法从这种幻觉中抽离，那么这个幻觉对于我们而言就是真实的感知。因而说自由意志是幻觉，正如同说现实是虚幻的一样，最多算是一种文字游戏，除此之外便毫无意义。

其次，目前认知神经科学的实验结论仅仅是建立在对那些简单行为决策过程的观察上，而现实中人们的决策过程远比实验中的情形复杂得多，以此就断定人的一切行为都是无意识的主导作用未免有些过于草率。当然，这是人类在获取知识的过程中始终伴随的一种思维习惯，即当我们通过实验和观察总结出了一些大脑活动的特征，就把这些有限的知识扩大化为绝对的、确定的规律，但是这显然是一种对人的主观活动的片面的、不完备的理解（正如同物理学在经典力学时代所展现的那样）。

的确，我们的大脑有可能将一些常规情形的应激反应编制为程序储存起来，一旦相应条件出现就直接调取程序而无须经过意识阶段，这样就避免大量的信息过多地占用意识的“内存”。比如当我们熟练地弹奏一首曲子时往往是不假思索的，假如我们要有意识地去思考下一个音符的位置反而就会慢下来，甚至彻底打乱节奏。但是在我们能够熟练地弹奏之前——作为一个初学者——我们每一次在键盘上迷茫地寻找和练习就并不是一种单纯的无意识过程，而是有意识的行为。这种情况我们可以与感觉适应现象来作对比。对于那些新鲜的事物，我们的感知系统总会进行优先处理，所以我们总会对新鲜事物有一个适应过程。例如，我们刚戴上一副眼镜会明显地感觉到镜架压迫鼻梁，但是过一会儿这种感觉就逐渐减弱甚至消失了。我们可以理解这种感觉的适应性是人脑为了更高效地处理各种信息而生成的一种机制。感觉的适应性调节能够使我们将更多的注意力集中在新鲜的事物中，以更好地应对变化；而对那些已经熟悉的事物，大脑就将它们自动地排在相对靠后的感知层次上。同理，从我们决定开始学习打字到熟练地敲打键盘的过程也是一个适应性过程。在这个过程的初期，意识体验非常清晰，而随着重复动作的增多，意识逐渐将支配权从此行为中抽离，将其转交给相应生成的自动化程序。因此，大脑无意识的处理过程很可能只是有意识"放权"的结果，目的在于追求效率。

再次，即便一些行为决策已经被编制为自动化处理程序，使其表现为一种无意识的过程，但是我们同样可以有意识地干预、介入这些处理过程。例如，当我们失眠时通常会陷入一种胡思乱想的状态，这种状态不是我们的意识主导的，我们也无法仅仅借助意志的力量强迫自己睡着，但是我们的确可以有意识地提醒自己："别胡思乱想了，放轻松，快睡觉吧！"我们的确可以有意识地放松眉宇之间的紧张感，使身心更加松弛，从杂乱的、活跃的思维状态进入一种相对平稳和简单的思绪中。即便或许没过多久，思绪又不由自主地跑到了别处，脑袋里再次充斥着沸沸扬扬的声音，但是当我们意识到这一点时，我们仍然可以再次有意识地清理这些声音和想法（佛教中的禅定或者观想就是类似的道理）。

进一步而言，当一种行为冲动出现时（无意识的引发），我们是否能够抑制这种冲动呢？李贝特在多年后回顾他的实验时认为，即便某个行为决策果真出于无意识的大脑活动，我们仍可以有意识地"叫停"它。但实际上这是一个复杂的问题，在不同情况下对于不同个体而言，自我控制能力的表现各不相同。假如仅仅是移动手指这样的意图，我们无疑能够轻松地否决它（但是仍要注意在不同个体间这种决策的产生过程也有快慢的差异），而假如我们处于某种极端情形下——例如面临生命威胁——个体之间的决策差异就体现得更为明显。有些人可能难以战胜自己的求生本能，从而难以抑制某种受控于无意识的行为意图，而另一些人则可能拥有更强的意志。这至少从一个侧面体现出个体行为选择的不确定性，而那种认为人的行为是必然地符合某种因果律的强决定论就要遭到质疑。

虽然在整个认知科学领域我们取得了一定的实验成果，使得对自由意志问题的讨论摆脱了纯粹的哲学思辨，但是这些结论在多大程度上是必然的和普适的实在难以定论。况且，从既有的研究结果中我们已经能够看到个体之间的大脑是存在差异的，由此，不同个体处理信息的能力或方式也存在着差异，那么我们如何就能断言实验结论足以成为衡量和解释不同个体的统一依据呢？毕竟，认知科学对大脑如何支配行动的具体原理并没有达到如物理学对物体运动的原理解释得那样明确细致的程度。因此，断言人的行为选择就是严格服从决定论的为时尚早。更何况如果我们坚称一切心理活动都可以还原为物理意义上的神经元活动（当然，在这一点上人们并没有达成普遍共识），也就是说一切有意识或无意识活动都是纯粹的物理过程，而当前物理学的世界观却更可能是非决定论的（或至少是弱决定论的），那我们又如何就能说大脑决策过程是完全决定论的呢？很有可能，目前认知科学对人类心智的研究还处于“经典物理”的时代。

自由或随机

在自由意志被广泛争论的同时，强决定论的信条也在逐步瓦解。回顾一下，强决定论认为我们的任何行为都是必然地被在先的原因所决定的，一切事物的运动都严格服从某种自然法则的因果律，对于未来而言不存在任何不确定的因素，自由意志更是不可能的。但关于强决定论的这些核心论点，从本书各章节所能提供的种种论据来看，不仅得不到更好的支持，反而要遭到彻底的清算。

强决定论的基础建立于经典力学的体系之上，而随着量子力学不确定性原理的发现，这个基础被动摇了。通过上一章，我们否定了因果关系的客观必然性，显然这是对强决定论的又一打击。实际上，当和合本质要求一种必然性与偶然性的对立统一时，就已经宣告了那种"宇宙某一刻的状态是由之前一个时刻的状态完全决定的""世界服从严格的规律与秩序"的强决定论的死亡。因此——正如上一节最后所说——对大脑决策过程是否遵循严格的决定论的质疑也就不应感到意外了。

但是回过头来，对强决定论的否定并不意味着自由意志就是成立的。在本章第一节我们就说过自由意志也意涵了某种决定力，每一个行为选择过程都是决定过程，只不过在自由意志论者看来这一决定是内在的由自我的意志所支配的。但不管怎么说我们也无法由此分析地得出自由意志与决定论就是矛盾的，恰恰相反，对决定论的否定很可能同样是对自由意志论的打击。决定论的否定形式是非决定论，非决定论的行为应该是不受某种必然因果律支配、无法精确预测的行为，甚至于是随机行为。随机行为自然不是可意志的行为，也就是说真正与决定论相矛盾的并非自由意志论而是随机论。那么，假如人的行为既非决定论的，又非自由意志的体现，唯一可能的解释就是这仅仅是一种随机现象。

这种观点乍一听起来有些违背直觉，但并非没有可能。在一个事件的发展进程中摆在我们面前的的确可能是多条路径，但是我们只是在无意识中随机地做了某个“选择”，而非有意识地做出了某个决定，有意识的部分依然可以用认知神经科学的观点给予解释（即后知后觉）。例如，面对一条河流，被试面临着三个选择：1. 从桥上过河；2. 乘船过河；3. 不过河。由于被试的行为是非决定论、非自由意志的，因此他的大脑只是随机地选择了一项——比如乘船过河。被试在执行这个行动的同时知觉到了这个行动指令，于是他自认为是自己的选择。

然而，这种观点的不可接受性似乎比它的可接受性要大得多。如果人的行为决策都是随机产生的，为什么被试没有选择跳进河里，而要在既定的三个选项中选择其一呢？当然，这个问题应该首先还原为为什么我们会设定这三个选项，而不是把——比如被试跳进河里等——其他可能性也考虑进来。这至少说明我们通常认为人的行为决策并不真的是随机的。即便世界无处不在地充斥着偶然性，绝对必然只是一种美好的愿景，但无论是我们的经验、理性还是直觉都非常清晰地告诉我们这个世界至少是稳定的、连续的、非跳跃的，继而是合理的。那么，正如这个世界如果是完全随机的，我们对世界的认知将无章可循，如果人的行为是完全随机的，各种匪夷所思的情形就应随处可见。比如男士们不一定总会进男厕所，因为选择是随机的；人们未必一定要沿着楼梯下楼，直接跳下去也是一种选择；当别人向你问好时，为什么你不扇他一嘴巴，而是要冲他微笑呢？由这些看似有悖常理的想法可能引发的荒诞想象实在是令人有些忍俊不禁，完全的随机论比完全的决定论还要有违直觉。

当然，自由与随机都隐含了可选择性，没有选择就谈不上自由，也谈不上随机了；随机是不受约束的，而我们通常认为自由也是不受约束的。在某种意义上我们的确可以说绝对的自由就是随机的，但事实似乎更愿意向我们证明人的行为并非绝对自由的，或者说绝对的自由就不是意志的自由了。如果一个人“自由”到都无法控制自己的行为，那他还会认为自己是自由的吗？人拥有意志的自由正是指人能够掌控自己的行为（我们通常认为精神病人是不具有自由意志的，因为他时常控制不了自己）。当然，我们在前面也讲到人的很多行为决策是无意识的，是不受意志左右的，但它也不是随机的，而是要遵循大脑的自动化程序行事。况且，即便是无意识的行为，我们也可以有意识地干预，这就体现了意志对行为的控制力。但如果行为是完全随机的，还何谈控制呢？（在这种情形下，我们会说这个人失控了。）

人的行为并非绝对自由，因为人的行为总要受到某些条件的约束。残疾人无法做正常人能够做的事情，这受制于他的生理缺陷。即便是一个健全的人也不会突然地飞到天上，因为人没有翅膀。人拥有信仰的自由，但一旦——比如——皈依了佛门就或多或少地要持一些戒律。因此，人总要受到一些先天或后天条件的制约，我们便无须担心自己的行为是完全失控或不可预料的。因此，人的自由总是有限的自由，受到某种规则约束的自由，而不是毫无约束的随机行为。

意志的产生

在第四章，和合本质的动力机制告诉我们一切和合现象源自于物质性与意识性的辩证，由此事物总是表现为必然性与偶然性的对立统一。既是统一的，那么一个事物的发展就既要受到必然性的约束，又要受到偶然性的影响。比如，当我们掷骰子时，我们能够确定地得到每一种结果的平均概率，但是我们无法预知每一次投掷的结果。换句话说，总体而言，最终结果一定是在1—6之间的某个数字，而不会超出这些数字，这是必然的；个别而言，每一次结果究竟是哪一个数字则是随机产生的，也就是偶然的。

既然宇宙中诸事物都是在必然性与偶然性的对立统一中不断运动发展的，人的思想与行动——一系列和合现象——自然不能被排除在外。一方面，自然规律或社会法则为我们提供了“游戏规则”，在总体层面昭示了行为的必然性；另一方面，在规则所设定的框架之内每一具体的个别行为又是充满偶然性的。在篮球比赛中，运动员不会故意向界外运球，他的行为受到比赛规则的约束（必然性）；当然，在规则之内，他的每一次运球线路是无法预料的（偶然性）。司机在十字路口绝不会故意闯红灯，因为他了解交通法规（必然性）；但是，在法规之内，司机驾车的具体线路和相应行为则是难以预料的（偶然性）。即便是在一场战斗中，我们仍然要受到既定战术安排的约束（必然性）；但每一个战斗单元对战术的具体执行则又是灵活机动的（偶然性）。

当然，人的行为所受到的约束从来都不只是外部的，更可能是内部的。在上一节我们已说过人的生理条件会约束人的基本行为，即人由基因里就携带着大量的“游戏规则”，先天地规范了人的行为能力。而在人的后天习得中，也有不少内部规则被逐渐建立起来。那些针对常规情境的自动化处理程序（无意识）就是大脑内在或内生的游戏规则，它们有限度地规范了人在应对相应情形时的规定动作，因此我们也就可以预言人的相应行为。最显而易见的例子就是人的自主神经系统对呼吸行为的控制。通常呼吸不受人的意志左右，常规情境下的呼吸节奏必然是有规可循的；但即便是均匀的呼吸间隔也存在着偶然的差异。这个例子所反映的偶然性与必然性的关系与前面的事例没有什么区别，我们可以将这种偶然性看作是*在必然性之内的偶然性*。相对的，在非常规情境下人的意识就要介入进来，因为这种情形是大脑所不熟悉的偶然状况，或者说大脑中没有相似的自动化处理程序。这里的偶然性与在必然性之内的偶然性情况不同，我们可以将其看作是*在必然性之外的偶然性*。因而，当一个人要瞄准目标时，他可能会有意识地屏住呼吸——这个原本不由他的意志所干预的行为——从而打破既有的规则约束。当然，如果是名老练的狙击手，屏住呼吸对他而言或许也不是一件需要思考的事情，而是在瞄准—扣动扳机的同时就下意识完成的，因为他的大脑早已将这一动作编制成了自动化处理程序储存了起来（相似的如第二节关于弹钢琴的例子）。无意识的自动化处理过程是必然性（物质性）的，它倾向于某种一成不变的定式；而有意识的干预则是偶然性（意识性）的，它倾向于破坏那种一成不变的定式；但当这种有意识的干预不断地出现形成某种习惯后，就将重构为某种新的无意识自动化程序。这其中蕴含着辩证的过程。那么，意志是如何体现的？它正体现在偶然性打破必然性的那一刻。

我们扔出的那只苹果是没有意志的，苹果的运动轨迹必然地遵从物理法则；而麻雀却表现出具有某种意志力，正因为麻雀的行动轨迹并不必然地遵从某种既定规则。当然，如果我们扔出的是一只死麻雀，我们直观地就能够判断出它是没有意志的——因为它同苹果一样遵从一致的物理法则。因此，如果人的行为是完全遵从某种规则的，我们就看不出他的意志力体现在何处，只有当他打破规则时其可意志性才得以标出。我们说植物人是有意志的，而死人则没有，因为死人没有任何行为能力，也就谈不上对游戏规则的打破。健康的人比植物人的意志力更强，因为植物人除了维持生命体征外的一切行为都是没有的，除非他突然从床上坐起来我们才会惊叹他顽强的生命意志。李贝特实验中被试的意志是弱的，因为仅仅移动手指的行为也不过是按规则行事罢了，而如果他因某种偶然的原因拒绝继续试验，他的意志力才得以彰显。相较于无意识的自然呼吸，有意识地屏住呼吸则体现更强的意志，因为前者是在大脑自动化程序的规则下行事，而后者则打破了这一规则。在集体中个人的意志是被压抑的，他们要服从集体的游戏规则，此时我们说每个个体都沉浸在集体无意识中，唯有当某个个体打破集体的游戏规则时，我们才说他从集体无意识中觉醒，他的个人意志才得以解放。总体而言，当我们更多地遵从某种规则行事，我们就更少地体现我们的意志；而当我们打破某种情境下的规则时，我们的意志才得以彰显。相对于前者，后者体现为一种偶然性；相对于后者，前者表现为一种必然性。

回顾第二章，广义意识强调主体具有一种主动反馈的本能，毋庸置疑，在以上事例中那些彰显了意志力的行为无不体现出这种主动反馈性。意志当然是广义意识的一种形式，但意志并不等同于广义意识，后者的外延大于前者（这就像变速运动不能等同于运动是一个道理）。呼吸与屏住呼吸均体现了对世界的主动反馈，但屏住呼吸更有可能体现主体的意志。因而，更准确地讲，意志更像是那个打破既定规则的广义意识冲动。但打破某种规则的意识冲动还不是意志的“完型”，因为意志总是具有某种目的性，即指向某种意图。那么这种目的性或者意图又是如何产生的呢？

被抛出的麻雀并没有像苹果那样向下掉落，而是展开翅膀奋力地向树冠飞去，因为它要躲避再次被俘虏的危险，请注意是因为麻雀感知到了危险，于是才有奋力飞向树冠的意欲；同理，我们在夜色中察觉到可疑的身影便加快了行进的脚步，请注意是当我们察觉到有可疑的身影时才有这样的意欲；我们遭到他人的诬陷就愤怒地想要自证清白，请注意是当我们遭到诬陷时才有这样的意欲。这即是说，人有某种意图、想要达成某种目的或者展现某种意志，在一方面而言是广义意识冲动对既有规则的打破，在另一方面而言是条件刺激对相应广义意识活动的激发（以某个具体行动而显现）。需提示的是这两个方面是一体的，而不是独立的两个部分或两个步骤。广义意识对世界的主动反馈必然是受到某种条件刺激的反馈，而绝不会无的放矢。换句话说，广义意识冲动响应怎样的条件刺激，主体就体现为怎样的行动意图。

更进一步，条件刺激又意味着什么呢？麻雀受惊吓就要飞上枝头，人们察觉到危险就加快了脚步，这些难道不也体现了某种规则的指引吗？毋宁说所谓条件的刺激无非是某种更高层级的必然性的在场，它与那个打破既定规则从而扬弃了原有的必然性—偶然性对立关系的偶然性一起重构为新的对立关系。也就是说，原先那个必然性之外的偶然性在新的对立关系中是新的必然性之内的偶然性。篮球运动员也可以用脚将球踢出界外，司机可以故意闯红灯，士兵也可以完全不服从战术安排，不管出于什么原因，他们都可以有意识地打破既有规则的约束，这意味着这些规则虽然能够制约却并不决定我们的行为。但无论怎样的原因都是有原因的，而正是某类相同条件的刺激才导致某种相应行为的产生。一般而言鸟受惊吓就要飞走，人察觉到危险就会加快脚步——这其中依然有必然性的在场。因而那些冲破既有必然性制约的偶然性就总要受到某种更高层级的必然性的束缚。

当然，并不是所有规则都能被彰显意志的偶然性所打破。人有再强的意志，也无法突破生老病死的法则；不借助某些工具，人无法像鸟儿那样在天空自由翱翔，即人无法突破生理构造而行事；同样的，如果没有医疗设备的辅助，残疾人仅靠意志力也无法战胜他的生理缺陷。即便是能够被打破的那些规则，人们通常也不会故意地打破它，因为这样做要付出一定代价——运动员被罚下场，司机被吊销驾照，军人要受处分。这同样是受制于某种更高层级的必然性的体现。不按照既定规则行事就要受到某种元规则的制裁，遵守规则有遵守规则的元规则，不遵守规则也有不遵守规则的元规则，我们无往不是在规则中行事[4]。但这并不是说无法突破某些规则或者在遵守某种规则的情况下人就是没有意志的。因为在任何规则之内的行为同样具有着偶然性，而这种偶然性依然会打破这一规则之下的某些规则，从而彰显人的意志力。虽然任何人都无法逃脱死亡的命运，但在这场奔向死亡的游戏中每个个体却依然展现出不尽相同的人生路，因为在这一必然归宿之下，不同个体在面对更为具体的生存情境时总会做出不尽相同的偶然选择（有的人选择臣服，有的人选择奋力一搏），因而具有不同意志力的人就拥有不同的人生。同理，任何棋类游戏都有基本的游戏规则，在这一规则之下如何走棋通常也存在着若干既定套路，但棋手并不一定要按套路下棋，而很可能遵从自己的意愿走出令人颇感意外的步数，无论是高手的灵光一现，还是臭棋篓子的任性而为，总而言之这种偶然的选择彰显了他的意志。

请注意，这里面有两个要素：1. 某种必然的游戏规则；2. 某种不服从这一游戏规则的偶然行为。所谓偶然是相对于必然的偶然，而所谓必然也是相对于偶然的必然。意志体现为广义意识冲动对规则的打破，但没有这种规则也就谈不上打破规则；同样，没有更高一级规则的条件刺激就没有打破规则的行动意图。当偶然性打破必然性的时候意志才得以彰显，我们才能真切地感受到它的在场。与其说意志是某种内在于我们的形而上学实体或属性，毋宁说是一系列条件的聚合所涌现出的直觉体验。任何意志的彰显既需要以广义意识冲动为源始，也绝离不开内外部条件的刺激。因而，孤立地去谈论意志或者仅仅把它看作是主体自己的事情是没有道理的[5]。

意志的自由

既然意志的彰显如此受到游戏规则的影响——即便是打破某种既定规则的行为也不过是受某种更高层级游戏规则的条件刺激——又何谈意志的自由呢？在前面我们说存在着两种偶然性：1. 在必然性之内的偶然性；2. 在必然性之外的偶然性。意志体现于必然性之外的偶然性对这一必然性的打破，而正是必然性之内的偶然性为意志提供了自由的可能。

与意志的自由相对地存在着两个极端：1. 完全被决定（强决定论）；2. 完全的随机（非决定论）。通过前面的章节我们不仅说明了强决定论是不能成立的，并且也澄清了意志的自由绝不等同于行为的随机。一个人的行为再有规可循，他都无法做到像一台机器一样完全遵照程序精准地行事，在某个明确的游戏规则之内，我们无法像预言物体的运动轨迹那样准确地预言人每一步的具体行动，因而人的行为并非完全被决定的。而一个人的行为再自由，他都不大可能没来由地放声大叫，也不会无端地跳进河里，或者随意地将一杯热茶泼在朋友的脸上，因而人的行为也并不表现为完全的随机。我们说正是必然性之内的偶然性为意志的自由提供了可能性，因为正是它避免了完全被决定或完全随机这两种极端情况的存在。任何一种行为情境都有相应的游戏规则，但规则并不决定而只是约束了我们的行为，在任何规则之内的行为都存在着偶然性。也就是说，正是由于规则的必然性约束，因而行为不是完全随机的；而正是由于在规则之内具有偶然性，因而行为又不是被完全决定的。因此唯有在必然规则之内的偶然行为才可能是自由的。

设想在某个极其简单的行为情境中，游戏规则被设定为从 A 点运动至 B 点——也就是说如果不是在这两点之间的运动就不属于这一规则的约束范围——由于规则之内存在着偶然性，我们就无法准确地预测不同行为主体的运动轨迹，这就隐含了在 A 点至 B 点间存在着不同路径选择的可能。鸟受惊吓的刺激也不一定非要飞上枝头，也可能飞向很远的地方，或者选择“装死”。在面对生命威胁时，有的人因一时激愤杀死了对方，而有的人会尽量克制自己选择退避。在篮球规则之内运动员每一步的运球都可以有不同的路径选择，即便他受某种条件刺激打破规则的约束，他的行为选择——在一个更高层级的必然性之内——依然具有着多种可能。

我们说意志表现为必然性之外的偶然性，而自由体现为必然性之内的偶然性。但这两种偶然性却存在着性质的不同——必然性之外的偶然性是**实现了的**偶然，而必然性之内的偶然性是**潜在的**偶然。之所以说必然性之内的偶然性为意志的自由提供了可能性，因为它仅仅是一种可能（潜在的），而不是现实。运动员在规则之内的运球路线存在着多种可能性是就他具体落实每一步行动之前而言的，当他的行动实现了——例如在这一刹那向左而非向右带球——也就无所谓这一选择的可能性了，而只留下唯一的现实印记（好比处于潜在的叠加态的波函数坍缩为某个现实的本征态那样）。

反对者常有这样一种质疑：“自由意志论总是强调人们拥有选择的自由，即我们可以选择这样做也可以选择那样做，但是这一点是无法实证的。在现实中我们感觉是在多个选项中选择了其中一种，问题是我们怎么证明我们本可以选择其他选项呢？事件一旦发生就无法重演，因而我们永远不知道是否真的能做出其他选择。”但这恰恰是因为选择的自由并非现实的，而是潜在的。我们无法实证这种自由选择，因为它本就是不可实证的（正如同我们不可能直观到处于叠加状态下的电子是如何同时穿越两道缝隙的）。

当然，所谓必然性之外的偶然性同样在更高一级的必然性之内，因而它也理应是潜在的而非现实的——运动员打破某种既定规则并同时受制于另一种规则的行为选择依然存在多种可能，在这个意义上它是潜在的。但之所以说必然性之外的偶然性是实现了的偶然，因为意志的彰显总是表现为某个明确的行为打破既有规则的束缚——篮球运动员用脚踢球破坏了游戏规则但却彰显了个人的意志，在这个意义上它是现实的，但同时也是偶然的而非必然的。就本质而言意志不过是广义意识的某种形式，但就现象而言意志总是通过某种行为才得以被彰显，因而是直观可见的。说必然性之外的偶然性在更高一级的必然性之内也应是多种可能性的潜在只是一种“事后推理”，因为那个打破了某种必然性的偶然行为正是更高层级的必然性之下的诸多可能选项中的一个。正如同说“我们本可以有其他选择”一样，在意志得以彰显的行为背后我们也可以合理地推断其他选择的可能性——鸟受惊吓的刺激也不一定非要飞上枝头；当然现实的情况是它飞上了枝头，因而其意志得以彰显。而自由则无论如何只是一系列可能性的集合，我们总是在某种假设中才能谈及选择的自由。

但我们不是也经常这样讲：“监狱中的人是不自由的，唯有被释放后他才重获自由。”仿佛自由是某种现实的东西。但这里所谓的自由具体指什么呢？什么样的行为或属性就表现为是自由的呢？人们可能会说因为囚犯只能吃牢饭而自由民却可以享用——比如——中餐、日料或法餐。但究竟是吃中餐、日料还是法餐是自由的呢？如果为了改善监狱的伙食，我们规定囚犯一日三餐都改吃法式大餐，他们是自由的吗？人们还可能会说因为囚犯只能在监狱里用餐，而自由民可以在自己喜欢的地方用餐。但如果我们规定某人只能在他最喜欢的餐馆里用餐，他是自由的吗？相较于囚犯，自由民的任何现实行动本身并不具有自由的性质，而是那些潜在的行为选项才使得自由成为可能。毋宁说囚犯潜在的行为选项被一个极其严格的游戏规则约束着，而在一墙之隔的自由世界人们则拥有更多的选项、更多的可能性（在这个意义上就不能说囚犯是不自由的，而只能说他的自由很有限）。因而当某人想要这样做却没有这样做的可能性时，他才会感到不自由；相反，自由就是某人可以这样做也可以那样做的可能性。这种可能性既是行为主体主观持有的，也是客观潜在的。

综合以上的论述，由高一级的必然性之下（内）的偶然性的潜在向低一级的必然性之上（外）的偶然性的实现过程就将自由与意志联结了起来。自由—意志的体现无非就是从某些潜在的偶然性“坍缩”为某个现实的偶然性的过程。自由是未实现的意志，意志（通过某种行为）是实现了的自由。

回过头来，我们强调意志的彰显不仅需要以广义意识冲动为源始，也绝离不开内外部条件的刺激。同样的，自由也必然是在某种条件约束之下的自由。因而，任何一个决策过程从来都不是“我”自己说了算的。根据和合本质，“我”仅仅是一种和合现象而并非任何形式的实体，意志的彰显则是一种直觉体验而非内在于主体的属性，意志的自由就是由盲目的广义意识冲动在不同层级的游戏规则的必然约束和指引下将潜在的偶然性不断现实化的过程。游戏规则并不独立于行为主体，规则是个体意志的延伸与汇聚，是集体意志的栖息地（在其中的一部分我们称其为“集体无意识”）。正是在一系列游戏规则的指引下我们的广义意识冲动才有可能是可控的、合目的的，自由意志才能够成为某种涌现而来的直觉体验而被我们知觉到。因此，无论是哪种偶然性（实现了的或未实现的）都是在与某种必然性的对立关系中而存在的。

那么，一个行为主体的决策过程究竟是如何在内外两股力量的辩证中实现的呢？我们说过假如主体的行为没有任何条件的限制和约束，那么每一种决策就包含无限多的可能，进而主体的行为将呈现完全的随机性。但绝大多数行为主体不会表现出有违常理的举止，因为意志受到最基本的*自然规律*的约束，从而将那些超出基本游戏规则的潜在可能性排除在选项之外。当我们感觉到饿了，我们不会通过去撞树或者跑上几圈来改善饥饿感，因为在这一情境中人的行为要服从基本的生理机制——饥饿问题通过饮食解决。由此，可能的行为选项就大大地减少了，但是潜在的可能行为仍然具有较大的随意性。像自然规律这样的基本游戏规则只规范最一般性的行动逻辑（比如饿了就要吃东西），但为什么同样是要解决饥饿问题，人与动物会采取不同的方式呢？显然一些更具体的或者说更低一级的游戏规则就要发挥规范作用，使得不同类行为主体的选择呈现差异。这一层级的规则包括——比如——经由遗传而获得的整个族群在漫长的演化过程中所积累的*先天知识*以及作为个体的人在以往的经历中习得的*后天知识*。饿了就要寻找食物，可是如何寻找呢？先天知识告诉我们应通过发出信号——比如婴儿通过啼哭引起他人的注意；后天知识告诉我们可以在哪里找到食物——比如去冰箱里翻翻看。当我们有内急的时候，为什么绝大部分人都要去有遮蔽的地方（如洗手间）解决问题呢？因为先天知识提醒我们要有羞耻心，后天知识告诉我们如果在开放环境解决可能会遇到一些麻烦。于是，通过先天或后天的知识壁垒所形成的游戏规则便将另一些潜在的行为选项排除出去。再进一步，究竟是吃中餐还是日料？恐怕我们仍要参考一些更为具体的游戏规则——例如，“我更习惯于……”“我更偏向于……”，即通常而言的个人习性或偏好。无论最终选择吃什么，根据我的个人口味，我断定我是绝不会吃辣的。于是，个人偏好再次缩小了选择的可能范围，不断逼近最后的决策。

以此类推，当我们最终做出某种选择时它仍是在某种必然性之下的偶然选择。我在 A 和 B 中选择了后者，你要问我为什么，我多半会说：“我就是想吃这个。”——这即是无理由的，因为实际上是任意的。但这个时候我们不会再认为我们的选择是任意的或者随机的，因为潜在的可能选项已经被诸多层级的游戏规则缩小到了一个很小的范围，也就是说在这个范围之内的随机选择都是合理的且合目的的。而通过自我意识的整理，我们就会给自己最终的行为决策一个“理所当然”的解释——“我就是想吃这个”。

无论“生存空间”有多大，偶然性总是存在的。我们在很大程度上不会做出令人意外的举动，但是在具体规则的约束下仍然存在或然的成分，它使得我们的行为总会表现出些许的未知，也就使得不同个体在面对同一决策情境时存在着或多或少的行为差异——同样是弯曲手指，每一个被试的动作都不可能完全相同。当然，无论是基本的自然规律、先天与后天知识，还是习性偏好，所有的规则约束都是几乎同时出现的，我们只不过把它们按照从一般（整体）到特殊（个体）的次序拆解了开来。

最后，必须指出的是，既然自由意志是以广义意识冲动为源始的，那么这就意味着这种条件下的自由意志观并不只是就人类而言的，甚至于并不只是就生命体而言的。因为我们业已阐明凡是这宇宙中的事物都具有广义意识冲动，且凡是这宇宙中的事物都并不受制于强决定论的摆布，那么任何事物的运动（行为）就都可能存在着必然性与其内外两种偶然性相对立的关系。因而，在一种更广义的层面我们可以说——**万物皆有自由意志**。

责任与宽容

无论是在哲学还是科学领域，对自由意志的争论一直都很激烈的原因之一是关于责任归属的问题。因为假如人不具有自由意志，或者说人的行为都是被在先的因素所决定的，那么人就不该为自己的行为负责。现在，我们经由论证得到了一个自由意志的直觉体验，而不是传统的形而上学存在。同时我们还肯定了各种层级的游戏规则对行为决策的影响，那么我们是否应当承担责任呢？既然人的行为源自于自身与环境的互动，人的意志源自于广义意识与内外部条件的聚合，那么责任归属问题就如同自由意志与决定论问题一样绝非一个非此即彼的问题，我们应辩证地来看待它。

一方面：

1. 我们强调意志直觉是不可避免的，而不是某种可抽离的幻觉。

2. 游戏规则只约束但并不决定我们的行为。

3. 当我们开车闯红灯时，无论这一决策是我们有意识还是无意识做出的，它都是作为一个主体的“我”所做出的决策，把大脑和“我”分开来评判的做法是荒谬的。

4. 我们的行为决策并不都是无意识的处理过程，在很多情形下我们的确拥有否决或中止行动的能力。这还隐含了如下事实——通常而言，我们清楚自己在做什么。

5. 当然，个体之间存在差异，这种差异实际上是由个体以往的行为习惯、偏好、性情等所决定的。这些属性部分地源自于个体自身的培养——当我们不断重复地去做某件事情时便在潜移默化之间养成了某种习惯，因而当相应条件出现时我们就可能条件反射地去做这件事情或表达这种情绪。习性的建立总是从有意识的行为开始的，而在有意识的阶段，我们是可以选择继续还是放弃对这种行为习性的培养的。一种好的习性需要我们的毅力，一种坏的习性则需要我们自律。

6. 闯红灯的行为是对既有规则的打破，而规则往往是系统追求合理化的意志体现，换句话说，我们的行为违背了系统中绝大多数人的意志。我们不仅造成了对系统合理秩序的打乱，也增大了系统内其他成员如法炮制的风险。为此，我们必须以接受处罚的形式惩戒自己、警示他人。

因此，对于每一个相对独立的个体存在，我们都具有有别于他人的责任承担能力和义务。

另一方面：

1. 既然人的意志与行动都是与环境互动的产物，那么责任的归属问题就不能简单地只考虑主体自身的原因。

2. 通常而言我们清楚自己在做什么，但是在某些特殊情况下我们的情绪也有失控的时候。比如当我们面临穷凶极恶的歹徒时，在求生的本能反应下可能会有过激的举动。这当然是一种极端特例，但它迫使我们在面对一个责任问题时不能简单地只去考虑个体自身的控制能力。实际上，无论是在情绪失控条件下的无意而为，还是蓄谋已久的故意而为，它的产生都与环境给予主体的反馈存在着或强或弱的联系。因而我们就要考虑环境或者环境中的其他人对于某一行为结果的影响甚至责任问题。

3. 个体的习性、偏好、性情的养成部分地源自于个体自身，也部分地源自于环境的影响。一个报复社会的犯罪者可能拥有一个不堪回首的童年，一个富有修养的社会精英可能拥有一个良好的教育背景，不同的人生轨迹会在很大程度上造就不同的人，这的确不是个体自身就能完全决定的。

4. 虽然说规则是系统追求合理性的体现，但是由于个体的差异——尤其是当这种差异更多地源自于环境的造就——规则对于每一个个体而言是否都是合理的就是存在疑问的。那么对责任的诉求就需要一种反思。

5. 此外，相应的惩戒手段往往伴随着相应的规则而生，在这样的前提下一个故意触犯规则的个体有可能并不像电影里所表现的那样意志坚定、穷凶极恶，反而可能是充满矛盾与无奈的。一个小偷，他之所以偷东西或许有其难言之隐。这绝不是给放纵罪恶一个合理的借口，但我们在追究责任的同时还需要一种胸怀。

6. 当然这其中有一些人，他们看起来并不像是被逼上罪恶之路的。一个贪婪的政客往往表现出对金钱或权力欲罢不能，这恐怕绝非无奈所至。我们当然要厉声讨伐和拒斥这样的人，但是我们仍然可以反思为什么系统会滋生这样的蛀虫？无论是迫于无奈还是欲望的骄纵，罪恶的生长总是需要能够滋生罪恶的土壤。因而什么样的系统生态就培育了什么样的个体，而整个系统的生态环境又是由每一个系统中的个体共同构建的结果。回顾第七章与第八章的内容，每一个“我”都与世界、环境、社会、他人相依存，这即是提醒我们每一个个体的行为都与我们存在着或多或少的关联。我们总是或有意地或无意地成为影响某一个体行为的外部条件之一，在此意义上而言，每一个我们都有责任。

因此，广义而言系统中的每一个个体都无法理所当然地与责任撇清一切关系。在某一个体因他的行为而受到惩罚的同时，我们应反思这种行为意志产生的外部原因究竟是什么。基于同样的道理，既然我们尚不能完全理清个人意志与系统意志在责任承担中的关系与比例，那么任何一个独立承担责任后果的个体都值得我们施予人道与宽容。

注　释

[1] 考虑到缘与共业，至少我们可以说果报是部分地由个体内在的业力所决定的；与此同时，共业实际上也来自于每一个个体的业力，并有可能转化为某个果报的助缘。

[2] 以拉普拉斯信条为标志的强决定论或严格决定论是决定论描述中最经典的版本——根据某个公式，知道事物的初始状态就能严格地推导出未来的一切状态。与之相对的各种版本的决定论描述可统称为弱决定论——事物的演化并不严格地遵从某种因果律，但依然存在着不同程度的决定性。

[3] 李贝特的实验大致是这样的：被试的任务是移动手指，并记住当他们有意识地知觉到自己想要做出动作的时间点，而实验人员将用脑电图监测被试的大脑活动。实验结果显示，在被试意识到行动意图之前的350毫秒左右，通过脑电图的扫描就已经检测到了与之相关的大脑活动。此后，其他科学团队利用功能性核磁共振成像技术，甚至给大脑植入电极的方式继续类似的研究，实验结果均发现大脑相应区域的活动比意识知觉到决策要早，有时甚至长达几秒钟的时间。实验结论似乎表明人的决策—行动过程的顺序是：1.首先，大脑神经活动发号指令；2.其次，人的意识知觉到决策；3.最后，行动产生。换句话说，人

的行为并不是由有意识的心理活动，而是由大脑无意识的神经活动决定的。

[4] 即便人可能偶然地打破规则，但人们更倾向于遵守那些具有广泛适用性的游戏规则。对于这一点我们不去深究其成因，仅从我们当前所关心的问题来看，这说明在被压抑的意志与意志的彰显之间并不是一条单向路。游戏规则是有弹性的，这个弹性不仅能容许你僭越规则，也会将你拽回到规则。

[5] 从这个意义上而言，为什么“我”与世界相依存，因为就连“我”的意志也是“我”与世界“共生”的产物。

第十章　中道与理性

在第七章，我们说世界是和合的，对世界的认识也应是和合的。这提示我们在方法论上应拒绝单一极端、非此即彼的思维方式。在对因果关系以及自由意志与决定论的讨论中，我们实际上进一步示范了这一思考问题的基本理路。那么现在，在这全书的最后一个部分，我将把这样一种世界观与方法论延伸为一种价值追求——以理性精神追求中道理想。

中道理想

回顾上一章，如果说人们对自由意志的信念源于自身鲜活的直觉体验，那么对决定论的坚持又是依据怎样的心理呢？近代以来，决定论信念的广泛流行建基于经典力学对客观世界的有力描述；时至今日，伴随着认知神经科学的研究进展，这一信念在知识界仍然不乏坚实的拥趸。因为科学也正如同传统形而上学中那些力图明确地解释世界的主张一样反映了人心对确定性的追求，对能够把握一切规律的渴望。

追求确定性不等于追求不变性。是的，通常而言人们不希望自己的事业不停地变动，但是却一定希望自己不停地涨薪水。假如变动是对自己有利的，那么即便是始料不及的，人们自然也是乐于接受的。但问题恰恰在于变化不会总对自己有利，比如至少有一点是可以确定的——人总要面对死亡，这个变化既是人们可预想到的，也是人们所不期望看到的。因此人们并不奢望能够扼住变化的脉搏，但至少期望能够把握变化的脉搏，这就是人们对确定性追求的心理基础。

于是，在人类思想史上出现的每一种理论就是一种对变化的理解与把握。根据理论的强与弱，这种理解与把握也有强有弱。假如强决定论真的成立——那种对世界最准确的把握——自然是人们最渴望不过的了。然而，随着对世界思考与认识的进一步深入，那种潜藏于世界每一个角落的不确定性使得我们不得不接受这样一个现实：人们渴望把握世界的脉搏，但是世界却总是变化莫测的。因此，与其说世界必然是服从决定论的，毋宁说人们希望世界是服从决定论的。

正是由于人心对确定性的追求，所以人们对偶然的、未知的状况持一种本能的拒斥心理。是的，人拥有自由意志，人的行为有时也会超越各种外在的或内在的禁忌（游戏规则的约束），但是对确定性的追求始终在提示着我们那样做是不稳妥的。当车速达到每小时160公里甚至更高时，我们除了觉得刺激之外，也会本能地感到紧张。虽然我们十分清醒地知道自己在做什么，注意力集中，但是我们同样知道变化（命运）难以把握，因而内心也会犹如自由意志体验的产生那样以一种直觉的形式使我们感知到这种不确定性带来的不适。因此，人们往往更习惯于规避风险。一个从未经过专业训练的人——即便他似乎在这方面有一些天赋，也不会贸然地去尝试高空走钢丝。当然，如果他真这样做了，我们也不会认为他是勇敢的，而更多会认为他是鲁莽的。所以我们并不喜欢那些极端的想法及行为，因为那多半是未知而不可控的。即便是冒险家，也要经过严格的训练，在有着充分准备的前提下才会去尝试那些常人少有涉足的领域。

但“稳妥”是一个什么概念？理论而言条件不可尽得，未知因素总是存在的，只要我们生活在现实环境中就不可避免地要面对风险。那么看起来最“稳妥”的行为就是我们什么都不要做了！车速太快是高风险的，甚至于开车本身就是有风险的，所以我们就干脆不要开车了？更有甚者，走出家门就是有风险的，那么我们是不是干脆就不要出门了呢？这显然是荒谬的。实际上，我们也根本做不到“什么都不做”这一点。既然人是世界的一部分，那么人就不可避免地要参与到与世界的普遍关联中；既然变化是不可遏制的，而世界是变化的，那么人也是变化的；由于广义意识的本质，人的思想与行为就总是表现为一种主动的反馈性，因而人不可能做到什么都不做。因此“稳妥”的意义在于我们如何**适度地**把握对风险的控制而非彻底地消灭风险，在不确定的现实与人心对确定性的追求之间寻求一种平衡。因此，车速过快是相对适度的一种极端，而车速过慢是相对适度的另一种极端。同时，适度并不是一个固定不变的值，而要随时根据路况的不同动态地做出调整，既保证速度又保证安全。

这种于动态之中追求适度的思想就是**中道**思想。中道力图避免极端，因为归根结底极端是对事物和合性的一种反动。事物与其他一切事物存在着制约与依存的关系，由此支撑起这个庞大的现象世界，而那种极端的事物却是难以持存的。比如，绝对静止的事物或状态是极端的一种“理想模型”，而绝对静止的事物或状态是不存在的。它不与任何事物发生关联，无须依赖于任何条件，不能被感知到。那么，越是靠近这种绝对静止状态的事物也就越是难以存在的。可以想象这个无限靠近绝对静止状态的过程就是构成它的直接条件越来越少的过程，进而也就是它与它的一切间接条件之间的关系越来越微弱的过程，那么最终它与整个世界的关联也就变得越来越脆弱，因而它是难以持存的。所以一种事物越是稳定的存在，就越是不偏向极端的存在，即趋于中道的存在。而对一种稳定感的追求又是符合人心的，那么从人的心理需要的角度而言，赋予中道以好的价值判断就成为一个顺理成章的结论。

中国人对中道思想不会觉得陌生。《易经・蒙》中有言："蒙亨，以亨行，时中也。"孔子说："中庸之为德也，其至矣乎。"[1]在中国传统思想文化中，中庸之道是一种道德追求，也是一种处事原则。然而在今天，人们在谈到中庸之道时却多有消极负面的看法。这其中的原因之一或是由于人们有意或无意地混淆了"中庸"与"折中"这两个概念[2]。

首先，中庸之道并非折中主义；其次，折中也并非一定是不好的。支持者认为折中强调的是一种对各种观点的吸收和杂糅，实际上在现实中，我们随时随地都会运用到折中的思想。例如在谈判陷入僵持阶段，我们就很可能会提出一个折中的方案来。折中方案或许不是最合理的或者最优的，但很可能是最可行的，从而是能够达成合作的。当我们与朋友商量旅行计划时，往往为了照顾各方的兴趣偏好需要相互妥协与让步，那么最终的计划也是一种折中的结果。仅在此意义上而言，中庸与折中确有相似之处，二者都强调一种"不偏不倚"。但是近现代以来反对者们对一种极端形式的**折中主义**展开了批判，他们声言折中主义是对各种对立观点机械地、毫无原则地拼凑，是不假思索地寻求一种中间路线。这样一来，由于折中与中庸的相似性，在同时代的中国伴随着社会的、政治的、意识形态等因素的推波助澜，对折中主义的全盘否定就自然而然地转换为对中庸之道的拒斥了。于是，"中庸"（折中主义）逐渐被认为是一种对现世的妥协，一种保守主义的、无原则的代名词。例如我们常说："这个人太中庸了。"大概意思是说此人说话做事很保守、世故，没有鲜明立场；甚至于，一些人认为守中道的意思就是要做到"明哲保身"。然而，假如折中主义正如上文所表述的那样，那么中庸之道则恰恰是对此种意义上的折中主义的拒斥。因为中庸思想的核心是要避免走向极端，而那种无原则的折中主义则恰恰是极端主义的一种表现形式，因而折中主义必然是中庸之道所力求避免的。此外，北宋理学先驱程颐在解释中庸之道时说："不偏之谓中，不易之谓庸；中者天下之正道，庸者天下之定理。"[3]即中庸是在既有原则下不偏向任何极端，所以中庸是讲原则的，而不是像折中主义那样不假思索地寻求中间路线。因此，《中庸》引述孔子的话说："君子中庸，小人反中庸。君子之中庸也，君子而时中。小人之反中庸也，小人而无忌惮也。"君子之所以能够恪守中道，是因为君子是有原则的；小人为什么背离中道，因为小人是无原则的。

《论语》先进篇中有这样的对话："子贡问：'师与商也孰贤？'子曰：'师也过，商也不及。'曰：'然则师愈与？'子曰：'过犹不及。'"有意思的是，在西方哲学史上与孔子所处时代极为相近的亚里士多德也有几乎一致的论点。在《尼各马可伦理学》中，亚里士多德通过对"适度同过度与不及的关系"的论证指出，我们应努力追求一种恰当的、适度的中道德性。亚里士多德特别强调，中道不是抽象的如数学中的中点概念。他举例说，2与10的中点是6，这只是在数学意义上而言，在现实中我们追求中道则不能以此为原则。比如，10张饼太多，2张饼太少，那么6张饼就是最适度的吗？不一定。对于一个孩子而言可能太多了（过度），而对于一个运动员而言则可能还不够（不及）。因此，中道就是追求适度，而非盲目地追求中点[4]。但是如何衡量适度呢？它毕竟不像数字之间的中点那样一目了然，因而对适度的判断就必须紧紧地同与之相对的过度与不及联系起来——适度就是对过度与不及的否定。那是不是凡事都可以通过对过度与不及的调整而达到某种适度的状态呢？不是的。恶就是恶，类似于贪婪、愤恨、愚昧等诸念就无所谓过度或不及，而谋杀、偷盗、奸淫更是没有什么适度可言。“在这些事情上，正确与错误不取决于我们是否是同适当的人、在适当的时间或以适当的方式去做，而是只要我们做了就是错误的。”[5]这样，中道德性就隐含了“好的”“正确的”蕴意——勇敢是好的（适度），而怯懦（不及）与鲁莽（过度）就是不好的。换句话说，亚里士多德的中道原则为我们的思想与行为确立了一个又一个具体的目标，例如“勇敢”“节制”“慷慨”“公正”等，其主张与儒家思想所追求的中庸之道是一致的。

由此可见，自古以来东西方的思想者们就已经认识到中庸之道乃是人们伦理实践的目标与追求。但中道却不只是一种伦理德性的目标，在和合法则的框架内中庸之道乃是人们一切主客观活动的最理想路径，我们应该从一种更为一般的意义上来体会中道思想对于人生的启示。

首先，与人的德性相关的情绪的最理想状态应是符合中道的。既没有过度的情绪波动，也不是麻木的死水一潭，而应保持一种内心的松弛和自然。类似极度的兴奋与异常的愤怒这样的情绪原本就只占到我们整个人生的很小一部分。当然有时候我们也会说某人一生都生活在痛苦中，但这指的是他的生活境遇而不是他每一刻所呈现的精神状态。即便一个人的性格中天然地具有着悲观的气质，也并不意味着他会时刻处于一种极端痛苦的情绪中。同理，一个人在一生中也不会长久地处于极度的亢奋中。任何一种过度的情绪都会使我们身心俱疲，一个大部分时间都歇斯底里或保持亢奋的人是不存在的，因而也是不合理的。但这不是说符合中道的情绪状态就是应努力压抑自己的情绪反映，使自己变得木讷，从而不受起伏的情绪控制。一方面这实际上是走向了另一个极端（不及），另一方面事实上我们也做不到。情绪的中道就是内心最自然的状态，因而是最适度的。

喜悦、悲伤都是人类情感的自然流露，在通常情况下情绪的生起是难以阻止的，但是通过反思我们是能够控制这种情绪的发展的。比如，我们因一些伤心事而感到难过——这当然是正常的情绪反应——我们让它自然地涌现出来就是符合中道的适度原则的。有时候痛苦的情绪能带给我们某种释放的快感，在某种意义上而言它的效用与快乐的情绪是等价的。这就像有的人喜欢看喜剧片，因为它能带来欢笑，而有的人喜欢看悲情片，因为在悲欢离合的气氛中同样能够感受到释放。有的人喜欢那些充满爱欲的场景，也有的人喜欢那些血腥四溅的画面，二者都能令我们心跳加速、血脉贲张。但是，当人们任由某种负面情绪的泛滥，甚至自甘堕落地沉醉于某种极端的情绪中时就极易形成一种过度的释放。

一种适度的释放是一种解脱，而一种过度的释放就会令我们虚脱，因此对负面情绪就需要一种程度上的把握。我们通过正视这种情绪的生起而进行理智的反思，从而接纳这种情绪所对应的那个事实的存在。比如，我们因为不能很好地完成一项工作而感到烦躁不安，进而联系到各种现实中的压力与不尽如人意，从而更进一步地以这种负面情绪带动更加负面的情绪，以负面的联想与行动加深负面的情绪，就会使我们更加烦躁而陷入长时间的痛苦中。既然这种情绪已经出现了，那就让它“合法”地存在，唯有平静地正视它才是正道。而当我们能够平静地观察这种情绪时，我们也就不再受这种情绪的控制，从而摆脱这种烦躁情绪所对应的那个事实的牵制。这是对治过度的负面情绪的一般方法。

其次，通常而言人们总是期望避免一般意义上的痛苦而寻求快乐，但对快乐的追求也应秉持中道原则。不像痛苦那样，快乐总是与美好的感觉与记忆相联系，快乐的感觉似乎总是给人以好的心理体验，既然如此，那么对快乐的追求又何谈过度呢？

推崇快乐的哲学传统可以追溯到边沁、爱尔维修、伊壁鸠鲁甚至亚里士多德那里。亚里士多德说："痛苦是恶，是应当避免的……与恶的、应当避免的东西相反的，就是善，所以快乐是某种善。"[6]伊壁鸠鲁也认为快乐是善的标准，崇尚一种快乐主义；爱尔维修直言利益是人类社会发展的动力，人们都趋乐避苦；而边沁则更是将其发展成为功利主义的原则，并详细地描述了我们应如何"估算快乐和痛苦的值"[7]。

无论是快乐主义还是功利主义都认为人们追求快乐、利益或幸福是正当的，正如亚里士多德所言——"快乐是善"。但我们必须首先搞清楚这里的"快乐"是指何种意义上的快乐，这里的"善"又是指何种意义上的善。以亚里士多德这句话为出发点，我们可以从两个角度来进行相应的思考：

其一，假如快乐就是一般意义上的快乐，就是包括所有能够让体验者感受到舒心、放松或愉悦的感觉，那么我们就只能说"快乐是善（good）"的意思其实是"快乐是好（good）"的意思。与之相对，"痛苦"就是"不好"的意思。的确，"好"与"善"有时是一个意思。我们说一个人非常善良就会说他是个好人，但是我们也说某段演讲非常好、某个餐馆非常好、某种理论非常好，却并不是说它们是善的。因为今天我们所谓的"善"意指某种道德判断，而"好"的外延则更大。这样，凡是能够带来快乐的可以说是好的（就个人感受而言），但不一定就是善的（就道德判断而言）。比如助人为乐是好的，因为我们的确能从帮助他人中获得某种愉悦的感受；也是善的，因为这一行为符合某种道德追求。但大权在握或许也是好的，因为我们同样能够从中获得欲望的满足；却难说是善的，甚至在今天的普世价值中绝对的权力就等同于绝对的恶。一种快乐体验的获得对于每一个个体而言都是好的，但对于他人而言则未必就是好的；而善的实现却更多地体现在施予上而非获取中，因而快乐不都是善的。

其二，假如善是今天我们所指的某种道德追求，那么我们也只能说，“快乐是善”的意思是指那些符合善的标准的快乐是善的。什么是符合善的标准的快乐呢？亚里士多德将快乐与痛苦和人的德性紧紧地联系在一起，主张唯有那些能够实现德性的快乐才是真正的快乐。伊壁鸠鲁虽然崇尚快乐主义，但他同时拒斥那种为享乐而无度地挥霍以及肉体快乐的放纵，真正的快乐是身体与心灵的平和与安宁。即便是功利主义者，如约翰·斯图亚特·密尔也强调快乐不仅仅有量的多少（边沁的观点），也有质的不同。因而有的快乐是符合道德上的善的，而有些则不符合。当我们的情欲得以释放，一种快感便自然地生起，但这种快乐与善无关；而当我们看到不幸的人从阴影中走出，一种由衷的宽慰与喜悦之情就既是快乐的也是善的。只有那些符合善的标准的快乐才是善的，因而快乐不都是善的。

综上所述：1. 既然善是某种道德追求，那么显然它是合理的、适度的，符合中道的，因而那些符合善的标准的快乐就隐含了适度的原则，是我们应努力追求的（比如在对他人、社会的关爱中所体会到的那种快乐）；2. 那些虽不指向恶，但也称不上是善的快乐（比如性爱中的快感），因为其本身并不隐含适度原则，那么这种快乐就存在过度或不及的可能，尤其是这种快乐的过度更值得我们警惕；3. 而那些指向恶的快乐更是有悖中道的，从而应该被完全地拒斥（比如杀戮的快感）。

我们说一种快乐是符合中道的就意味着它必然对应着那

个符合中道的善的行为。比如在关爱、干涉与冷漠之间，前者是适度，后两者则是过度与不及，而在这三种相似行为中的善的快乐就只能是从关爱中获得的快乐。需要注意的是，一方面人们在对他人的干涉中能够获得某种心理的满足，另一方面从对他人的冷漠中也能获得一种“无事一身轻”，但这些都不属于符合中道的快乐的范畴——两者都是恶的快乐。并且，由于人是与世界相依存的，对他人、社会的干涉虽然能获得一种短暂的心理满足，但个体对世界的干涉终将掀起阵阵涟漪从而波及自身；而对他人、社会的冷漠虽然能够换来一时清静，但个体对世界关爱的缺失终将反馈为世界对自身关爱的匮乏。因而，恶的快乐即便在短期能够带来一般意义上的快乐体验，但从长期而言终将是苦的。

对于那些非善非恶的快乐，一旦我们过于放纵，则从长远来看反而有可能给我们带来身心的痛苦。比如，我们在暴饮暴食中能够获得一时的满足，但长此以往则可能使我们变得肥胖或引起疾病，从而生起烦恼、痛苦的情绪。此外，我们之所以强调要避免这种快乐的过度，是因为对这样一种快感的沉迷很可能诱使我们堕入恶的快乐中。假如性爱欢愉的获得是通过强暴的手段实现的，那么在这个过程中就不仅仅包含了性爱本身的快感，也包含了一种强制他人的满足感，而后者的出现则往往是由于对前者的过度渴求引发的。

恶的快乐终究是苦的，对非善非恶快乐的痴迷也将转化为苦，因而唯有趋于中道的快乐才是真正的快乐。

再次，实际上对快乐的追求过程就是人的欲望的实现过程。换句话说，我们对快乐的态度就体现了我们对欲望的态度。对恶的快乐的追求体现了我们欲望中的恶，对非善非恶的快乐的过度追求体现了我们过度的欲望。因而，一种最为合理的欲求也应是符合中道的欲求。欲望的过度导致执着，那么我们是否应当尽可能地压制欲望呢？显然这既不现实，也是违背人性的。因此，在欲望的过度与不及之间的是精进的态度（此点在第六章最后部分已有讨论，此处不再赘述）。

欲望产生行动，因而行动的最理想路径理应是趋于中道的；在行动中我们与他人实现沟通，因而对他人的态度、与他人的互动也应是趋于中道的；人们在与他人的互动中形成社会，社会就是承载着每一个个体的欲望实现以及个体之间关系的确立的集合体，因此越是合理的社会，其运转就越是趋于中道的；那么，与社会相关的制度、经济、文化的理想模型就都应是趋于中道的。

比如，我们无法断言在每一个不同的时空条件下公权力与私权利之间必定应该如何分配。不仅随着人类社会的发展，两权之间的博弈在动态变化；而且同一时代、不同区域，两权之间的协调关系也不尽相同。但是，我们确定地知道公权力与私权利需要一种平衡，而不能倒向任何极端，绝对的公权化或绝对的私权化都不是现实社会的合理模型。公权力源于私权利的让渡，公权力的最大化则意味着其所托生的私权利的消亡，从而使绝对公权力自身的成立出现逻辑矛盾。这一矛盾的现实呈现使得公权力实质上转化为其持有者（统治阶级）的个人权力，形成政党专制或独裁统治的局面，进而因权力的过度集中导致私权利所有者与公权力持有者的矛盾不断激化。私权利的最大化，意味着我们将难以界定和实际约束个体权利的边界，进而无法长期稳定地保证每一个个体权利的完整实现，并有可能引发制度缺失下的社会危机。自由放任主义所导致的资本主义经济危机可被看成是极度崇尚私权的经济学版本，其必然结局是经济活动中权力分配的调整——国家（公权力）干预的介入。即便是个人无政府主义的理念也并不意味着毫无组织性，它仍建基于个体之间自觉、自愿的互助关系，从而形成一个个小的社区共同体。

总而言之，过犹不及——无论是对个体还是对个体所构筑的社会皆是如此。

中道作为一种理想绝不是高不可攀的。往往，人们觉得像这样至善的道路除非圣人而不可为，似乎想要恪守中道就必须压制自己的各种欲望，与心魔做剧烈的斗争，最终达至某种崇高的境界，想想这必是极其痛苦的事情。但实际上，我们对中道的追求恰恰不是背离而是要回归人心最本初的清静。

当然，虽然中道是和谐且合理的，但要求我们在思考与行动中能够时刻把握中道却并不是一件容易的事情。对适度的认证需要被放入每一个具体的语境中进行考量，在这种情形下的行为是适度的，在另一种情形下的同样行为却可能是过度或不及的。中道不是某个清晰可辨的目标（如线段的中点），而是一种于实践中逐渐体证而来的处世之道。这即是说对中道的追求不是对某种方法的机械化运用（如折中主义那样），而是需要我们不断地进行反思，需要我们辩证地、全面地看待问题，从而找出一条最恰当的道路。归根结底，唯有当我们具备（重焕）理性之精神，我们才能真正把握中道的精髓，从而远离愚痴，成为人生中的智者。

理性精神

人在对世界主动反馈的意识中分出了感性与理性，感性提出欲求，理性匡正行动。人类文明的辉煌成果始于人的欲望，这一点毋庸置疑，但在上一节我们说过没有节制的欲望是危险的。如何节制欲望呢？通过理性的力量。

休谟说："理性是，并且也应该是情感（感性）的奴隶。"[8]但他之所以这样说，是以一个经验主义者的立场拒斥那种认为理性凌驾于感性之上、理性是意志的唯一原则的唯理主义观点。那么，感性与理性的关系究竟是怎样的呢？实际上，无论是对世界的认识还是对现实生活的体悟，都既需要感性的亲知，又需要理性的反思。在一个主体里面感性与理性不可能是非此即彼的关系，理性需要以感性为参照，感性也需要理性的指引。我们对世界的认识首先源于感性，然而但凡是我们要将一些感性材料加工为抽象的、一般的结论时，我们就离不开对人类理智的运用，因而理性是我们能够更合理地理解世界的基本条件。同样的，理性也是我们能够更合理地实现感性诉求的重要保障。正如休谟所言，感性欲望的满足需要理性的服务和支持。我们应承认在人性中欲望、激情、感性是更基本的、更原始的。人类建立社会规则需要理智，但归根结底是因人们有建立规则的欲求。然而这种欲求应如何恰当地表达及实现呢？孔子说："三思而后行。"[9]这即是说我们应通过不断往复地思辨建立起对感性欲求的充分认知，从而更合理地匡正行动。所以理性归根结底就是对感性的反思。脱离了理性的感性就如同脱缰的野马将失去控制，从而最终落入过度或不及的旋涡中。

因而在这里我们所谈到的理性不是那种认为一切知识都来源于人类理性的古典唯理主义，而是那种既具有思辨、怀疑、批判、反省、克制的能力，也能够与感性紧密地融合在一起的**理性精神**。由于这种精神的存在，人类文明才具有了顽强的生命力；由于这种精神的存在，才使得人真正成为文明中的人。试想，假如人类失去了理性精神，分享与克制就难以流行，人们就会像饥饿难耐的非洲鬣狗一样撕抢着猎物；假如人类失去了理性精神，部落的建制就难以成形，人们就会像失去队伍的独狼一样相互倾轧、各自为战；假如人类失去了理性精神，律法与伦理就无从谈起，人们就会像《圣经》中所描述的那样，浸淫在索多玛与蛾摩拉的罪孽苦海中；假如人类失去了理性精神，现代化、工业化、科技化、信息化的时代更是不可能到来，人们将永远在丛林或泥泞中步履蹒跚。

然而，历史不仅仅是一位睿智的辩证法大师，更是一位杰出的反讽诗人。当我们一边沉浸于人类文明的绚丽成果，陶醉于自启蒙运动以来那种对“进步”的乐观与自信情绪而不能自拔，并不由自主地抒发着“这是最美好的时代”的如斯情怀时，一边却逐渐地将铸就这一切的内在精神抛诸脑后，在一片纸醉金迷中步入前所未有的理性危机。与盲目的乐观同行的是过度膨胀的欲望，与物质文明大厦比肩的是精神世界的空中楼阁，与快速增长的财富对等的是同样快速增长的现代疾病。但是，难道人类文明的繁荣不是事实吗？难道人类追求更卓越的生活品质有错吗？假如每一个时代都有每一个时代运转的范式，那我们对近代以来文明发展的忧虑是不是一种思维倒错、杞人忧天呢？

是的，无论如何历史是向前的，在此一点上我们无可辩驳，但在某个领域的进步并不意味着全面的进步。既然事物是守恒的（参见第三章“和合的宇宙观”一节），那么在某一个方面的过度发展就会带来另一个方面的过度匮乏。或许人类最初的愿望仅是为了满足衣食住行的朴素要求，但是历史发展至今天，人类的欲望已远不止如此。我们创造过一个叫作“满足”的美好词汇，在这个语词中似乎隐含着某个终点或目标，于是我们总说：“得到了这些我就满足了。”然而人类的欲望没有终点，满足也从来不设上限，如同一切现代化以来的技术创新一样，欲望、需求也是可以被创造出来的。

这是最好的时代，人类创造了前所未有的物质财富；这是最坏的时代，人类成了物质财富的奴仆。今天，绝大多数人早已摆脱了食不果腹、衣不遮体的困境，却依然眉头紧锁、心思凝重。人们高兴不起来，因为那些更刺激、更奢靡的物质享受总是遥不可及。物欲的山峰没有顶点，因而人们望尘莫及、垂头丧气。是有人逼迫我们这样吗？如果有，也只能是我们自己。这不再是那种田园牧歌般的宁静社会，而是都市狩猎的竞赛场。伴随着机器大工业文明的飞速运转，人类仿佛坐上了欲望的云霄飞车，而将节制的缰绳抛到了九霄云外。于是，我们看到的是对环境的肆意破坏，对自然资源的过度开采，对生活资料的巨大浪费。在偏离中道的歧途上，人们已经不满足于实体经济积累财富的速度，而愈加沉迷于虚拟经济的游戏中，其结果则是由泡沫的破裂引发的一次次经济危机[10]。在权力的游戏中，一种更糟糕的势头已经出现。民主政治——这一人类近代文明以来最能够体现理性精神的成果之一——也正因非理性的利益之争而逐渐被腐蚀[11]。具有讽刺意味的是人类如此拼命地想要创造更好的物质生活，但伴随而来的副产品却是抑郁、过劳死、高自杀率、毒品泛滥与道德滑坡。正如上一节所言，对非善非恶的物欲快乐的过度追逐最终导致了痛苦，对理性精神的遗弃与对感性欲求的放纵相辅相成，成就了我们这个时代的人生悲剧。

在一个方面的过度发展就会带来另一个方面的过度匮乏。主观上，更多的感性欲求占据了我们意识活动更多的“内存”，留给反思的空间就变得更少；客观上，日新月异的生产与生活节奏更是让我们来不及思考。隐藏在工业文明帝国大厦之下的暗流是劳动者自身的异化，而今，这种异化的特性更显得尤为明显。令人啼笑皆非的是，在机器不断智能化的今天，人类却在不断地机器化；人已不再是本初的人，而是物质财富工厂的智能机器人。在这个效率优先的时代，为了节省一切不必要的时间成本，人类发明了快餐。今天，快餐文化不仅渗透进我们的生活，也渗透进我们的思想。无论是对客观活动的审视还是对主观活动的内省，在飞速运转的现实面前根本容不得我们停下来细嚼慢咽。停下就会被超越，停下就是让财富白白流淌。因而逐渐地，我们失去了冷静与耐心，在速度与激情甚嚣尘上的今天，浮躁是对这个时代的最好注解。

人心的浮躁在互联网世界中体现得尤为明显。网络化、信息化、数字化使我们能够比以往任何时候都更快捷地获取各类知识和信息，但我们并没有合理地利用这一文明成果，反而是将互联网这个既虚幻又现实的世界变成展示非理性的主战场。今天，通过社交网络等自媒体，我们几乎可以实时地了解到地球任何一个角落里发生的事情，我们得到了获取信息的速度，但同时得出一个结论也变得非常轻率。与传统媒体的整合信息不同，自媒体的信息是极其碎片化的，假如我们具备整合信息的能力以及客观理性的精神，那么网络平台的开放信息源相对传统媒体而言，有可能会对我们全方位地了解一个事件更有助益。然而这个时代的脉搏是疯狂的，信息的实时性让我们忽略了这样一个基本问题——信息的可靠性。我们也根本没有耐心对信息进行谨慎的甄别和反思，基本是靠自己的直觉而不是多方面的意见综合来判断一个事件；甚至于，我们自动地排斥那些相反的信息和观点，自动地检索那些与我们的直觉相同或相似的观点。面对更为开放的世界，我们非但没有变得更加豁达与理智，反而变得更加狭隘与偏执。于是，在这里经由理性论辩而达到某种认识上的共同成长是不可能的；相反，我们愈加容不得不同的意见，愈加陷入彼此疯狂对立的阵营中。只要是同一阵营的意见领袖，无论其论点如何，其权威性都是毋庸置疑的；只要是同一阵营的声音，无论其论据如何，结论都是对的；只要是符合同一阵营观点的，无论其真实性如何，都是可被采纳的。在这种唯立场主义的氛围里，数字化终端背后的人们已逐渐丧失了说理的耐心与能力，非理性由此而达到了高潮——傲慢、焦躁，甚至野蛮的网络暴力、谩骂等极端化的倾向愈加明显。随着可预见的将来，互联网社会化的进一步扩大，这一现象的恶化趋势必须引起我们的注意。在社交网络一片繁荣的背后，一种更加令人担忧的社会伦理问题已跃然纸上[12]。

以上只是从现象的层面描绘了感性欲求的过度以及理性精神的匮乏所导致的各种危机。而在更本质的层面，这实际上反映了理性精神所蕴含的思辨、怀疑、批判、反省、克制等内在属性的缺失。

什么是思辨？在本书序言中我们说思辨就是思的流动——即思维的动态延展过程。更直观地说，思辨要求我们能够主动地审查一个结论何以能够成立，而不是被动地接受它。我们以苏格拉底与孔子作比较，二者的思想都是通过与他人对话的方式被记录下来的（同样的方式还可以在佛经中看到）。苏格拉底与他人的对话呈现出一种论辩的风格，是一个说理的过程；而孔子与弟子们的对话则更多是语录体的形式，是一个说教的过程。孔子就像一个心忧天下的敦厚老者，他的言说更多是一种经验传承与直觉体悟，而非概念辨析，所以他并不在意或者意识不到概念澄清的重要性；苏格拉底也是一位人生经历丰富的老者，但是他更倾向于经由论辩而得出结论，于是在客观上就形成了对概念体系的搭建，从而为西方哲学的思辨传统打下了良好的基础。通过充分的论辩我们才能对一种思想建立丰满的认识。思辨对于培养思维的主动性和创造性是极其重要的，而这也正是很多人所极为匮乏的。

没有思辨就没有怀疑，因而人们总是人云亦云。需要强调的是，我们在这里所指的怀疑如同理性一样是指一种精神，而非一种主义——我并不否认某种知识的可能，但我绝不轻易放弃对它的检验与怀疑。为什么要怀疑呢？怀疑精神要求人们有这样一种意识——在没有经过自己独立地审视与思考前绝不轻信某种观点，绝不盲从某种主张。但是很多人习惯于要么全面肯定，要么不假思索地否定。请注意怀疑与否定的不同，怀疑是一个过程，而否定则是一个瞬间完成的动作。怀疑的过程未必导致否定，因为怀疑是对思想的检验而不是简单地做论断。通过检验我们才能完成对一种观点的独立认识，从而或接纳，或扬弃之。可悲的是，今日之社会人浮于事，面对许多未经审查的观点或信息，人们更多是不假思索地盲从。盲从不等于无知，盲从比无知更可怕。因为无知使人迟疑，盲从则扭断了迟疑的脖子。没有怀疑精神就没有自由的思想，继而没有谨慎的判断和独立的人格，因而在今天的社交媒体上我们看到的更多是非理性地盲从、极端地谩骂以及唯立场主义的泛滥。

没有怀疑，就更谈不上批判了。我们说怀疑不等于否定，同样的，批判不等于拒斥，批判是建立在继承的基础上的。在哲学史上，后人对前人思想的批判是再正常不过的事情。柏拉图在西方思想史中的地位正如孔子在中国思想史中的地位，但我们知道亚里士多德就毫不犹豫地批判了他的老师柏拉图的核心思想“理念论”；黑格尔无疑是德国唯心主义的一颗明珠，但无论是黑格尔左派还是右派都对他的思想进行了激烈的批判；在同一个阵营中，例如同为古典理性主义者的莱布尼茨对笛卡尔的批判，同为经验主义者的休谟对洛克的批判，以及同为功利主义者的密尔对边沁的批判等更是数不胜数。与此同时，所有后者又都在不同程度上是对前者的继承。正是因为这种批判—继承的持续存在，我们才可能同时看到哲学史的连续性与鲜活性。为什么说批判是理性精神的体现，因为批判—继承才是对前人思想最恰当的处置。时代是向前的，由于事物的偶然变化性，必然性观念就会遭到打破，因而新的思想就会出现，从而替代旧思想。但一种旧思想之所以具有影响力必然有其道理可言，那么一种合理的处置就是对前人思想的扬弃。因此在今天，当自由与平等的观念深入人心，强调等级观念的礼制就自然地与新时代的价值观格格不入，继续宣教这种观念就是对时代的反动，而继续固守这种观念就是对历史的倒退，因而我们必须舍弃礼制思想和等级观念。与此同时，当资本主义文明的副作用使人类深深地陷入对物质财富和肉体享乐的过度追逐时，一种反对极端与非理性的德性目标的重建就显得格外重要，因而在今天中庸之道就很有必要得到继承与弘扬。

假如人们只知一味地盲从，没有怀疑与批判，那么自然也就不懂得反省与克制的意义了。无论是在精神世界还是生活世界，反省对于每个个体而言都是十分重要的。能够时刻反省的人总是人生中的智者，因为他们能够看到别人看不到的深层次问题，预见到别人尚未感知的危机，从而比别人更快地纠正自己或所在环境的问题，使自己时刻保持清醒与理智。反观那些没有反省意识的人，往往会在顺境中忘乎所以，当潜在的风险来袭时没有任何察觉，因而我们总会看到这样的人从某个自我膨胀的高处跌落。这也提醒了我们保持克制的必要性。人人都具有克制的能力，但并非人人都能保持克制。克制是异常高贵的品质，是理性精神于具体行动中的实现。对理性思维的培养是不容易的，但保持一种理性思维的习惯是相对容易的；相反，一时的克制是容易的，但保持一贯的克制却是极其不易的。没有思辨，就没有怀疑，没有怀疑就不会批判，没有批判就不能反省，没有反省就无法克制。由于人们缺乏维系克制力的坚实基础，无法时刻纠正自己，无法时刻提醒自己应勒住欲望的缰绳，因而才会愚蠢地将那些过度的欲求看作是适度的追求，从而呈现出各种各样的思想空洞与行为腐朽，我们也就能理解为什么在今天人们会大大的偏离中道了。

必须要再次澄清的是：说人们缺乏思辨精神不是说他们不会思考，而是不善以理性思辨的方式进行思考。说他们缺乏怀疑精神也不是说他们不会怀疑任何事物——这种怀疑精神是建立在思辨的基础上的——而是指在面对某种思想时，不具有对其观点何以能够成立的过程的审查和质疑的思维习惯。同理，说他们不具有批判精神当然也不是说他们不会批判，很多人对人、对事批判起来是毫不留情的，但这种批判往往是非理性的，而并非建基于思辨—继承—扬弃基础上的理性批判。

通过以上的剖析，我们实际上阐明了理性精神所蕴含的那些属性的具体意义，从思辨到克制的过程细致地演绎了理性将如何指引我们追寻中道理想。如同任何现实世界的事物都会有始有终一样，可以想见人类文明也会有衰落的一天。虽然自近代以来人类文明经历了生命周期的一个爆发阶段，但我们已然能够看到其中的各种隐患。中道不仅仅是一种人生理想，更是一种自然追求，那些越是偏离中道的事物越是不稳定的、不和谐的，从而快速地被湮灭掉。今天，过度的欲望已然使我们偏离了中道，如果我们不能正视那些已经变得愈加显著的问题，就像我们不能及时准确地对治身体的疾病那样，人类文明的衰落有可能会加速到来。唯有对理性的重焕，才能治愈我们腐朽堕落的肉身以及僵化冷漠的灵魂，使我们重归中道。

思辨、怀疑、批判、反省、克制——是不是通过这些语词就穷尽了理性精神的内涵了呢？不是的。它们只代表了理性精神最突出的特点，我们仍可以通过思考进行新的归纳。归根结底，理性精神要求我们不断地去思考。人不能停止思考，否则人将不成为人。这也是本书最终想要唤起人们去做的事情。

理性与信仰

在本章的最后一节，我们用一点时间来探讨一下理性与信仰之间的关系。这一命题在西方思想史，尤其是基督教神学中屡见不鲜，如在德尔图良、奥古斯丁、阿奎那、路德那里都能看到。它见证了哲学与神学相互借鉴、融合又相互拒斥的过程。

为什么有信仰的人总是充满喜乐的，因为信仰正迎合了人心对确定性的追逐，使它成为灵魂的归宿。而人们总是不自觉地想要逃避理性，因为理性总是在通往真理的道路上，这条道路充满荆棘与不确定，因而是苦的。理性与信仰似乎是相矛盾的，理性需要我们怀疑和批判，而信仰需要我们虔诚和笃信。那么既然本书旨在重焕理性，我们是否就应当拒斥或者至少回避信仰呢？在回答这个问题之前，我们必须首先来澄清一下信仰这个概念。

狭义而言，信仰指的就是宗教信仰。任何一种宗教信仰都是一个庞大的体系，一套完整的宗教理论几乎囊括了哲学意义上的本体论、认识论以及价值论等所有范畴。宗教思想的核心是其内在的——人们信奉或受持的——教义或教条，并通过宗教仪式（教规）、宗教文化（故事）、宗教组织（教会）、宗教建筑（教堂）等外在形式保证其强大的生命力。然而，宗教只是信仰的一种特殊形式，而非信仰的全部形式。自近代以来随着自然科学以及无神论思想的发展，宗教权威受到前所未有的冲击，于是越来越多的人开始忧虑人们正在逐渐失去信仰。但实际上虽然信仰的外延借由知识体系的彻底革新而改头换面，信仰的内涵——具有某种内在的信念以及对信条的奉持——却并没有改变。任何一个人，无论他是有神论还是无神论的支持者，他都内在地奉持着某种信念。因而广义而言，无人不信仰。

信仰不仅在于对某种观点的持有，还在于在具体行动中一以贯之。假如某个人在处理某个问题时采用了较为实用的进路，我们还不能判断说他拥有怎样的信仰，但假如他一贯如此行事——持有所谓实用主义的原则——并认定它是那个应当始终奉持的真理，这就是一种信仰。所以信仰的关键在于意志与行动中的一贯性。推而广之，凡是将一种理论主义化并奉为教条的过程就是将其信仰化的过程。因而实用主义可以是一种信仰，虚无主义也可以是一种信仰，唯物主义可以是一种信仰，科学主义更可以是一种信仰。当然，提出一种观点和持有一种观点是两回事：1. 一个功利主义哲学家未必是一个功利主义的信仰者或践行者；2. 将一种思想主义化从而信仰化的往往是该思想的追随者而非思想者本人，例如马克思主义者同马克思之间的区别。

那么信仰是如何形成的呢？我们说思考的目的并不一定仅仅是为了找到答案，思维的过程往往比结果更有意义，但是我们总会得到一个答案，人们就总要给出一个选择——接受它、拒斥它、既不接受也不拒斥或批判继承它。1. 接受它，就意味着你持有了这个观念；2. 拒斥它，就意味着你持有了与之相反的观念；3. 既不接受也不拒斥它，就意味着你持有了一种不可知的观念；4. 批判继承它，就意味着你持有了一个扬弃了该观念之后的观念。无论是哪种选择，这种观念都将成为影响你进一步做出选择的基础，直到形成一个统一的、连贯的、内在的、基本的价值体系，你就拥有了某种信仰。信仰是无法逃避的，因而也是无法拒斥的，那种“我反对一切信仰”的声言本身就体现为一种信仰，它会以它特有的方式影响你的意志与行为。

既然是广义的信仰——只要你一贯地奉持并践行某个（些）信条——那么作为内在于主体的一种主观活动的沉淀，

它的意义就在于使得思维的起点（终点）总是开始（落脚）于某个特定的信念。比如一个基督徒看待“作恶”这种事，就会从人的心灵深处寻找原因，并可能得出此人将下地狱的结论；而一个认知科学家则会去考察作恶者的神经活动，并追溯到历史中导致这一神经活动的各种决定因素，从而或许认为作恶者因不具有自由意志而不该为自己的行为负责。这样，1. 一种信仰就与一种特定的思维模式紧密地联系起来，特定的信仰规范特定的思维路径，特定的思维总是以特定的信仰为最初的原因或最终的目的；2. 信仰构成了我们的世界观、人生观、价值观的基石，当某个个体具有了某种信仰，信条就扎根于他的心灵深处成为规范并统一这些基本观念的篱笆；3. 从而在不同程度上隔绝了其他信仰。那么，一个人的信仰越强烈，对思维的约束就越强烈，对其他信仰与思维模式的排斥也就越强烈。极端的，那些狂热的信仰者的思维具有强烈的排他性，直至他们的整个思维理路都被他们的信仰所固化，他们的意志与行为就完全成为这种极端信仰的机械的奴仆。这样的例子不仅体现在宗教狂热分子那里，也同样体现在无神论者那里。由此显而易见，越是纯粹的信仰就越是非理性的。理性要求思维于辩证中不断运动，它不应被某种固有的观念束缚，因而必须在主动的思考中不断怀疑、批判、反思，那么理性与信仰就是针锋相对的。但既然信仰是无法逃避的，那么这是否意味着在信仰面前理性就无从谈起了呢？持这种观点的人恐不在少数。

我们以西方宗教改革时期的改革家马丁·路德的思想为例，他在《论意志的捆绑》中如是说道：“在将理性的推论附加到《圣经》上的时候，理性是多么愚蠢，又是多么盲目。”[13]“人类的理性是眼瞎耳聋、愚蠢、不虔的与亵渎上帝的。”[14]因而信仰的目的就是要压制并战胜理性。路德认为人的理性无法参透神的意志，从神学的立场而言这或许并没有什么错，但问题的关键是路德并不满足于奥古斯丁式的对信仰与理性关系的处置，他走得更远。他举起宗教改革的旗帜，并高呼“唯有信仰”的口号[15]。或许，路德的本意是为了抗议日渐腐败的罗马教廷，但是路德主义正如路德激烈、充满侵略性的言语所呈现的那样走向了非理性的极端。在同一本书中路德继续说道：“既然理性只能向意志提出它自身盲目无知的黑暗，那么意志有何选择呢？由于理性在错误中，意志又接受错误的指示，人怎能做出或尝试美善的事呢？”[16]因而“自由意志只属乎上帝，而不属乎任何人”[17]。人没有自由意志，人也不需要自由意志，在精神上人只需要虔诚地聆听上帝之言，在世俗中人只需要不加怀疑地服从。这样，路德主义的政治学版本就必然呈现为一种对强权的臣服。当“唯有信仰”的宣言与世俗统治联姻时，它就自然地成为国家机器维护统治的洗脑工具——世俗权力是上帝赋予的，对国家、政府的效忠就是对上帝的信仰；相反，对国家的反叛就是对上帝的叛逆。

不经理性的信仰是极端的、盲目的，其后果也是不堪设想的。从路德主义到纳粹主义，我们未必能够建立起一种清晰明朗的因果关系，但因这种极端的非理性信仰的生根（以及反犹思想的铺垫），前者至少在精神层面上为后者的萌芽埋下了伏笔[18]。当然，我们也需要启示，需要那些不经言传的感悟与共鸣，因为关于这世间的事人类并不全知。路德批判人们总是急于将一些经验发现归纳为普遍的准则，他嘲笑凡人何以能够掌握神的法则，因而他强调一种谦卑的德性。或许，在这一点上他非但没有说错，反而以神学的立场很有预见性地警示了后来者。

今天，我们已不像以往那样需要担心对一种宗教信仰的过分执迷，相反，我们已开始担忧人们正在逐渐遗弃传统信仰中那些宝贵的品质。自然科学的强势崛起吸引了越来越多的人转向对科学的膜拜，其中一些人在信仰的形式上走向另一个极端。科学主义者义正词严地说："我们信仰科学是因为科学才是真理。"诚然，今天我们在物理学、化学、生物学、心理学、社会学等诸多领域构建起坚实有力的解释体系，但是仍有很多问题科学无法解释，仍有很多成熟的理论不断被推翻。然而，极端的科学主义者会说："科学无法解释的，哲学与神学更无法解释。"在此时，如同路德一样，科学主义者同样抛弃了怀疑与反思的理性精神，对科学的非理性的信仰就同样使他们变得狂妄而盲目。由此，他们更进一步，跨越了科学的原有范畴，试图将"科学的信条"作为一切领域的准则。科学主义的坚定拥趸——逻辑实证主义者们曾极力地宣扬科学的可证实性，并由此而主张那些不可证实或检验的理论都是伪科学，进而都是毫无认知意义的。但具有讽刺意味的是这一主张本身却并非可证实的。同理，无神论者对有神论的批判至少也应当建立在经验观察的基础上，但他们至多只能说神的存在与否在经验上是不可知的，而无法做出任何进一步的断言。因而，我们接受怎样的一种世界观最终都只是归为某种程度的信仰罢了。

请注意，我们绝不是在反对科学本身，而是反对将科学知识与方法上升为普遍的教条和绝对的权威。对科学持有一种信念并没有问题，但它的精髓恰恰是那种使我们时刻能够意识到它是有限的、可错的、可被怀疑的、可以修正的科学精神。因而我们倒是应像路德说得那样，在自然面前保持一定程度的谦卑。根本而言，实证、思辨与启示都只是我们认识和解释世界的方法。我们只能说，在今天，科学实证的方法作为一种基本的范式是最适合于这个时代的，但它在多大意义上是永恒的和普遍的则是无法断言的。因而对科学的不假思索和不论范畴的笃信，正如同对宗教的迷信一样是愚蠢的。

因此，我的结论是——我们必须理性地去信仰。而为了正确地理解理性与信仰之间的关系，我们要将以往得到的一些结论加以综合运用。

首先，根据中道原则，什么事物走向了极端都是不好的，信仰同样如此。无论是哪种形式，没有质疑、不假思索的信仰只会导致迷信和盲从，因此任何一种信仰都不能脱离理性的审视。

其次，信仰就是精神世界的物质性，而理性则是精神世界的意识性。因为信仰总是倾向于对某种信条的奉持与笃信（持存），而理性则总是倾向于对某种信念的批判与质疑（重构），因而在二者之间存在着一种紧张关系，这种紧张的合一才构成一幅完整的图景。因此理性与信仰既是对立的也是统一的。

再次，一切信仰在成为信仰之前都存在着一个理性的前提。一种信念的出现不是毫无缘由的，而是其提出者面对自我与世界的理性思考的结果——无论这一思考在不同立场者那里看来是否是合理的。儒家教条源自于孔子历经人世的思考，佛学经典源自悉达多在菩提树下的冥想，即便是那些有神论的宗教信条也是经由先知们通过对神启的理解而得到的。因此，任何一种信仰的构建都是理性彰显的过程。

再次，在信条与思辨之间，信条是形式，而思辨是形式下的内容。信条倾向于将我们的思维约束在由它构筑的框架之下，但我们仍然可以在这一框架内自由地思想。我们可以通过理性去理解、审视、分析我们所持有的信条，因而在相对不变的信条之下的就是不断变化的思辨过程。例如，基督教教条是相对不变的形式，而基督教神学（哲学）则是在这一形式下的内容。这样，如同在第六章所论述的那样，形式是对内容的指代而非替换，我们对信仰的认识就不能仅仅停留于不变的形式。如果我们将形式等同于内容，换句话说，我们将思维的全部可能都固化为不变的信条，那么我们就将陷入非理性的信仰中。信条是理性的终点，因而它是非理性的，但是抵达终点的过程是理性的，这就要求我们必须经由理解而信仰。对信条不经理解的信奉是空洞的，那么最终我们并不知道自己在信仰什么。

再次，理解就会产生疑虑，但信奉又要求我们前行。这样，我们就内生出一种求知的渴望，为了释疑去验证信仰。对信条的验证不能是信条本身，因而理性的信仰就要求我们突破固有的思维框架，在不同思维的碰撞中不断修正旧有的观点。由此，信仰与信仰者就在理性思辨中共同成长。二者之间的关系是平等的、良性的，信仰是信仰者的伟大导师与心灵归宿，但信仰者并不仆从于信仰。

最终，当我们如此强调理性精神的重要性时，它是否就成了另一种形式的信仰呢？严格地说，理性精神本身不是某种静止的理论或观念，而是思维的不断重构（精神世界的意识性），但是我们对理性的呼唤可能会成为一种理念而有其形式化的存在。或许，在无处不充斥着非理性的今天，将对理性的呼唤视作一种信仰未尝不是一件好事。然而，这一信仰同样要受到理性精神的严格审视。虽然今天人类急需理性的滋养，但理性本身也有其局限性，唯有理性同唯有信仰一样是非理性的表现。因而可以说：我们做不到完全的理性，理解这一点本身就是理性的。

注释

[1]《论语·雍也篇》。

[2] 说这种混淆是有意的，需要参考时代背景的因素——现代以来中国人对中庸之道的否定是建立于整体的、全面的对传统文化

的拒斥的基础上的。说这种混淆是无意的，则是由于“折中”与“中庸”之间确有相似之处，而社会大背景则为这种仓促地误读提供了“良好的”氛围。

[3] 朱熹：《四书集注·中庸》。

[4] 我们都知道“黄金分割点”并不是一条线段的中点，但从美学的角度而言它是最优美、最和谐的点，而在英文中，黄金分割与中庸之道可以用同一个词 Golden Mean 来表达。

[5] 亚里士多德：《尼各马可伦理学》第二卷，廖申白译，商务印书馆，2003 年，第 48 页。

[6] 亚里士多德：《尼各马可伦理学》第七卷，廖申白译，第 221 页。

[7] 即所谓“苦乐计算”（见《道德与立法原理导论》第四章，时殷弘译，商务印书馆，2000 年，第 86 页）。

[8] 休谟：《人性论》第二卷，关文运译，第 453 页。

[9]《论语·公冶长》。

[10] 以金融行业为例，金融产品作为服务于实体经济的工具是经济活动发展不可避免的产物。股票、期权等交易本身并不创造实际价值，但是这种跨越时空的价值转换对于繁荣市场具有非常可观的助益。然而，当我们越来越沉迷于在现在与未来的财富之间建立各种五花八门的联系时，无论是金融产品的买方或卖方都逐渐陷入对金融体系的非理性盲从。此时，我们的感性欲求无法提醒我们潜在的风险，对金融市场的盲目乐观以及对财富的贪婪使得金融监管也在一片非理性的氛围中形同虚设，于是当对供给与需求的过度创造积累到一定程度时，溃败只在顷刻之间。2007 年美国次贷危机引发了全球性的金融海啸及经济危机，其原因之一正是由于人们过度地开发金融衍生品从而导致信用泛滥的结果，次贷危机的产生客观地演绎了人类在经济活动中逐渐失去理性的历程。

[11] 这绝不是说民主政体已经过时了，它仍是当前最合理的政治制

度。但是，一方面，由于利益诱惑的不断渗透，政客们越来越行走在制度的边缘而唯其背后的利益集团马首是瞻；另一方面，犹如当前美国议会所呈现的那样，代表人民的议员们已被各自阵营的利益所绑架，党派意见分歧犹如鸿沟，对一项议案的审议更不再是一个理性的过程。在一切以物质利益为核心的今天，民主制度本具的理性精神正在遭受侵蚀，这是所有民主国家不得不警惕的事情。当然，对于那些非民主国家，在物欲横流的时代，其政治、社会、文化、生活中的非理性就表现得更加张狂了。

[12] 实际上，互联网世界已不再是小众的虚拟社区，而是全民的现实社会，但互联网（虚拟）伦理的构建却是严重缺失的。我们应思考为什么网络中的语言暴力现象日趋严重？值得注意的是人们往往在现实沟通中表现得更加通情达理，但是在网络平台中却更为直接甚至粗鲁。一方面，在现实世界中人们受到完备的、良好的社会伦理规范的指引和约束，即便是遇到意见不合，在面对面沟通时出现语言暴力的道德成本是较高的。而在互联网世界中，由于其相对现实生活的虚拟特性，它的确使得人与人之间跨越了传统社会交流中的心理障碍，但同时人的属性的虚拟化也使传统的伦理规范失去了现实基础，因而当意见不合时人的最原始粗鄙的一面便毫无约束地展现出来。另一方面，当人们面对面交流时感官的互动也更为充分，而网络社交大多脱离于感官，人们更多使用冰冷的键盘进行交流。没有语气、表情的补充既使得人们在获取对方的信息时缺少了必要的情感缓冲，也使得对对方所表达意思的理解容易出现偏差，最终导致沟通的不顺畅。假如人们是理性的，就应当认识到今天的互联网世界与现实世界的同一性，应当冷静地认识到网络社交伦理的缺失可能在相互沟通中带来怎样的问题，从而避免受其影响而失去对事物的客

观判断。当然，互联网世界是现实世界的延伸，因而必然地会受到现实的影响。非理性的现实世界是不可能孕育出理性的互联网世界的。

[13] 雷雨田主编：《路德文集》第二卷，上海三联书店，2005年，第399页。

[14] 同上书，第450页。

[15] 我们可以在如下意义上理解路德的初衷：他发现作为一种信仰的外在形式——宗教——不可避免地沾染了尘世的污浊。虽然教会与国家象征了上帝与世俗的两座城池，但它们之间不是彼此隔绝的。教宗不是基督，更不是神，而是人。那么，教会出于何种目的来解读经典，出于何种目的行使权威就是值得警惕的。理性是有限的，而人性又是堕落的，那么上帝之城便不可避免地笼罩在世俗之城的阴影中。这样，我们也就能够理解当路德看到教会开始出售赎罪券时的愤怒心情。

[16] 雷雨田主编：《路德文集》第二卷，第530页。

[17] 同上书，第381页。

[18] 非理性信仰往往成为教化民众无条件地服从统治者的最有力的思想武器，这样的例子我们也可以从日本政府在明治维新时期所宣扬的“国家神道”那里看到。